Christine Wunnicke

Die Nachtigall des Zaren

Christine Wunnicke

Die Nachtigall des Zaren

Das Leben des Kastraten Filippo Balatri

Claassen

In einem Saal der Sommerresidenz meines durchlauchtigsten Herrn hängt ein großes Gemälde. Darauf bin auch ich zu sehen. Das Bild zeigt Seine Hoheit mit dem ganzen Hof, im Schlossgarten, bei verschiedenen Lustbarkeiten. Ich sitze am Cembalo, ein paar Herren spielen Instrumente, Damen und andere Herren vergnügen sich an Spieltischchen, und an einer großen Tafel schickt man sich an zu dinieren. Die Leute sind so lebensecht gemalt, dass ein Kind sie beim Namen nennen könnte. Ich gehe immer wieder in diesen Saal und betrachte mein Bild. Wahrscheinlich tuscheln die Leute schon: »Guckt euch bloß diesen vermaledeiten Eunuchen an, wie er sich anhimmelt!« Aber ich stehe dort und stelle mir vor, ich sei ein wirklich guter Freund von mir, und selber längst schon tot, und dieser Freund, stelle ich mir vor, betrachtet das Gemälde und sagt: »Da, schau, das da ist der arme Filippo.« Mein Freund erinnert sich, stelle ich mir vor, wie er mich hat singen hören, diese und jene Oper, diese und jene Arietta, und es scheint ihm alles wie ein Traum. Er wird ganz weich, wie er mich da sitzen sieht, unbeweglich auf der Leinwand, lebendig nur durch die Farben: einer, der einmal gewesen ist, und jetzt nicht mehr ist und nie wieder sein wird. Eine Weile wird es noch Leute geben, die stehen bleiben und fragen: »Wer ist das?« – und man wird antworten: »Ach der, das war ein gewisser Filippo B.« Aber bald wird die Zeit kommen, wo keiner mehr fragt, und wo auch keiner mehr antworten kann, und eines Tages wird das Bild dann in einem Ankleideraum landen, und dann auf einem Dachboden, und dann dort, wo das Original ist: in der Gruft.

So bete ich denn den Rosenkranz und sage mein Miserere und das De Profundis, und ich sammle, wie eine Ameise, meine Vorräte für die Ewigkeit; denn hier auf Erden, denke ich, sollte man sich besser nicht auf anderer Leute schlechtes Gedächtnis verlassen.

Filippo Balatri, München, 1738

Prolog

Die Geschichte von Filippo Balatri hat drei Anfänge. Der erste ist einfach: Am 21. Februar 1682 bekommen die Eheleute Balatri in Pisa einen Sohn. Der zweite Anfang ist weniger genau zu datieren und nicht ganz so alltäglich, obwohl auch dies durchaus den Sitten der Zeit entspricht: Der Ministrant Filippo, ungefähr elf Jahre alt und bekannt für seinen hübschen Sopran, wird in die Praxis eines Luccheser Wundarztes gebracht, der seine Hoden amputiert. Damit sind die Weichen für sein Leben gestellt. Filippo weiß jetzt, er muss ein guter Sänger werden; es gibt für einen Eunuchen keinen anderen ehrbaren Broterwerb. Der dritte Anfang spielt in München. Dort greift Filippo Balatri 1725 zur Feder und macht sich an die Arbeit. Er hat eine schöne Schrift, gut zu lesen, unverkennbar der kühle Schwung des geübten Notenkopisten. Jahrzehntelang hat er Tagebuch geführt, nun schreibt er seine Erlebnisse ins Reine. »Spuckt mir ins Gesicht«, schreibt er, »wenn ich nicht die Wahrheit sage!« Filippo geht ins Detail. Seine Lebensgeschichte füllt insgesamt fast fünftausend handschriftliche Seiten.

Filippo Balatri zählt nicht zu den prominentesten der vielen kastrierten Sänger, die im 17. und 18. Jahrhundert Karriere machten. In den Annalen der Oper ist er eher eine Fußnote. Dabei ist seine Laufbahn eine der spektakulärsten, die einem Sopranisten je beschieden war – auf den Weidegründen der Kalmücken an der unteren Wolga hat der große Farinello nicht gesungen. Hätte Balatri seine Geschichte nicht niedergeschrieben, wäre sein Leben heute nur sehr lückenhaft zu rekonstruieren. Dank seiner Memoiren weiß man jedoch mehr über ihn als über jeden seiner berühmteren Kollegen.

Als Filippo Balatri 1715 eine feste Anstellung in der Münchener Hofkapelle bekommt, hat er schon viel von der Welt gesehen: Italien und Frankreich, England und Deutschland, Russland und die wilde Tatarei. So nennt er auch eines seiner Werke: »Frutti del Mondo, esperimentati da F.B., nativo dell'Alfea in Toscana« (»Früchte der Welt, gekostet von F.B., gebürtig aus Alfea [Pisa] in der Toskana«). Das Manuskript ist im August 1735 fertig gestellt worden und liegt heute in der Bayerischen Staatsbibliothek. Es ist eine Autobiographie in Versform, endgereimte Vierzeiler, gut zweitausend Strophen; ein literarisches Genre, welches das 18. Jahrhundert in dieser Form sonst nicht kennt.

Der Adressat der Geschichte ist die Welt persönlich: »Signor Mondo«, Filippos falscher Freund und heiß geliebter Feind, der Verursacher aller Schikanen und aller trügerischen Triumphe, die dem Sänger in seinem Leben zuteil geworden sind. Es ist die abgegriffene barocke Allegorie – nicht ohne Grund steht das »Vanitas Vanitatis« gleich unter dem Titel – aber zugleich auch ein sehr persönlicher Vorwurf. Wer sonst sollte das gewesen sein, der den jungen Italiener ungefragt entmannte, ihn ein paar gefällige Koloraturen lehrte und dann ohne Sinn und Verstand jahrzehntelang um den Erdball scheuchte? Der liebe Gott etwa? Niemals! Filippo schimpft seitenlang: *Mondo Porco! Mondo*

Perverso! Mondo Canaglia! Manchmal schimpft er aus vollstem Herzen. Dann wieder klingt es fast wie eine Pflichtübung. Ein paar Jahre später wird er sich entschließen, Zisterziensermönch zu werden, da gehört die Weltverachtung zum Programm. Manchmal, oft, ahnt man aber auch ein Lächeln. Hasst er ihn wirklich so, den albernen Herrn Welt? Kennt er ihn vielleicht schon viel zu gut, um sich noch ernsthaft über ihn aufzuregen? An Balatris Frömmigkeit besteht kein Zweifel, aber deshalb weiß man noch lange nicht, woran man eigentlich bei ihm ist.

Das Manuskript »Frutti del Mondo« sieht aus, als sei es erst gestern geschrieben worden. Die beiden großen kalbsledernen Bände sind in makellosem Zustand: gute Tinte, teures Papier, und hier und da, wenn man genau hinsieht, die feinen Abdrücke, die der Streusand des Autors hinterlassen hat. Mit Balatris Opus Magnum, »Vita e Viaggi di F.B.« (»Leben und Reisen von F.B.«), das zwischen 1725 und 1732 entstanden ist, gingen die Jahrhunderte weniger gnädig um. Neun Bände, gut dreitausenddreihundert Seiten, blieben von der Prosafassung seiner Memoiren erhalten. Sie sind reichlich malträtiert – abgeschabt, wurmstichig und stellenweise fleckig bis zur Unleserlichkeit – und auch unvollständig. Dank »Frutti del Mondo« ist deutlich auszumachen, dass nach einem Bruch im Handlungsablauf ungefähr zehn Jahre der Lebensgeschichte fehlen, wahrscheinlich ein, vielleicht auch zwei Bände des Manuskripts. Wo und wann diese abhanden kamen, ist heute nicht mehr festzustellen.

Während »Frutti del Mondo« Bayern anscheinend nie verlassen hat, ist »Vita e Viaggi« weit gereist. Von München gelangten die Bücher nach England in die Bibliothek der Familie North Guilford. Von dort verschiffte man sie nach Italien, in den Laden des Flo-

Riuestitomi infretta, torno sopra
e men'uado a trouar' la Principessa.
Fà aprir' la Guardarobba, ed Ella stessa
uà mettendo i miei Abiti sossopra.

Nulla ritroua che gli dia in l'umore;
onde fassi portar la mia Ualligia,
e contutta maggiore cupidigia
tuttoquant'è laddentro fà trar' fuore.

Peggio; Non solo niente è disuo gusto,
ma tutt'è rotto, ouuero tropp'usato.
Un'Abito perciò uien' Ordinato
(dà potersi uestire daun' Augusto.)

Comanda intanto aun' paio di Anticàglie
di tagliarmi i Capelli in Simetrìa,
ma quelle Uecchie il diauol'porta uia
per tal'Comando, e par'che l'attanàglie.

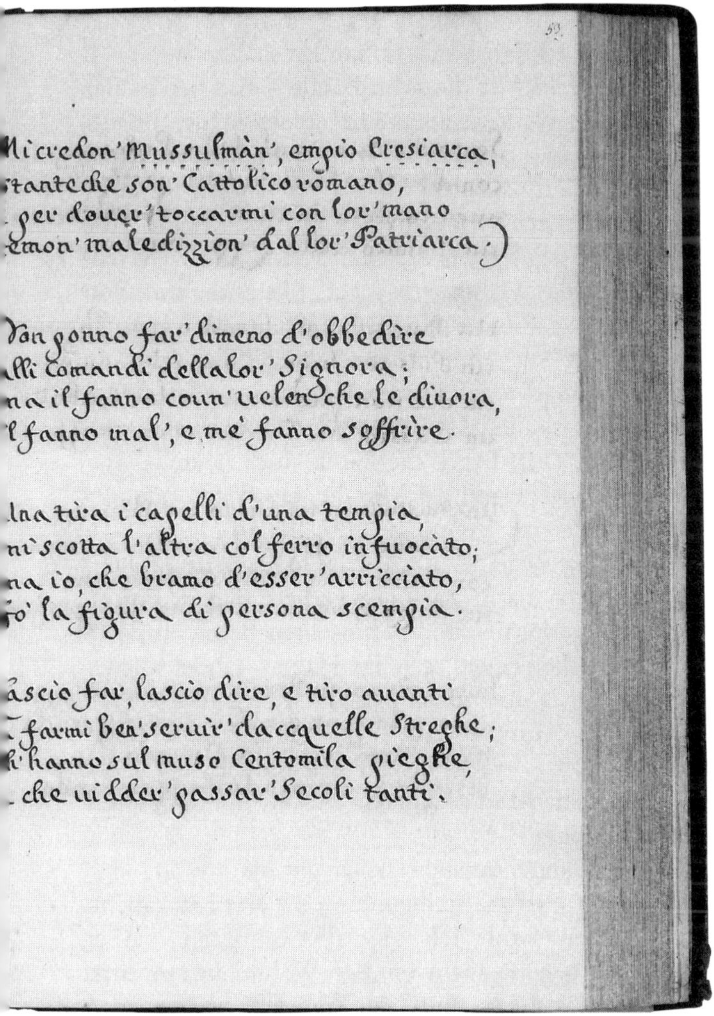
53.

…i credon' Mussulmàn', empio Eresiarca,
…stante che son' Cattolico romano,
… per douer' toccarmi con lor' mano
…temon' maledizzion' dal lor' Patriarca.)

…on ponno far' dimeno d'obbedire
…lli comandi della lor' Signora;
…na il fanno coun' uelen che le diuora,
…l fanno mal', e mè fanno soffrire.

…na tira i capelli d'una tempia,
…ni scotta l'altra col ferro infuocàto;
…na io, che bramo d'esser' arricciato,
…fò la figura di persona scempia.

…àscio far, lascio dire, e tiro auanti
… farmi ben' seruir' da quelle Streghe;
…h' hanno sul muso Centomila pieghe,
… che uidder' passar' Secoli tanti.

»Frutti del Mondo«, Manuskript, München 1735, Bd. 1, 52v/53r

rentiner Buchantiquariats »De Marinis & Co«. Anfang des 20. Jahrhunderts fanden sie den Weg nach Prag. Hier erhielten die neun Bände – also bereits das lückenhafte Werk – einen Ehrenplatz in der Privatsammlung eines russischen Hydrologen namens Otozkij. Er verzierte Balatris Zeilen mit einigen Randbemerkungen in kyrillischer Schrift und riss die Titelblätter der letzten drei Bände aus, um zu vertuschen, dass das Manuskript nicht vollständig war. Von Prag ging die Reise schließlich nach Russland: 1962 schenkte die Staatsbibliothek der ČSSR das auf dem freien Buchmarkt erworbene Manuskript »Vita e Viaggi« der Moskauer Lenin-Bibliothek zu ihrem 100. Geburtstag. Dort liegen die Bände noch heute.

Ebenso wie »Frutti del Mondo« ist »Vita e Viaggi« nicht immer eine leichte Lektüre. Balatri schert sich wenig um die Regeln der Schriftstellerei, nicht als Dichter und nicht als Prosaist. Er verliert sich in Einzelheiten. Er verliert sich in vermischten Betrachtungen. Er verliert den Faden, schlägt Haken, landet an der falschen Stelle und erzählt dort seelenruhig weiter. »Frutti del Mondo« ist wahrscheinlich eine Reinschrift, »Vita e Viaggi« wirkt wie ein Entwurf – der Autor hat im Manuskript verbessert, allerdings nur Kleinigkeiten.

Filippo Balatri versteht sich nicht als Literat. »Ich kann kaum lesen, schreiben kann ich erst recht nicht, und dichten kann ich am allerwenigsten.« Aber schließlich gehe es nicht um den Wohlklang, sondern um die Wahrheit, und die Wahrheit müsse man schreien, nicht singen. Er scheint es ein wenig leid zu sein, das ewig harmonische Do Re Mi, mit dem er so lange sein Brot verdiente; wenn der Sänger schreibt, kümmert er sich wenig um Konventionen. Das Ergebnis sind zwei denkbar krude Meisterwerke, die zu den originellsten und persönlichsten Autobiographien des 18. Jahrhunderts zählen – übersehen von der Literaturgeschichte und bis heute nicht vollständig publiziert.

Den ersten Seiten von »Vita e Viaggi« ist zu entnehmen, dass Balatri seine Lebensgeschichte auf die Bitten eines »hoch geschätzten Freundes« hin geschrieben hat und in keinen anderen Händen wissen möchte. Die Identität dieses Freundes bleibt ein Geheimnis. Balatri geizt nicht nur mit Zeitangaben – eine Datierung seiner Lebensgeschichte ist ohne zusätzliche Quellen nicht möglich –, sondern auch mit Namen. Auch seinen eigenen versteckt er meistens hinter den Initialen. Ob er es sich in langen Jahren bei Hofe angewöhnt hat, persönliche Geschichten vorsichtshalber anonym zu erzählen? Da das Manuskript, wie aus den eingeklebten Exlibris zu ersehen, in den Besitz der englischen Barone North Guilford gelangte, ist man natürlich versucht, hier den namenlosen Auftraggeber zu vermuten, zumal Balatri mehr als zwei Jahre in London lebte. Die Vermutung, dass es sich bei dem »hoch geschätzten Freund« um den musikliebenden englischen Literaten Roger North (1651–1734) handeln könnte, ist zwar reizvoll, aber nicht zu beweisen. Auch der plötzliche Wechsel der Anrede bleibt rätselhaft. Im fünften und sechsten Band wird aus dem »hoch geschätzten Freund« plötzlich ein »ehrwürdiger Vater«, ab Band sieben findet sich kein Hinweis mehr auf ein geistliches Amt des Adressaten. Schreibt Filippo für seinen Münchener Beichtvater? Schreibt er für den Abt des Klosters Fürstenfeld, wo er 1739 die Kutte nahm? Oder ist der anonyme Freund nichts anderes als der Wunsch nach einem Leser und Vertrauten, eine Allegorie wie der »Signor Welt«? Wir werden es nicht erfahren.

An eine Veröffentlichung seiner Manuskripte scheint Balatri nie gedacht zu haben. In seinem Testament gibt er genaue Anweisungen, was nach seinem Tod mit seinen gesammelten Aufzeichnungen zu geschehen hat. »Frutti del Mondo« solle gut aufbewahrt und wenn möglich auch ein wenig herumgereicht werden. Es könne ja sein, dass das Buch einen Liebhaber finde, Schaden anrichten werde es wohl kaum. Auch ein zweites Manuskript, das den Titel »Fibel für einen jungen Kastraten« trägt, empfiehlt der Autor der Nachwelt zur gefälligen Beachtung. Von einem solchen Werk fehlt bis heute jede Spur. Über »Vita e Viaggi« urteilt Balatri knapp und barsch: Man möge das schlecht geschriebene Zeug verbrennen, bevor das viele Papier als Lockenwickler in einem Necessaire sein Ende fände.

Balatris so genanntes Testament, in dem diese Bestimmungen enthalten sind, ein etwas mitgenommenes Bändchen von gut zweihundert Seiten, liegt wie »Frutti del Mondo« in der Bayerischen Staatsbibliothek. Balatri hat es 1737–38 geschrieben, ein Jahr bevor er sein Noviziat antrat und achtzehn Jahre vor seinem Tod. Wie immer bei Balatri ist die Stimmung schillernd. Abrupt, oft innerhalb eines einzigen Satzes, springt er vom Ernst zum Scherz, von tiefer Andacht zu purer Blödelei, »bald Truffaldino, bald der heilige Augustinus, wie ich nun einmal bin«. Schnell ist auch der Sprung von den Gemeinplätzen des Katechismus zu sehr persönlichen, anrührenden Gedanken. Allzu viel Rührung gestattet Balatri allerdings nie, weder sich selbst noch seinem Leser. Auch im Testament kommen seine Geheimwaffen gegen die Sentimentalität oft zum Einsatz: Selbstironie und viele verrückte Geschichten. Er erzählt von ekelhaften Begräbnissitten und brutalen Leichenwäscherinnen, von den Abscheulichkeiten

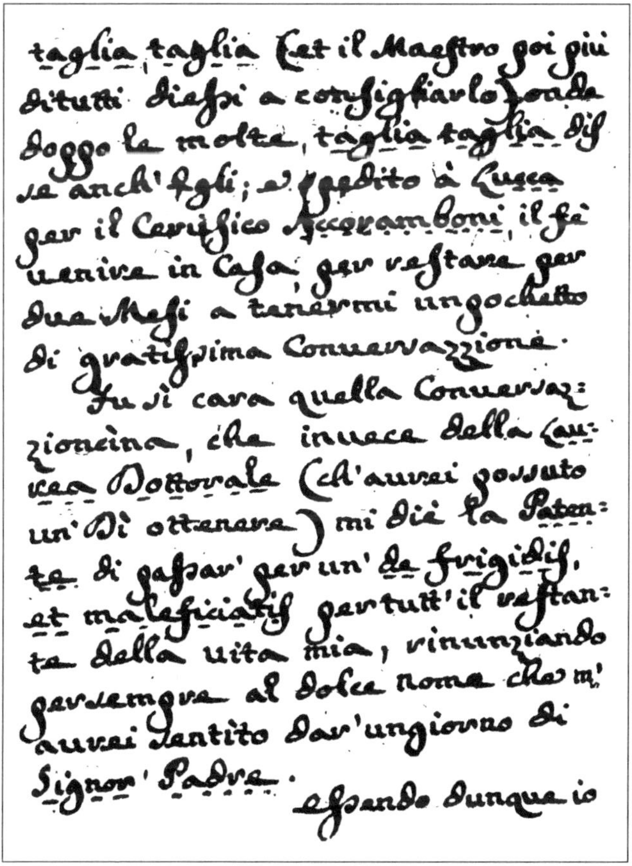
taglia, taglia (et il Maestro poi più
di tutti diessi a consigliarlo) onde
doppo la molta, taglia taglia dis
se anch'egli; e' spedito à Lucca
per il Cerusico Accoramboni il fè
venire in Casa; per restare per
due Mesi a tenermi un gochetto
di gratissima Conversazzione.
Fu si cara quella Conversaz=
zioncina, che invece della Lau=
rea Dottorale (ch'avrei potuto
un' di ottenere) mi diè la Paten=
te di passar' per un' de frigidis,
et maleficiatis per tutt' il restan=
te della vita mia, rinunziando
persempre al dolce nome che m'
avrei sentito dar' un giorno di
Signor' Padre. Essendo dunque io

»Vita e Viaggi«, Manuskript, Bd. 1, S. 15

des Ehelebens, die ihm selbst erspart geblieben sind, von der Unfähigkeit der bayerischen Bürokratie, einen italienischen Namen zu buchstabieren, und von der hohen Kunst, frittierte Frösche zu essen, ohne sich dabei zu übergeben. »Wer verrückt geboren wird«, schreibt Balatri, »der wird nie geheilt. So sagt das Sprichwort. Und mir gefällt es nun einmal, gute Laune zu haben, und dabei werde ich bleiben, bis ich alle viere von mir strecke.«

Gegen Ende des Testaments, eine Zukunft im Kloster vor Augen, schwört Filippo Balatri der Schriftstellerei ab. Jemand anderes möge den geplanten Roman für ihn schreiben, dessen Titel lauten soll: »Leben, Tod und Mysterien des zu steinigenden Heuchlers und Erzesels aller Esel, des allerwertesten Leib-Eunuchen von Prinz Ahmet dem Ersten.« Filippo will die Feder niederlegen und fortan nur noch beten. Kaum ist er Novize, wird er diesem Vorsatz aber schon untreu. Er schreibt ein geistliches Schauspiel über die heilige Margarete von Cortona, aufzuführen auf der hauseigenen Bühne des ehrwürdigen Zisterzienserklosters zu Fürstenfeld. Dieses Manuskript wird heute in der Bibliothek der Accademia Etrusca in Cortona aufbewahrt. Und Balatri wäre nicht Balatri, wenn nicht sogar die höchst erbauliche Geschichte der Büßerin Margarete in seinen Händen merkwürdig komödiantische Züge bekäme – einschließlich eines toskanischen Teufels, der auf Bairisch fluchen kann.

Seltsamerweise ist »Santa Margherita« Balatris einziges vollständig publiziertes Manuskript. Es wurde erst 1974 als Werk des Autors von »Frutti del Mondo« identifiziert und 1982 herausgegeben. Die beiden Manuskripte in München, »Frutti del Mondo« und das Testament, hat der deutsche Romanist Karl Vossler 1924 in Auszügen veröffentlicht. Seine Edition in teilweise modernisierter Orthographie, mit vielen flüchtig nacherzählten Auslassungen und sehr rudimentären Anmerkungen, entspricht keinem wissenschaftlichen Standard und wird auch Balatris Texten nicht gerecht. Weder Vossler noch die Herausgeber von »Santa Margherita« wussten um die Existenz des Moskauer Manuskripts. Auch die spärlichen Erwähnungen von Balatri in der westlichen Literatur- und Musikgeschichte gehen bis weit in die 1990er Jahre davon aus, dass »Frutti del Mondo« seine einzige Autobiographie ist. Jahrzehntelang lag »Vita e Viaggi« gut verborgen hinter dem eisernen Vorhang. Erwähnung fand es nur in zwei russischen Artikeln, die kurz nach der Schenkung des Manuskripts in der Publikationsreihe der Handschriftenabteilung der Lenin-Bibliothek erschienen sind – eine Zeitschrift, die bei Romanisten oder Experten für barocke Musikgeschichte nicht zur täglichen Lektüre gehört.

Erst in den späten 90er Jahren fand »Vita e Viaggi« den Weg zurück in den Westen. Auch hier sind es Osteuropa-Historiker, die sich mit Balatris Hauptwerk beschäftigen: Daniel L. Schlafly in St. Louis, der zwei Artikel über »Vita e Viaggi« schrieb, und schließlich Maria Di Salvo in Mailand: Sie arbeitet derzeit an einer vollständigen Edition des Manuskripts.

I

Dionisio Filippo Balatri kommt am 21. Februar 1682 als dritter Sohn von Messer Antonio Francesco di Pietro Balatri und seiner Frau Maria Teresa, geborene Péralique, in Pisa zur Welt und wird zwei Tage später in der Kirche San Sisto getauft. Sein Rufname ist Filippo. Erst als er 1739 sein Noviziat antritt, entsinnt sich Balatri seines zweiten Namens: Das Theaterstück »Santa Margherita« nennt Dionisio Balatri als Autor, und auch die Annalen des Klosters Fürstenfeld sprechen von einem »Dionysius«. Hat er den Namen Filippo abgelegt, sobald er der Welt Lebewohl sagte? Balatri macht hierzu keine Angaben. Solange er dem »Signor Welt« diente, rief man ihn mit Sicherheit Filippo.

Namenspate der Familie ist das Dorf Balatro bei Florenz. Dass »balatro« auf Lateinisch soviel wie »Possenreißer« oder »Schwätzer« bedeutet, ist nichts als ein eigenartiger Zufall. Wenn man, so der Autobiograph etwas missmutig, weitere Ahnenforschung in Sachen Balatri zu betreiben gedenke, so möge man sich bitte nicht an ihn wenden, sondern an die zuständigen Ämter in Florenz; die Stadt liege schließlich nicht im Kongo.

Filippos ältester Bruder stirbt in jungen Jahren. Der

zweite, Ferrante, ist 1677 geboren. Er wird in Filippos Leben eine wichtige und nicht immer einfache Rolle spielen. Die Mutter ist eine Französin, die im Gefolge von Marguérite d'Orléans, der Frau des Großherzogs der Toskana, nach Italien gelangte. Filippos Vater, ein gestrenger Herr mit klassischer Bildung, großer Gottesfurcht, wenig Herzlichkeit und schlimmen Anfällen von Podagra, stammt aus einer angesehenen, aber verarmten Florentiner Familie und steht unter der direkten Protektion des Großherzogs, Cosimo III de' Medici. Bei Filippos Geburt ist Messer Balatri bereits an die fünfzig Jahre alt. Auf Cosimos Befehl zog er von Florenz nach Pisa, wo er zunächst als Schuldiener und stellvertretender Kassenwart der Universität angestellt wurde, bis er später ein »ehrenvolles Amt« in der mittleren Charge des Stefansordens erhielt.

Das Ansehen von Pisa beruht zu einem wesentlichen Teil auf dieser Ordensgemeinschaft, deren Bauwerke noch heute das Stadtbild des historischen Zentrums prägen. Der Stefansorden ist der wichtigste Ritterorden der Toskana und die repräsentative Gemeinschaft des toskanischen Adels. Cosimo III de' Medici liegen die Belange des Ordens sehr am Herzen. Die Funktion des Gran Maestro, die der Großherzog der Toskana von Amts wegen innehat, zelebriert er mit größter Akribie und Feierlichkeit, und für die Sicherstellung der Reliquien des heiligen Stefan wendet er mehr Zeit und Geld auf, als das seinen sonstigen Regierungsgeschäften gut täte. Wer dem Stefansorden dient, dient Cosimo. Und wenn er, wie Messer Balatri, zudem auch noch ein Haus bewohnt, das dem Großherzog gehört, eine jährliche Pension von ihm bezieht und außerdem eine Frau hat, die einst Hofdame der Großherzogin war, so sind die Fesseln eng und die Wohlgesonnenheit des Landesherrn ausschlaggebend für das Glück der Familie.

Vater Balatri plant den Lebensweg seiner Söhne mit Vorbedacht. Ferrante soll eine Universitätslaufbahn einschlagen, für Filippo ist ein geistliches Amt in der Kirche des Stefansordens vorgesehen. Für beide Karrieren hofft man auf die Unterstützung des Großherzogs.

Die Brüder Balatri werden in der Schule des Stefansordens unterrichtet: Latein, Religion und Musik. Filippo hilft bei der Messe und bekommt mit elf Jahren sein erstes geistliches Gewand. Er weiß, wo er hingehört, die Zukunft liegt klar vor seinen Augen. Er weiß auch um seinen schönen Sopran. Der Musiklehrer lobt ihn, und Filippo singt mit Vergnügen, ein Naturtalent, das »lernt wie ein Papagei«, was jedoch kein Grund ist, sich etwas einzubilden oder gar nervös zu werden. Aber in einer schicksalhaften Weihnachtsnacht erlaubt dann der Maestro dem Chorknaben Filippo eine Solomotette zur Orgel zu singen, und diese wird ihm zum Verhängnis. Das Publikum staunt. Das ist nicht irgendein Sopran, womit der liebe Gott den kleinen Balatri gesegnet hat, das ist ein Geschenk, welches seinesgleichen sucht. Schließlich kommt jemand, nicht Filippo, auf eine grausame Idee. Danach wird nichts mehr sein wie zuvor.

In Italien ist die Kastration von Knaben zum Erhalt der hohen Stimme zwar ein offenes Geheimnis und ein geduldetes Delikt, offiziell ist sie jedoch gesetzeswidrig und zeitweise sogar bei Todesstrafe verboten. Die oft erzählte Geschichte über die römischen Barbierläden, die mit dem Schild »hier lassen sich die Herren Sopranisten der päpstlichen Kapelle kastrieren« um Kundschaft werben, gehört ins Reich der Legende und stammt von einem französischen Touristen, der »kastrieren« mit »rasieren« verwechselte und die Herren Sopranisten dazu erfand. Man kastriert großzügig, wahrscheinlich tausende von Knaben pro Jahr, von denen nicht alle überleben und noch weniger gute Sänger werden – aber man schweigt. Der neugierige Charles Burney verbrachte erfolglose Stunden damit, auch nur die Ortschaften zu erfragen, in denen die Wundärzte tätig wurden: »In Mailand sagte man mir, man täte es in Bologna, in Bologna verwies man mich nach Florenz, von Florenz schickte man mich nach Rom, von dort nach Neapel, und hier sagte mir der britische Konsul, man täte es in Leocia in Apulien …« Die Geheimnistuerei wird fortgesetzt, auch wenn die Operation zum gewünschten Erfolg führte. Es gibt kaum einen Kastraten, der nicht eine kleine Geschichte parat hätte, die seine schöne Stimme erklärt. Die lebensbedrohliche Unterleibsentzündung, der Sturz vom Pferd, Bisse von bösen Hunden, Schweinen, ja sogar Gänsen – natürlich glaubt das niemand, aber man wahrt so zumindest die Form.

Nur Filippo Balatri hält nichts von derartigen Fabeln. In »Frutti del Mondo« schreibt er zwar, er wolle die Erlebnisse seiner Kindheit lieber »mit finsterem Schweigen übergehen«, aber in der Langfassung der Memoiren kommt er auf den Punkt. Man erfährt, was geschah, und man ahnt, was das für den Autor bedeutet:

»Es wurde befunden, dass meine Stimme von bestem Metall war, der Trillo natürlich und gut geschlagen, die Geläufigkeit in den Passagen hervorragend, und der allgemeine Geschmack im Singen von Natur aus vorhanden. Aufgrund dieser Beurteilung haben die Freunde meines Vaters und besonders der Herr Maestro dringend geraten: ›Schneiden! Schneiden!‹ Und schließlich, nach all dem vielen ›Schneiden! Schneiden!‹, befahl mein Vater das selbst. So wurde ich denn zum Wundarzt Accoramboni nach Lucca geschickt, und der behielt mich zwei Monate in seinem Haus, damit man mir dort ein wenig der allerangenehmsten Unterhaltung angedeihen lassen konnte. Diese kleine Unterhaltung war von so liebreizender Art, dass man mir nun, statt der Doktorwürde (die ich ja irgendwann hätte erwerben können), den Titel ›Frigidus et Maleficatus‹ verlieh, und zwar für den Rest meines Lebens. Und jenes süße Wort, das ich sonst eines Tages vielleicht hätte hören dürfen, würde ich nun sicher nie hören: ›Herr Papa.‹«

Bei all seiner verblüffenden Offenheit: Über die genauen Beweggründe für Vater Balatris schwer wiegende Entscheidung schweigt sich Filippo aus. Er lässt zwar ein paar Bemerkungen über das gute Gehalt und die großzügige Altersversorgung der Kastraten im Dienst des Stefansordens fallen und deutet an, dass solches seinen Vater bewogen hätte, die Einwilligung für den Ausflug nach Lucca zu geben. Plausible Gründe sind dies jedoch nicht. Die Operation ist lebensgefährlich, und das Risiko, dass der verschnittene Junge kein guter Sänger, sondern ein trauriger Eunuch wird, ist beträchtlich. Neben Farinello ist Filippo Balatri einer der wenigen Kastratensänger, von denen man weiß, dass sie aus gehobenen Verhältnissen stammen. Für gewöhnlich waren es arme Leute, die sich, um ihren Söhnen eine bessere Zukunft zu ermöglichen, zu solch einer Verzweiflungstat entschlossen. Es bleibt rätselhaft, warum Filippos sonst so starrsinniger Vater plötzlich all seine wohl durchdachten Pläne über den Haufen wirft, nur weil einige obskure Freunde nach dem Messer rufen – zumal er wissen muss, was das für seinen Sohn bedeutet. Nicht von ungefähr gibt sich der Autobiograph den merkwürdigen Titel eines

»Maleficatus«, eines Übeltäters. Von klein auf hat er gelernt, dass es für einen Kastraten einer fast übermenschlichen Anstrengung bedarf, um der ewigen Verdammnis zu entgehen. Es sind nicht nur die Verlockungen des Künstlerstandes, die Sünden der Gefallsucht, des Hochmuts und der Habgier, denen ihn sein »besonderer Zustand« anheim gibt; am schwersten wiegen die Versuchungen des Fleisches. Ein Eunuch kann keine Kinder zeugen, weshalb er nicht heiraten darf, und das Konkubinat führt geradewegs in die Hölle. So hat man es Filippo beigebracht, sobald seine Wunde verheilt war – eine Lektion, die er explizit in seinen Memoiren beschreibt. Und er schreibt noch mehr: Die Operation habe wenig Geheimnisvolles, es seien »tatsächlich dieselben Schnitte, mit denen man ein Lamm zum Hammel macht«. Was hat Vater Balatri zu dieser Untat bewogen? Filippo verrät es nicht. Der Verdacht liegt nahe, dass der Großherzog den Befehl gab, und der weitere Verlauf der Geschichte wird diesen Verdacht erhärten.

Cosimo III de' Medici (1642–1723), der sechste und vorletzte Großherzog der Toskana, ist, in Balatris Worten, ein »Fürst von heiligem Lebenswandel«. Andere drücken das weniger freundlich aus; schon zu seinen Lebzeiten wird »Cosimo bigotto« fast sprichwörtlich gebraucht. Der Glaubenseifer des Großherzogs prägt die Stimmung im ganzen Land. Bisweilen verordnet er so viele Prozessionen und Kirchenfeste, dass die Bürger der Toskana vor lauter Beten nicht mehr zum Arbeiten kommen. Cosimos Pläne sind ehrgeizig, kostenintensiv und kurios: Er will nicht nur England und Norddeutschland in den Schoß der römisch-katholischen Kirche zurückholen, sondern auch ganz Indien bekehren. Daneben kümmert er sich mit Hingabe um die Vernichtung unmoralischer Schriften und kontrolliert die Prostitution: kein jüdischer Freier bei einer katholischen Hure!

Cosimos Ehe mit Marguérite d'Orléans, einer Kusine von Ludwig XIV., ist ein Desaster. Die lebenslustige Prinzessin, in Versailles erzogen und längst schon in einen anderen Mann verliebt, sträubt sich von Anfang an gegen die verordnete Ehe mit dem toskanischen Heiligen und macht ihm das Leben zur Hölle. Um seiner Frau zu entkommen und auf den Rat seines weltgewandten Vaters Ferdinando II de' Medici begibt sich Cosimo 1667 auf Reisen. Dies ist der Beginn einer zweiten Leidenschaft, die nun neben der Religion sein Leben prägt: fremde Völker und die Wunder von Kunst und Natur. Cosimos Sammelwut und sein aufrichtiges Interesse an der Vielfalt der Welt stehen seltsam unverbunden neben seinem fanatischen Katholizismus. Sein persönliches Exerzitienbuch schreibt täglich an die zwölf Gottesdienste vor, aber gleichzeitig ist er ein barocker »Virtuoso«, nicht anders als seine aufgeklärteren Zeitgenossen. Cosimo reist mit offenen Augen, Interesse und Gewinn. Zu Hause empfängt er ausländische Gäste und hört ihre Geschichten. Er füllt seine Villen mit exotischen Pflanzen, Tieren und Menschen – Mohren, Kalmücken, Inder und Türken, wohlgenährt und katholisch getauft. Ein Teil des Staatsbudgets, das noch nicht für Missionsprojekte verbraucht ist, wird in Kunst- und Wunderkammern investiert, die mit allerlei Mineralien, Antiken, Gemälden und Statuen gefüllt werden. Dazu gehört auch eine gute Auswahl von sorgsam beschrifteten Beispielen für den Mutwillen der Schöpfung: ein zweiköpfiges Kalb, ein blumenkohlartig verwachsenes Schäfchen, eine viel zu groß geratene Melone und ein unidentifizierbares gefiedertes Tier, das, so die Erläuterungstafel, »der Wind am Strand von Gros-

Cosimo III de' Medici, Großherzog der Toskana

setto angespült hat, welches ein sehr wunderbares Ereignis war«.

Man sollte den Großherzog nicht verdächtigen, dass er das »menschliche Neutrumswort«, in das sich der Ministrant Filippo plötzlich verwandelt sieht, als neues Ausstellungsstück in sein Museum einreihen wollte. Dafür ist ein Kastrat in Italien nicht exotisch genug. Auch wird die weltliche Musik an Cosimos Hof nicht gefördert. Ein einziges Mal, so Balatri, habe der Großherzog eine Oper besucht, und zwar unter Zwang und mit geschlossenen Augen. Einen guten Solisten für die Kapelle des Stefansordens weiß er jedoch zu schätzen, denn dies ist Musik zum Lobpreis des Herrn und des Hauses Medici.

Der frisch gebackene Kastrat verlässt sein Elternhaus und zieht nach Florenz. Er bekommt Unterricht im Singen, in musikalischer Theorie, Cembalospiel, Latein, Religion und gutem Benehmen. Zum Glück hält seine Stimme, was sie versprach. Filippo studiert fleißig und bereitet sich auf eine bescheidene Karriere als Sopranist des Stefansordens vor. Aber auch diesmal kommt alles anders als geplant.

Zu Beginn des Jahres 1697 schickt Zar Peter der Große neununddreißig russische Adelige in die Staaten Europas. Neben den diplomatischen Kontakten erwartet er sich vor allem eine Fortbildung seiner Untertanen in Militär- und Marinewesen. Außerdem sollen die Gesandten internationale Experten anwerben, die den Zaren bei seinen ehrgeizigen Reformprojekten für Russland unterstützen können. Auch eine allgemeine Belehrung in westlichem Benimm steht auf dem Stundenplan – eine Lektion, auf die Zar Peter viel Wert legt, und die Filippo Balatri mit gesundem Dünkel bedichtet:

Sie sollen Menschen werden, sagt der Zar,
und sich auch so benehmen: Ihre Sitten,
die würden europäisch wunderbar,
*wie von Franzosen, Welschen oder Briten.**

* Die Strophen aus »Frutti del Mondo« haben in der Originalsprache die Struktur A-B-B-A, während die Nachdichtung A-B-A-B reimt. Durch diese Variation klingen die Verse flüssiger und kommen somit dem »wie von selbst reimenden« italienischen Original einen kleinen Schritt näher.

Einer der Abgesandten ist Peter Alexejewitsch Golizyn (1660–1722), ein einflussreicher Fürst aus dem nächsten Umkreis des Zaren. Sein Empfehlungsschreiben an den Dogen von Venedig hat Peter der Große im Januar 1697 unterzeichnet, überreicht wurde es im Juni. Es scheint nicht so, als hätte es Peter Golizyn noch nötig, ein Mensch zu werden. Er ist ein kultivierter Herr, bewandert in westlicher Lebensart, mehrsprachig, weltoffen und gebildet. Nach einem Jahr in Venedig besucht er Cosimo de' Medici in Florenz, wo er mit großen Ehren empfangen wird. Golizyns Auftrag, Künstler und Wissenschaftler für Moskau zu rekrutieren, ist fast erfüllt; als einzige »Fakultät« in seiner Sammlung fehlt noch die Musik. In dieser Sparte muss es etwas Besonderes sein: Peter der Große wünscht die italienische Landesspezialität, er will einen Kastraten. Für Fürst Golizyn eine schwierige Aufgabe, denn der Ruf der Moskowiter ist nicht der beste, und die italienischen Nachtigallen haben wenig Ehrgeiz, sich an einer Expedition in die Wildnis zu beteiligen:

Dem ersten ist das Land an sich ein Graus,
dem zweiten weite Reisen widerstreben,
der dritte sagt: »Ich melk' ein Opernhaus
und will nicht Monate statt Jahren leben.«

Moskau, das bloße Wort, erschreckt den einen,
der and're traut den Leuten dort nicht recht,
»Barbaren sind's!«, pflegt Nummer drei zu greinen:
Sie wollen alle nicht. Der Fall steht schlecht.

Nach vielen erfolglosen Verhandlungen in Venedig wendet sich Fürst Golizyn vertrauensvoll an Cosimo de' Medici. Der Großherzog möchte seinem Gast behilflich sein und den Wunsch des Zaren erfüllen –

er unterhält gute diplomatische Beziehungen zu Moskau und kann Peters Sehnsucht nach regionalen Künsten und Kuriositäten bestens nachvollziehen. Cosimo löst das Problem auf eine nahe liegende Weise: Man schicke einfach einen Sänger, der sich nicht wehren kann. »Und so«, sagt Filippo, »richtete Seine Hoheit die Augen auf meine kleine Person.«

Nun geht alles sehr schnell. Der junge Kastrat singt vor Fürst Golizyn und gefällt ihm gut. Cosimo de' Medici bittet Messer Balatri um seine Einwilligung, Messer Balatri sagt nein, Cosimo wird nachdrücklich, Messer Balatri sagt ja. Fürst Golizyn fährt zurück nach Venedig. Filippo soll ihm dorthin folgen, und dies möglichst bald. Man schickt ihn heim nach Pisa, um Abschied zu nehmen, für lange oder für immer. Filippo begreift nicht, wie ihm geschieht. Moskau? Wo soll das sein? Ein Bündel Wäsche und ein »gutes Kleidchen«, dazu ein paar fromme Bücher als Reiselektüre, das ist sein ganzes Gepäck. Schließlich gibt ihm Vater den Segen und spricht lange von Gottes Allmacht und Gerechtigkeit. Die Mutter bringt kein Wort heraus. Sie flüchtet weinend in die Arme einer Freundin.

Ehe er sich's versieht, sitzt Filippo wieder in der Kutsche nach Florenz. Diesmal in einer Staatskarosse, denn Filippo ist plötzlich zur Staatsaffäre geworden, ein Geschenk des Großherzogs der Toskana für den Zaren von Russland. Filippo wird übel in der Staatskarosse. Gott sei Dank ist der große Bruder bei ihm. Ferrante darf ihn bis nach Venedig begleiten, aber dann wird er wieder nach Hause fahren, und Filippo muss alleine weiter, bis ins Reich der wilden Moskowiter.

»Da hast du ja eine hübsche kleine Reise vor«, sagt Cosimo de' Medici und grinst. Schließlich wird er ernst und spricht von Gott, genau wie Vater. Der Allmächtige sieht alles. Der Großherzog sieht auch alles, sogar in Russland. Die Moskowiter sind keine Katholiken und deshalb auch keine wirklich guten Menschen. Ein Fehltritt, Filippo, und deine Seele ist für immer verloren. Der junge Sänger küsst schweigend Cosimos Rocksaum und wird weitergereicht an einen Sekretär, Signor Bassetti, der ihm seinerseits eine Predigt hält, sieben Viertelstunden lang. Hier fällt der Autobiograph plötzlich aus der Rolle. Bislang hat er alle frommen Belehrungen getreulich niedergeschrieben, aber was der Chorherr Bassetti zum Besten gab, bleibt uns erspart. »Ich hatte die Missioniererei allmählich so satt«, gesteht Balatri, »dass ich mich gefreut hätte, wenn ich endlich in Moskau gewesen wäre.«

Der Jüngling hat andere Gedanken im Kopf als die ewige Verdammnis. Bekommt er vielleicht ein Pferd oder eine Taschenuhr, wenn man ihn schon in so eine schöne Kutsche setzt? Die Bediensteten nennen ihn »mein Herr«. Er genießt berittenen Geleitschutz für die Weiterfahrt nach Venedig, und wenn er Hunger hat, darf er ein Kommando geben, und man hält bei einem Wirtshaus. Zwar begreift Filippo noch immer »nicht mehr als eine junge Katze«, aber allmählich beginnt ihm die Sache Spaß zu machen: »Heiliger Strohsack, sagte ich zu mir selbst, wenn das so weitergeht, ist das Diskantistchen bald ein Signor Marchese!«

In Venedig werden Filippo und Ferrante in Peter Golizyns Haushalt aufgenommen, wo sie mehrere Monate bleiben, bis der Gesandte seinen Konvoi geordnet und die Heimreise nach Moskau organisiert hat. Der Empfang ist huldvoll, beinahe herzlich. Fürst Golizyn, der mehr Verständnis für Filippos eigentümliche Situation zu haben scheint als dessen eigener Vater, stellt den Sänger unter seinen persönlichen Schutz und nimmt ihm bald die Angst vor der viel geschmähten russischen Barbarei. Golizyn ist ein untersetzter Herr von Ende dreißig, blass, blond, mit freundlichen blauen Augen. Er ist nicht schön, aber sehr sympathisch, und selbst wenn er ernst oder zornig wird, sieht sein Mund immer aus, als ob er lächle.

Golizyn spricht fließend Italienisch, wenn auch mit einer eigenwilligen Grammatik. Filippo amüsiert sich still über sein ständiges »ich gehen, du stehen, ich wollen, du machen«. Die verbleibenden Monate in Italien werden genützt, um dem Geschenk für den Zaren den letzten Schliff zu geben: drei Privatlehrer täglich, Gesang, Cembalo und Latein. Filippo hat gewisse Schwierigkeiten mit der Intonation, aber die Stimme ist hervorragend, und wenn er in dem einen oder anderen Salon eine Arietta zum Besten geben darf, nennen ihn die feinen Damen von Venedig ein »gutes liebes Knäblein«. Eine von ihnen, selbst eine Sängerin, lässt sich auf eine Diskussion über Filippos fremdbestimmte Reisepläne ein. Was heißt hier Gehorsam? Wie kann man dem armen Kind das antun? Warum geben Vater und Landesherr das Kommando, diesen netten Jungen in die Hölle zu schicken? Filippo hat dazu keine Meinung. Fürst Golizyn läuft rot an, springt auf, wünscht eine gute Nacht und verlässt wutentbrannt mit seinem Schützling das Haus. Am Tag darauf schickt er ein wertvolles Geschenk an die unhöfliche Dame. Sie soll nur sehen, dass die Moskowiter Teufel sich zu benehmen wissen!

Nachdem Filippo den Spruch von der Hölle gehört hat, beginnt er seinen Herrn etwas genauer zu beobachten. Erleichtert stellt er fest, dass dieser, wenn auch nicht katholisch und somit irgendwie verdammt, zumindest kein Teufel ist. Golizyn betet jeden Morgen, er besucht die griechische Kirche und über seinem

Bett hängt ein Kruzifix. Filippo schreibt heim an die Eltern, sie sollen sich keine Sorgen machen. Noch ein paar Tage Vergnügen in Venedig – die Brüder Balatri fahren mit der Gondel und stören die Schausteller am Markusplatz bei der Arbeit –, dann fährt Ferrante zurück nach Pisa, und der inzwischen sechzehnjährige Filippo macht sich auf den Weg nach Moskau.

Im Herbst 1698 setzt sich Fürst Golizyns Zug in Bewegung. Es sind ungefähr zweihundert Personen, aufgeteilt in kleinere Gruppen, die zeitversetzt reisen, damit es keine Probleme mit der Unterkunft gibt. Zum größten Teil handelt es sich um Fachleute des Marinewesens und des Schiffsbaus, ein Gebiet, das dem Zaren besonders am Herzen liegt. Außerdem hat Golizyn Mathematiker, Architekten, Bildhauer, Maler und Ingenieure angeworben – und einen einzigen Sänger, Filippo, den er in seiner eigenen Reisegruppe unterbringt, damit ihm nichts passiert.

Zweihundert Leute, und niemand versteht etwas von Musik. Auch wenn drei moskowitische Kavaliere aus Golizyns Entourage in Italien gelernt haben, die Theorbe zu spielen, so ist das nicht besonders überzeugend. Einer kann zwar ein paar Sonaten zupfen, aber nicht begleiten, der zweite übt nicht genug und hat bis Wien das Gelernte bereits wieder vergessen, und der dritte wird in zwei Monaten nicht einmal mehr wissen, wie man das unhandliche Instrument richtig stimmt. Bis auf weiteres muss sich Filippo dazu bequemen, a cappella zu singen. Wenn man bedenkt, dass die Intonation ohnehin nicht seine Stärke ist, kann man ihn dafür nur bedauern.

Cosimo de' Medici hat Filippo befohlen, ein Reisetagebuch zu führen. Er nimmt diese Aufgabe sehr ernst. Man kann davon ausgehen, dass die alten Kladden auf Filippos Schreibtisch lagen, als er seine Memoiren niederschrieb. Städte, Dörfer und Landschaften gleiten an ihm vorüber, Woche um Woche, und er notiert, was ihm auffällt: vermischte Betrachtungen eines aufmerksamen und ein wenig überforderten Touristen.

Die Steiermark und Kärnten haben nichts zu bieten als Berge über Berge, verschneite Wälder, Bären, schlechte Straßen, schlechte Wirtshäuser, unangenehme Leute. Sie beherrschen nur einen einzigen Fluch, den sie dafür bei jeder Gelegenheit unablässig wiederholen und den der Chronist in der Originalsprache festhält: »Oh du Tausent Sakrament!« Die Betten sind so hoch, dass man eine Leiter braucht, um hineinzusteigen, und an Stelle von Laken bekommt man »zwei Ballons mit Federn«, zwischen denen man leicht ersticken kann. Es ist eine mühevolle Reise, aber irgendwann erreichen sie die Kaiserstadt Wien. »Alle unversehrt«, sagt Balatri, »alle außer mir«, und er erinnert noch einmal an den Wundarzt Accoramboni in Lucca.

In Wien wird ein paar Tage Rast gemacht, etwas außerhalb, in der Leopoldstadt. Es ist bitterkalt. Filippo bekommt neue Kleider, einen Kapuzenmantel im türkischen Stil und einen kleinen Pelz dazu. Er friert aber noch immer und will sich keine Erkältung holen, deshalb verzichtet er darauf, Wien zu besichtigen. Die Weiterreise nach Schlesien ist ein Abenteuer. Die Kutschenräder versinken im Schnee. Man ist froh, als man Breslau erreicht, eine »halbwegs schöne Stadt«, über die es nicht viel zu erzählen gibt, außer dass die Leute dort alle einen Namen im Munde führen, den Filippo nicht kennt und dem er sofort misstraut: »Signor Luther.«

Zwischen Breslau und Warschau werden die Straßenverhältnisse so unerträglich, dass die Gesellschaft in Pferdeschlitten umsteigt. Nach den ewigen Stößen der ungefederten Kutsche genießt Filippo das Gefühl, still über den Schnee zu gleiten. Er schläft und schläft, am liebsten zehn Stunden lang, ohne sich auch nur umzudrehen. Das Land lohnt sowieso keinen Tagebucheintrag. Zwischendurch notiert er »Schweinekälte« und »ganz abscheuliche Wälder«, dann legt er sich wieder zum Schlafen.

Die Reisenden gelangen nach Warschau. Die Stadt ist groß, aber wenn man sie schön nennen wollte, würde man lügen. Die Polen sind jähzornige Leute. Sie sind noch viel katholischer als die Untertanen des heiligen Cosimo de' Medici. Vor lauter Bußfertigkeit schlagen sie sich beim Gottesdienst selbst ins Gesicht, bis die ganze Kirche vom »Tschicke Tschacke« ihrer Ohrfeigen widerhallt, Filippo denkt, er sei im Irrenhaus. Auch im weltlichen Leben liebt Polen die Prügelei. Man greift zum Degen, bevor man spricht, und es gibt kaum einen jungen Mann, dessen Gesicht nicht völlig vernarbt ist vom unentwegten Duellieren. Limonade trinkt man nicht, nur Aquavit, in den Straßen versinkt man knöcheltief im halb gefrorenen Kot, und alles in allem findet Filippo einen Aufenthalt von acht Tagen mehr als genug. Es geht weiter Richtung Smolensk, die erste Stadt hinter der polnisch-moskowitischen Grenze.

Die Schlitten gleiten übers Land, über Flüsse und Seen, die Welt ist aus Eis, selbst die breite Weichsel liegt da wie eine gläserne Straße. Die polnischen Wirtshäuser sind fest in jüdischer Hand, ihre Küche ist ungewohnt, aber nicht schlecht. Je weiter man fährt, desto ärmer wird das Land, desto seltener die Gasthöfe. Man übernachtet bei klirrender Kälte in Lehmhütten, zu sechst auf den Kachelofen gedrängt, während die Kinder der Bauern mit ihren Ferkeln um die Wette wimmern. Vieh und Mensch rücken eng zusammen in diesem schlimmen polnischen Winter, und in den Ställen ist es meist am wärmsten. »Manchmal lief mir ein Schwein übers Gesicht, dann wieder ein Kalb, und eines Nachts wurde ich mit einem Fladen beglückt, den mir eine Kuh genau zwischen Brust und Hals legte.« Polen ist in der Tat kein schönes Land. Irgendwann, wohl im Dezember 1698, passieren die Schlitten um Mitternacht die russische Grenze, und die Reisenden erreichen Smolensk.

Dort brechen wieder bessere Zeiten an. Der Woiwode von Smolensk wirft sich vor Fürst Golizyn auf den Bauch und empfängt die illustre Gesellschaft in seinem Haus. Zwar wohnen hier keine Kühe und Schweine im Zimmer, etwas befremdlich wirkt der Palast des Woiwoden von Smolensk jedoch auch. Filippo fühlt sich wie in einem Backtrog oder einer Mausefalle: ein nackter Kasten aus Holz, Bänke entlang den Wänden und zwei Tische mit Perserteppichen als einziges Mobiliar. Fürst Golizyn und der Woiwode erledigen ihre rituelle Begrüßung, dreimal das Kreuzzeichen vor der edelsteinbesetzten Marien-Ikone, drei Kniefälle, eine steife Umarmung. Die Honoratioren von Smolensk machen ebenfalls ihre Aufwartung. Filippo beobachtet interessiert die verschiedenen Varianten der Ehrerbietung, von der Verbeugung bis zum Niederwerfen in den Staub. Endlich darf man sich ein wenig entspannen. Die Herren rauchen Tabak und warten auf das Abendessen, und um ihnen die Zeit zu verkürzen, soll Filippo ein wenig singen. Er beginnt folgsam, dann wird er jedoch abgelenkt und bekommt seine erste Lektion in moskowitischem Benimm:

»Während ich sang, hörte ich ein gewisses Geraune, das unter einer Tür in meiner Nähe hervorkam, und an der Tonlage erkannte ich, dass es Frauenzimmer waren, die da wisperten. Aus Neugier, wie die

Moskowiterinnen wohl gekleidet seien und was für Gesichter sie hätten, bewegte ich mich schrittchenweise näher und hatte schon die Hand an der Tür, um unverhofft meinen Kopf ins Nebenzimmer hineinzustecken, als mir das Scharnier, weil mein Rückzug nicht schnell genug war, zur schmerzhaften Falle wurde, womit meiner armen Nase wenig gedient war. Drei oder vier kamen sofort gerannt, um mich von dieser Tür zurückzuziehen, wobei sie mit gerunzelten Stirnen Drohgebärden machten und allerlei auf mich einquasselten, was ich Ihnen nicht wiederholen kann, während ich, indem sie mich wegschleppten, eine Reihe der vornehmsten Betitelungen, derer ich im Italienischen mächtig war, in Richtung dieser Tür spie, hinter der die Frauenzimmer waren. Es fehlte nicht viel, so wäre ich den Kerlen, die an mir zerrten, angesichts meiner wehen Nase und ihrer artig bärenmäßigen Umgangsformen wirklich ins Gesicht gesprungen und in die Augen gefahren wie eine Katze, die Kätzchen hat, wenn sie einen Hund trifft, zumal mich einer von ihnen auch noch ziemlich gemein in den Arm zwickte bei all dem Gezerre vor dieser Tür.«

Fürst Golizyn lacht Tränen. Besonders Filippos italienische Schimpftiraden gegen die unsichtbaren Damen haben es ihm angetan. Dann bedauert er die wunde Nase seines Schützlings und erklärt ihm geduldig die Landessitten. Man dürfe keine unverheirateten Frauen ansehen, Filippo solle seine Neugier bis Moskau bezähmen, denn im Hause Golizyn handhabe man die Etikette nicht ganz so streng, und auch die Bediensteten seien weniger brutal. Halbwegs getröstet setzt sich Filippo zum Abendessen.

Nachher schreibt er detailliert die Menüfolge auf, wie es sich für einen Forschungsreisenden gehört. Besonders erfreulich ist sie nicht. Keine Suppe, dafür gekochte Zwiebeln unter dem Braten, und Braten reichlich, einer nach dem anderen, Lamm, Ente, Gans, Huhn, alles in derselben Sauce. Das Brot ist schwarz und sauer, zu trinken gibt es Bier, Aquavit und Kwass, ein limonadefarbenes, geschmackloses Gebräu; Filippo trinkt den ganzen Abend Wasser.

Am nächsten Morgen verabschiedet sich die Reisegesellschaft vom Woiwoden von Smolensk, dann geht es weiter nach Moskau. Die Landschaft ist nicht anheimelnder als die polnische, die Kälte unerträglich, in den Schlitten verkriecht man sich unter Fellbergen. Unterwegs nehmen die Reisenden Quartier im Landhaus eines Bojaren. Die Hauptstadt ist nicht mehr weit und die Moskowiter freuen sich auf ihre Heimat. Filippos Laune trübt sich ein. Alle anderen kehren heim zu ihren Familien, nur er reist in die andere Richtung. Pisa ist so fern. Was mag ihn in Moskau erwarten? Auch das Wort »Bojar«, das Filippo hier zum ersten Mal hört, macht ihn nicht glücklicher: »Boia« heißt auf Italienisch »Scharfrichter«. Das Heimweh überfällt ihn abrupt und heftig, und plötzlich, im Haus des Bojaren, der vielleicht doch ein Henker ist, verliert der tapfere junge Weltreisende seine Fassung:

»Damit mich keiner beim Weinen ertappte, und weil ich das eben einfach nicht bleiben lassen konnte, schloss ich mich im Klosett ein und veranstaltete dort in aller Freiheit ein sehr großes Geheule.«

II

Die Reisenden lenken ihre Schlitten über einen Hügel, und plötzlich liegt die Hauptstadt vor ihren Augen. Es ist ein atemberaubender Anblick: Moskau in der Wintersonne, unzählige Türme und Kuppeln aus Holz, eine aus dem Schnee gewachsene Märchenstadt wie aus einer anderen Welt. Noch zwei Stunden dauert die Fahrt durch die Ebene, Filippo staunt und staunt – aber dann zeigt sich das Wunder aus der Nähe, und der Traum verwandelt sich mit einem Schlag in einen Albtraum. Filippo bleibt schier das Herz stehen: Die Straße ist von Galgen gesäumt, an denen dutzendweise menschliche Skelette baumeln, und Moskaus Stadtmauern zieren Stangen, auf denen Leichen stecken, hunderte von Gepfählten in engen Zweierreihen, vermoderte und verrenkte Kadaver, fest gefroren an den hölzernen Spießen, die ihre Eingeweide durchbohrt haben. Filippo kriecht mit dem Kopf voran unter die Felldecken und bleibt dort bis auf weiteres, »ganz verstört und zusammengekauert wie ein jämmerlicher Hund«. Leider hat er das Rätsel allzu schnell gelöst: Was für Leute wird man in Moskau wohl pfählen? Natürlich die Katholiken!

Jahrzehnte später, als Filippo Balatri diese Szene beschreibt, hat er für sein eigenes Entsetzen nur noch

Moskau, im 17. Jahrhundert

Spott übrig. Die Todesangst des Sechzehnjährigen, der schon die Pfahlspitze in seinen katholischen Gedärmen spürt, gehört der Vergangenheit an, und das Geheimnis der Leichen auf Moskaus Mauern ist längst erklärt. Man kann sich vorstellen, wie sich der Junge unter seinen Schlittendecken gefühlt hat. Der Autobiograph zieht indes vor zu scherzen. »Das also, sagte ich mir, ist entweder ein Land, wo man einfach zum Vergnügen Leute aufspießt, oder aber es ist wahr, was sie in Polen gesagt haben, und das sind alles katholische Märtyrer. Falls dem so ist ... oh, lieber Signor Balatri, was werden Sie für eine gute Figur dort oben machen! Aber zum Teufel – wenn dies hier die Sitten sind und die ganze Welt darum weiß, dann hätte mich der Großherzog wohl nicht in dieses Land geschickt, außer aus einem einzigen Grund: Er wollte unbedingt, dass das Märtyrerlexikon endlich auch einen Kastraten verzeichnet!«

Filippo zittert noch immer unter seinen Pelzen, als die Schlitten im Innenhof von Fürst Golizyns Stadtpalais in der Twerskaja-Straße zum Stehen kommen. Der Anblick dieses Gebäudes beruhigt den verschreckten Toskaner ein wenig. Es wirkt vertraut, ein prächtiger moderner Palazzo aus Kalkstein und Marmor, den ein italienischer Architekt für Golizyn geplant und errichtet hat. Leute von Stand begrüßen den heimgekehrten Fürsten, indem sie den Boden mit den Fingerspitzen berühren, die Bediensteten werfen sich aufs Gesicht, Pagen mit gelben Wachskerzen geleiten die Reisenden ins Haus. Im Inneren verliert sich der italienische Eindruck: wieder die leeren Räume mit Bänken entlang den Wänden, freistehende Tische mit orientalischen Teppichen, perlenbesetzte Ikonen in Wandnischen, ein paar wenige Stühle, die laut Balatri aussehen »wie im 15. Jahrhundert«. Fürst Golizyn zieht sich zurück, um seine Frau zu begrüßen, dann ruft jemand aus dem Nebenzimmer, russische Wörter und – eine weibliche Stimme. Filippo ist misstrauisch. Die gepfählten Katholiken sind nicht vergessen, genauso wenig wie das galante Abenteuer von Smolensk. Er folgt der unsichtbaren Stimme nicht ohne die gebotene Vorsicht. Und in der Tat gestattet Fürst Golizyn seinem italienischen Gast hier keine Kleinigkeit. Filippo betritt das geheime Reich der Frauen, den *terem* des Palazzo Golizyn.

Der Haushalt des Woiwoden von Smolensk, in dem höchstens ein Getuschel hinter verschlossenen Türen auf die Anwesenheit weiblicher Wesen hindeutet, ist keinesfalls besonders rückständig. Ende des 17. Jahrhunderts, kurz bevor die Reformen Peters des Großen die alten Traditionen nachhaltig erschüttern, sind die russischen Frauen in der Öffentlichkeit so gut wie nicht existent. Während Fürst Golizyn Italien bereist, westliche Kleidung trägt und sich rasieren lässt, noch bevor das der Zar zum Entsetzen seiner strenggläubigen Untertanen eines Tages zu einer Bürgerpflicht erklärt, führt seine Frau, Darja Lukinischna Golizyna (1668–1715) daheim in Moskau einen Haushalt nach jahrhundertealten Regeln, abgeschieden von der Welt und unberührt von den großen Veränderungen, die sich in Russland anbahnen. Sie erzieht ihre Kinder, einen Sohn und eine Tochter, und herrscht über ein kleines Reich von Frauen: Zofen und Mägde, dazu unverheiratete Mädchen von Stand, die bei Darja Benehmen und Sticken lernen, und viele missmutige Bojarenwitwen, welche hier ihr Gnadenbrot verzehren. Einmal am Tag zeigt sich Frau Golizyna am Fenster, um den Armen Almosen zu geben. Zweimal im Jahr besucht sie eine Verwandte. Sonst gibt es außer Kirche und Friedhof nichts auf Erden, was sie aus ihrem Versteck locken könnte. Sie ist von klein auf zu einem Leben in Verborgenheit erzogen. Viel später, als Filippo russisch gelernt und Darjas Vertrauen gewonnen hat, wird sie ihm erzählen, wie die Jugend einer Fürstentochter aussieht: »Ich bin als Einsiedlerin geboren und aufgewachsen in vier Wänden nach den strengsten Maximen der Religion, des Standes, der Ehre und der Sitte, und ich habe nicht gelernt, in irgendeiner anderen Welt zu leben als in dieser. Ohne Bücher bin ich groß geworden, und meine Lehrerinnen waren vier Frauen, die selbst nichts wussten, ganz als sei dieses Land eine Wüste, unbeackert und menschenleer.«

Darja ist Anfang dreißig und bezeichnet sich selbst als »alte Dame«. Sie ist eine schöne Frau, hoch gewachsen, mit dunklem Teint, scharf gezeichneten Brauen und schwarzem Haar, das sie stets unter einer kostbaren Haube aus Zobelpelz verbirgt. Ihr Haushalt ist wohl geordnet, sie erzieht ihre Mädchen in Gottesfurcht, bis sie mit fremden Männern verheiratet werden, die Darja nach den Regeln von Stand und Mitgift für sie aussucht, schweigsam und streng und mit viel mehr Autorität als die leiblichen Eltern. Was geht in Darja Golizynas Kopf vor? Es gehört sich nicht, darüber zu sprechen. Es wird Monate dauern, bis Filippos Zutraulichkeit und sein unübertreffliches Plappermaul die wortkarge Fürstin ein wenig aufgetaut haben. Zunächst aber behält Darja ihre Gedanken geflissentlich für sich, als ihr heimgekehrter Gatte ohne Vorwarnung einen zerzausten, verwirrten und unendlich neugierigen italienischen Halbwüchsigen in die Frauengemächer rufen lässt, wo er nicht nur Darjas Jungfern zu Tode erschreckt, sondern dann auch noch etwas wirklich Unerhörtes tut: Er versucht allen Ernstes, Darjas Rocksaum zu küssen, ganz nah bei ihren unbestrumpften Füßen! Peter Golizyn kann diesen Fauxpas zwar noch im letzten Moment verhindern, aber vielleicht bereut er doch, dass er beweisen wollte, wie modern man bei ihm lebt im Vergleich zum Woiwoden von Smolensk. Er schickt Filippo fort. Darja verzieht keine Miene und sagt kein einziges Wort.

»Der Fürst und die Fürstin hatten so viel Respekt voreinander«, schreibt Balatri, »dass es immer so aussah, als würden sie sich voreinander fürchten.«

Eine Bojarenwitwe mit »Zitronengesicht« nimmt den Jüngling in Empfang und reicht ihn weiter an den Kammerdiener, den Golizyn ihm zugeteilt hat – einen getauften Tataren, der Italienisch spricht. Dieser bringt Filippo in seine neue Wohnung, zwei Zimmer und eine Kammer, die in angemessener Entfernung von den Gemächern der Frauen liegen. Der Tatar serviert das Abendessen, dann tut er ein gutes Werk und erklärt seinem neuen Herrn, was es mit den Gepfählten auf Moskaus Mauern auf sich hat.

Filippo erhält eine Lektion in russischer Tagespolitik: eine große Meuterei der Regimenter, ein Zar, der währenddessen nichts ahnend mit Kaiser Leopold in Wien beim Frühstück sitzt, Kalamitäten mit der Kirche, mit Peters Reformplänen und Peters Schwester, schließlich Massenhinrichtungen der Aufständischen – wer nach einer verlässlichen politischen Chronik des petrinischen Russland sucht, ist bei Filippo Balatri nicht ganz an der richtigen Stelle. Der Tatar ist kein guter Berichterstatter und der erschöpfte Sänger sicherlich auch kein guter Zuhörer. Das Wichtigste versteht er jedoch: Die aufgespießten Leichen sind keine Katholiken, sondern Strelitzen, was auch immer das sein mag, und Gott sei Dank ist Filippo kein Strelitze. Er atmet auf und verspeist mit Appetit das »nicht besonders gut gewürzte« Abendessen.

Die gepfählten Strelitzen auf Moskaus Mauern bieten einen wichtigen Anhaltspunkt, um Balatris Lebensgeschichte zu datieren. Es handelt sich um die blutigen Spuren der Exekutionen, die in der ersten Oktoberhälfte 1698 stattgefunden haben. Der Zar begann damit die Bestrafung der vier Strelitzen-Regi-

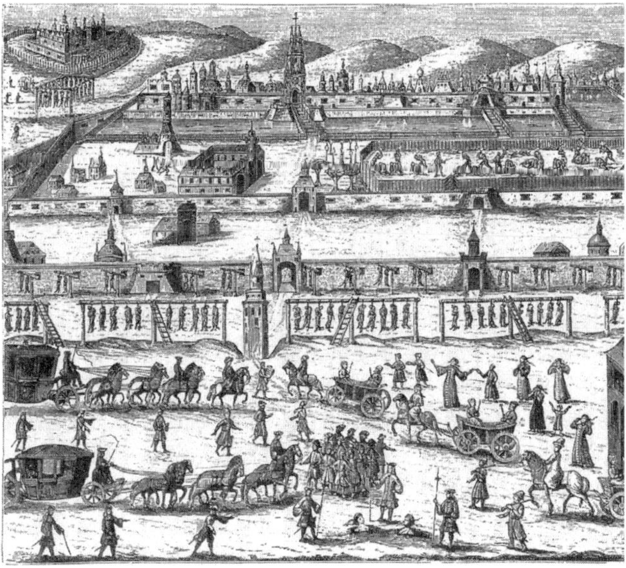

Exekution der aufständischen Strelitzen, Moskau 1698

menter, deren Meuterei im Juni ihn zwang, seine Europareise vorzeitig abzubrechen. Golizyns Diener stellt die Geschichte ein wenig zu einfach dar; wenn er jedoch behauptet, der Aufstand der Strelitzen sei gegen die Reformbestrebungen des Zaren gerichtet gewesen, entspricht dies weitgehend den Tatsachen. In ihren Petitionen, die den Aufständen vorangingen, hatten die Anführer der Strelitzen gefordert, »die Deutschen zu töten, die der Ruin der Orthodoxie sind«. Unter »deutsch« fällt dabei jeder, der nicht moskowitisch ist – sicherlich auch Italiener. Es ist ein Glück, dass Filippo dies alles nicht so genau begriffen hat.

Man bringt ihn zu Bett wie einen großen Herrn. Zwei Diener helfen ihm beim Ausziehen, sie polieren seine Schuhe, holen Licht und tragen es wieder davon, wortlos, unter tiefen Verbeugungen. Der Ofen ist nachgeheizt, das Bett warm und voller Kissen und Decken, Unmengen von grünem Damast. Der Diener schläft im Nebenzimmer und hält sich auf Abruf verfügbar. Was ist aus dem Pisaner Bürgersohn geworden? Ein Prinz? Man hat den jungen Sänger wahrhaft ehrenvoll empfangen im Hause Golizyn. »Und dann«, sagt er trocken, »legte ich mich schlafen, ohne dass mir jemand gute Nacht gesagt hätte.«

Am nächsten Morgen findet eine kleine Weltpremiere statt. Zum ersten Mal in der Geschichte hört Moskau italienischen Belcanto. Wieder betritt Filippo die Frauengemächer, wieder erstarren Darjas Jungfern zu Stein, sobald sie einen Mann erblicken, wieder drängen sie sich eng aneinander, um weniger sichtbar zu sein, und senken die Köpfe wie junge Nonnen vor der Äbtissin. Filippo singt. Fürstin Darja schweigt. Eine winzige Handbewegung, und Filippo weiß, Madama möchte mehr hören. Noch zwei Arien, die das »kaum aus dem Ei geschlüpfte Kapaunchen« zum Besten gibt, und die verstörten Mädchen tauen auf. Sie wiegen sich schüchtern im Takt und lächeln. Nur die Witwen, diese alten Krähen mit den säuerlichen Gesichtern, verziehen keine Miene unter ihren schwarzen Stirnschleiern und »zeigen nicht mehr Anteilnahme an meinem engelsgleichen Gesang, als wenn da ein Hund gähnen würde«. Vom ersten Moment an sind Filippo die Witwen in Darjas Obhut zuwider. Er nennt sie »Baárine« – und das klingt beinahe wie ein Schimpfwort, obwohl es nichts weiter ist als eine etwas eigenwillige Transkription von »bojaryni« (»Bojarinnen«).

»Baárine«, so nenn ich diese Tanten,
sie waren einmal gute Gattinnen,
und da sie alle Witwen sind, so rannten
sie zu Madama hin, als Dienerinnen.

Von diesen Witwen werd ich angegiftet,
sie fanden nämlich keinen neuen Mann,
die Zeit ward ihnen lang, der Kitzel stiftet
sie zur Gemeinheit gegen Junge an.

Sie sehen, wie ein Mädchen Kekse kaut,
das macht sie bös: Sie selber mümmeln Brei.
Der Jugend wird nicht gerne zugeschaut,
denn ihre ist verrottet und vorbei.

Fürst Golizyns Schneider misst Filippo sein erstes moskowitisches Gewand an. Man hat ihm freigestellt, ob er sich lieber nach italienischer Mode kleiden möchte oder nach russischer, und Filippo hat die Landestracht gewählt, aus Neugier und wegen der Kälte. Er bekommt ein Kostüm aus himmelblauem Damast, warm gefüttert und mit dekorativen Steppnähten verziert: Hosen bis zu den Knöcheln, dazu einen über den Hüften großzügig gefältelten Rock, der vom Hals bis zum halben Bein Ton in Ton bordiert und geknöpft ist. Um die Taille hält eine rosenfarbene Seidenschärpe das wattierte Gewand zusammen, ihre mit Perlen besetzten Spitzen hängen bis zum Rocksaum. Zur Leibbinde passen die Stiefel, rosa Maroquin bis zu den Knien, verdeckt geschnürt. Ein kurzer Mantel und ein linksseitig mit Perlen besticktes Barett, gefüttert mit weißem und schwarzem Zobel, vervollständigen die Garderobe. Beides sind Geschenke der schweigsamen Fürstin, die nicht möchte, dass sich der junge Sänger erkältet. »Und als ich so angezogen war und in einen großen Spiegel blickte, wollten mich Hochmut und Eitelkeit schier in der Mitte zerreißen. Ich hatte aber genügend Verstand, um die beiden miteinander zu versöhnen, indem ich ihnen zeigte, dass ich mich sehr wohl allen zweien gleichzeitig hinzugeben vermochte.«

Filippo Balatri verbringt gut zwei Monate im Haus Golizyn, bis der Zar von seinen Schiffswerften in Woronesch zurückgekehrt ist und Cosimo de' Medicis Geschenk in Empfang nehmen kann. Filippo lernt einen Pferdeschlitten zu lenken, er lernt, wie man die Witwen ärgert und gleichzeitig die Mädchen amüsiert, und vor allem lernt er, Madama Golizyna zum Lächeln zu bringen: mit vielen Benimmfehlern, wildem Gestikulieren, vielen italienischen Komplimenten und noch mehr italienischen Arien. »Ich verstand kein Wort, aber ich verstand, wenn Madama etwas von mir wollte, und da es sich hierbei wohl nicht um einen vierfachen Salto mortale oder um die sofortige Anfertigung einer Repetieruhr handeln konnte, sang ich eben das ›Schwälbchen über dem Meer‹, mit Trillern und Läufen, die einem den Schädelknochen durchsägen konnten.«

Der tatarische Diener nützt die kurzen Wintertage, um Filippo Moskau zu zeigen. Dazu gehört auch die Ausländervorstadt, die man *nowaja nemezkaja sloboda* (»neue deutsche Stadt«) nennt, obwohl keinesfalls nur Deutsche hier wohnen. Später wird Filippo mit dem Zaren viel Zeit in der Vorstadt verbringen, zunächst jedoch gibt es nur ein einziges Ziel: die katholische Kirche. Auch wenn das Gotteshaus ziemlich schäbig ist – Lutheraner und Kalvinisten haben schönere Kirchen –, so klingt der Cantus Firmus doch anständig, es gibt sogar eine Orgel, dazu fünf handverlesene Mönche, finanziert vom österreichischen Kaiserhof, und es gibt einen Beichtvater, was eine große Beruhigung ist.

Eines Tages kommt einer der Brüder des Hausherrn zu Besuch, Boris Alexejewitsch Golizyn (1654–1714), ein wichtiger Politiker und enger Vertrauter des Zaren. Die Fama sagt, Boris habe Peter dem Großen sowohl das Schwimmen als auch das Schnapstrinken beigebracht, weshalb ihm der Zar ewig zu Dank verpflichtet sei; andere Gerüchte sprechen eher davon, dass der Alkohol eines Tages Boris' eigene viel versprechende Karriere ruinierte. Filippo kann Fürst Boris schon auf den ersten Blick nicht leiden. Er beschreibt ihn als »griesgrämigen Herrn von seltsamer Laune, der in einer Stunde keine zehn Worte herausbringt«. Die Brüder Golizyn schweigen einander an und rauchen eine Pfeife nach der anderen – ein eigenartiges Treffen. Das Schicksal wird Filippo eine eingehende Bekanntschaft mit Fürst Boris nicht ersparen. Er rächt sich mit reichlich respektlosen Versen.

Er sieht mich ungern, als ob's Schande wär,
spricht er, ist seine Rede kurz und dumm,
sich selbst behandelt er als wie ein Bär,
als Leopard geht er mit andern um.

Sein schwang'rer Geist kann nur dem Staate dienen,
er ist Politiker von Kopf bis Zeh,
sonst schert ihn nichts, frisst Knoblauch wie
Pralinen,
geht nackt, trägt Gala oder Negligé.

Von einem Reitknecht aus Boris Golizyns Gefolge hört Filippo zum ersten Mal das Wort, das ihn fortan begleiten wird: *busurman*. Es ist auf ihn gemünzt, und es klingt nicht freundlich. Filippo bittet seinen Diener später um eine Übersetzung. Er erfährt, man hat ihn »Muselman« genannt, das ist ein Schimpfwort für Katholiken. Filippo schnappt nachhaltig ein. Peter Golizyn versichert ihm zwar, dass weder er noch seine Frau, noch der Zar ihn für einen Heiden hielten, aber das tröstet Filippo nur wenig. Ist er doch nur von Feinden umgeben? Filippo mag nicht mehr allein schlafen, sein Diener muss bei ihm bleiben und ihn bewachen. Erst allmählich, dank Fürst Golizyns freundlichen Worten und Darjas freundlichem Lächeln, gewinnt Filippo wieder Vertrauen. Er lernt schnell Russisch. Der musikalische Junge tut sich hier sehr leicht. Bald wird ihm niemand mehr unverständliche Gemeinheiten an den Kopf werfen können, weder Boris' Reitknechte noch Darjas bösartige Witwen. Filippo plappert in einem russisch-italienischen Kauderwelsch, und er singt, singt, singt. Als schließlich der Tag kommt, an dem die Golizyns ihren Gast an den Zaren abtreten müssen, ist der Kummer groß. Besonders die schweigsame Darja möchte Filippo gar nicht mehr hergeben. Vielleicht hat er damals schon seinen russischen Kosenamen bekommen, den er still für sich immer wieder hersagen wird, noch Jahre nachdem er Moskau verlassen hat, wahrscheinlich bis zu seinem Tod in einer oberbayerischen Klosterzelle: »Filíppuschka«.

Bei einem Diner, das Boris Golizyn zu Ehren des heimgekehrten Zaren veranstaltet, wird Filippo Peter dem Großen schließlich vorgestellt, wahrscheinlich im Januar 1699. Unter den Gästen ist auch Alexander Danilowitsch Menschikow, der Günstling und stete Begleiter des Zaren. Zunächst interessiert sich Peter der Große herzlich wenig für Filippo. Er lässt ihn zwar seine Hand küssen, aber er ist so ins Gespräch vertieft, dass er versäumt, dem Knienden Erlaubnis zum Aufstehen zu geben, was ihm Filippo einen Moment lang durchaus übel nimmt. Sein erster Eindruck von Peter ist zwiespältig. Er beschreibt ihn ohne Schmeichelei:

»Zar Peter Alexejewitsch war von hohem Wuchs, eher mager als fett, mit vollem kastanienbraunem Haar, das er kurz geschnitten trug. Seine Augen waren groß und schwarz und mit langen Lidern, sein Teint

Peter der Große Ende des 17. Jahrhunderts

bräunlich, der Mund gut geschwungen, aber entstellt durch einen Fehler der Unterlippe, der aussah wie ein kleiner Schlitz. Bei uns in der Toskana nennt man so etwas eine ›Hufspalte‹. Sein Gesicht war rundlich und schön geschnitten, aber irgendwie fehlte ihm dieses gewisse Etwas, um auf den ersten Blick großen Eindruck zu machen. Seine Beine kamen mir im Verhältnis zu seiner sonstigen Statur ein bisschen zu dünn vor, und außerdem litt er unter einem häufigen Kopfzucken in Richtung der rechten Schulter.«

Als der Nachtisch gereicht wird, Zuckerzeug und Likör wie in einem zivilisierten Land, muss Filippuschka vorsingen. Er begleitet sich selbst auf einem Orgelportativ – einem Instrument, welches sich hier und da in moskowitischen Adelshäusern findet; Cembali oder Spinette kennt man noch nicht. Der Zar füllt Filippos Zobelbarett huldvoll mit Pralinen von der eigenen Tafel, dann verköstigt man die Nachtigall im Nebenzimmer.

Noch drei Tage darf Filippo bei seinen geliebten Golizyns bleiben, bevor er an den Zarenhof umzieht. Er wird dort anständig untergebracht und behandelt, aber er fühlt sich nicht wohl. Der Abschied von seinen moskowitischen Freunden fällt ihm schwerer als damals der Abschied von den leiblichen Eltern. Ein großer Trost ist der tatarische Diener. Nachdem man dem Sänger zunächst einen flämischen Dolmetscher zugeteilt hatte, dessen Italienisch schlechter als Filippos Russisch war, gestattet man schließlich dem Diener der Golizyns, Filippo zu begleiten. Der Tatar sorgt gut für den Bekümmerten. »Er ersetzte mir Bruder und Vater.«

Zunächst ist Filippos Leben am Zarenhof recht eintönig. Morgens Handkuss und zwei Arien, abends Handkuss und zwei Arien, manchmal füttert ihn der Zar mit einem guten Bissen vom eigenen Teller, dann darf der Sänger gehen und sich langweilen. Es dauert jedoch nicht lange, und Filippo hat mehr zu tun, als ihm lieb ist. Wie man weiß, legt Peter der Große viel Wert auf die kulturelle Bildung seiner rückständigen Untertanen. Er schickt den Sänger los, um die gesamte Moskauer Hautevolee mit seiner Silberkehle zu erfreuen und zu belehren. Es ist ein anstrengendes Leben. Filippo zieht mit seinem Diener von einem Herrenhaus zum nächsten, von Orgelportativ zu Orgelportativ, von Arie zu Arie. Überall wird er bestaunt, überall flüstert irgendjemand »busurman« und bekreuzigt sich, überall füttert man den Virtuosen mit lächerlichen Leckerbissen, Kastanien, Nüssen, getrockneten Feigen. Der »Orpheus von Moskau« kommt sich bald vor wie eine Haselmaus.

Bei einem dieser Hausbesuche lernt Filippo auch den Sohn des Zaren kennen, den knapp neunjährigen Alexej Petrowitsch. Er wohnt mit seinen Lehrern und Höflingen in einem eigenen Palast, weit entfernt vom Palast des Vaters. Alexejs Mutter, die Zariza Jewdokija Lopuchina, so lernt Filippo von seinem Diener, ist ihrerseits in einem Kloster außerhalb von Moskau untergebracht. Ein eigenartiges Familienleben, ganz ähnlich wie bei den Medici in Florenz. Als Filippo den Zarewitsch zu Gesicht bekommt, kann er nachfühlen, warum ihn sein Vater nicht bei sich haben möchte. Alexej Petrowitsch ist ein unangenehmes verhärmtes Kind, das viel älter aussieht, als es ist, und unentwegt stumm und mürrisch vor sich hinstarrt, während Filippo dieselbe Arie zehnmal singen muss, weil der Haushofmeister vergeblich hofft, der stuporöse Zarewitsch würde vielleicht doch noch aufwachen.

Viel interessanter ist ein Besuch in der Ausländervorstadt. Filippo begleitet Peter den Großen zu einem rauschenden Fest im Haus von General Lefort, dem Schweizer Diplomaten und Heerführer, der in politischen Dingen ebenso das Vertrauen des Zaren genießt wie in Angelegenheiten des guten Geschmacks. Böse Zungen behaupten, Franz Lefort hätte die Bewunderung des Zaren für seinen westlichen Lebensstil und für seinen freien Geist dazu missbraucht, ihn zu Alkoholexzessen und einem unkeuschen Lebenswandel zu verführen; auf jeden Fall versteht der Schweizer zu feiern.

Zu Filippos Verwunderung wird der Zar in Leforts brandneuem Palazzo in der *nemezkaja sloboda* empfangen, als sei er irgendein Gast unter vielen. Erst nach einer halben Stunde geruht jemand, den Monarchen überhaupt zu begrüßen. Peter der Große ist bekannt dafür, dass er eine solch respektlose Behandlung bisweilen durchaus goutiert – solange sie ihm nicht von Moskowitern zuteil wird, sondern von seinen westlichen Freunden und Vorbildern. Die vier Bojaren, die auf Peters Befehl hin mit ihren Gattinnen die »heidnische Feier« bei Lefort besuchen müssen, haben nichts zu lachen. Der Zar zwingt sie, mit Falschgläubigen am Tisch zu sitzen und dann sogar zu den Klängen eines Streichorchesters zu tanzen. Als ein Bojarenpaar sich heimlich aus diesem Sündenpfuhl davonzuschleichen versucht, wird es von Peters Leibwache aufgegriffen und zurückgebracht. Nur beim Tanzen ist mit Waffengewalt wenig auszurichten. Der große Zar hält die kleine Bojarin gut fest, aber ein Menuett gelingt ihr deshalb noch lange nicht. »Krampfartige Verrenkungen«, notiert Filippo verächtlich. Er genießt Leforts Fest sehr. Besonders die frechen Mädchen der *sloboda* haben es ihm angetan. So viele verliebte Blicke, wenn er singt – das ist Filippo von Madama Golizynas wohldressierten Jungfern nicht gewöhnt. Es fällt ihm schwer, diese Insel der Freizügigkeit inmitten der moskowitischen Strenge wieder zu verlassen.

Fast den ganzen Sommer 1699 verbringt Filippo mit dem Zaren in Woronesch am Don. Auf den dortigen Werften werden unter Anleitung holländischer, englischer und venezianischer Experten Kriegsschiffe für Peters Flotte gebaut. Der Zar fährt so oft nach Woronesch, wie es ihm seine Staatsgeschäfte erlauben. Er zeichnet Pläne für Schiffe, bewundert den ausländischen Sachverstand und arbeitet selbst auf der Werft wie ein einfacher Geselle, »von Kopf bis Fuß mit Pech beschmiert und wie ein Handwerker in ein dunkles Tuchgewand nach holländischer Machart gekleidet«. Dieses Leben scheint dem Zaren viel besser zu gefallen als das Leben in Moskau mit seinen ständigen Repräsentationspflichten. Peter ist ohnehin kein Mann des schönen Scheins. »Ich sah ihn nie gepudert und nie vor einem Spiegel«, schreibt Balatri.

Er beobachtet den Zaren täglich. Daneben erkundet er die Lebensweise der moskowitischen Arbeiter und rümpft die Nase über ihre Umgangsformen: Sie schnäuzen sich in die Hand, essen mit den Fingern, rülpsen einander beim Reden herzhaft ins Gesicht, und wenn sie sich ausnahmsweise waschen, so nehmen sie das Wasser erst in den Mund und spucken es dann in scharfem Strahl auf ihre Hände, mit Speichel vermischt, was der manierliche Toskaner ausgesprochen ekelhaft findet. Er hört von Kriegen, dem Türkenkrieg und dem Schwedenkrieg, von ehrgeizigen Plänen und großen Gefahren, doch sein Russisch reicht noch nicht aus, um all das Aufgeschnappte richtig einzuordnen. Mit Interesse und Sympathie beobachtet er, wie sich der Zar auf den Werften von Woronesch im Gebrauch mathematischer Instrumente unterweisen lässt und dann wieder hingebungsvoll Schiffe kalfatert, »als sei das sein einziger Broterwerb«.

Balatri kann nicht verstehen, warum der Zar im Ausland solch einen schlechten Ruf genießt. Nachdem er Russland verlassen hat, wird er immer wieder von Peters Untaten erzählen hören, und mitleidige Blicke von jedem ernten, der erfährt, dass er der persönliche Filippuschka des blutrünstigen Zaren war. Man darf ihm glauben, dass er Peters dunkle Seiten nie erlebt hat. Balatri ist keiner jener Chronisten, denen bei der

Beschreibung hoher Herrschaften die Feder in Hochachtung erstarrt. Er schildert den Zaren als »überaus sanftmütigen Mann«, dem bei einer traurigen Geschichte schnell die Tränen kommen, und der entsetzt davonläuft, wenn er Blut sieht. Nie hat Peter die Stimme gegen Filippo erhoben, geschweige denn die Hand. Die schlimmsten Strafen waren ein strenger Blick und Stubenarrest. In Balatris Memoiren erkennt man den schrecklichen Peter kaum wieder, der seinen Günstling Menschikow in den Bauch trat, den eigenen Sohn zu Tode foltern ließ und ein paar Bojaren, welche die westliche Küche nicht mochten, so lange mit Salatblättern in Vinaigrette nudeln ließ, bis sie Blut spuckten.

Das Leben in Woronesch ist wenig formell. Filippo speist täglich mit dem Zaren und Menschikow an einem Tisch, als gehöre er zur Familie. Nur den Nachtisch verpasst er regelmäßig – denn da muss er singen. Den Wunsch nach einem Cembalo hat Filippo schon längst aufgegeben, aber in Woronesch gibt es nicht einmal ein Orgelportativ. Die Intonation ist ohnehin nicht seine Stärke, in Woronesch am Don verdirbt er sie sich endgültig. Die Zuhörer scheint das nicht weiter zu stören, und auch Filippo selbst trägt es mit Fassung: »Wen juckt's, ich hatte mich sowieso längst daran gewöhnt, immer den Ton zu singen, der mir gerade einfiel.«

Filippo übt sich in der russischen Sprache und fällt damit mehr als einmal gründlich auf die Nase. Als er zu einem vornehmen Besucher des Zaren statt »guten Tag« versehentlich »guter Esel« sagt, wird er schmerzhaft daran erinnert, wo er die meisten seiner Ausdrücke aufgeschnappt hat: von den *spalniki* am Moskauer Hof. »Esel« ist noch das harmloseste Schimpfwort, das man ihm dort nachgerufen hat. Die Spalniki, junge Männer zwischen vierzehn und achtzehn Jahren, die dem Zaren als Zimmerpagen aufwarten, haben es von Anfang an auf Filippo abgesehen, vielleicht aus Neid auf seine Sonderbehandlung, vielleicht aber auch wirklich aus Gründen des Glaubens. Filippo, der selbst den Titel eines Spalnik vom Zaren bekommen hat, wie es seinem Alter und seiner persönlichen Nähe zum Monarchen geziemt, ist der einzige römisch-katholische Junge bei Hof. Viele Spalniki sind selbst erst vor kurzem zum griechischen Glauben übergetreten. Es gibt viele Ausländer unter den »Söhnen des Zaren«, wie man die Spalniki auch nennt, und keiner von ihnen, weder die Heiden aus der Tatarei, noch die holländischen Protestanten, ja nicht einmal die katholischen Polen haben ihre angestammte Konfession behalten. Nur Filippo, der zweifelhafte Sänger, ist und bleibt ein *busurman*, ein papistischer Ketzer. Als Cosimo de' Medici dem Zaren seinen Untertan schickte, hatte er es zur Bedingung gemacht, dass dieser seine Konfession behält, und auch Filippo selbst hört schon das Höllenfeuer knistern, sobald er nur von ferne an die Möglichkeit eines Glaubenswechsels denkt.

Es kann keine Freundschaft geben zwischen den teuflischen Spalniki und Filippuschka, dem rechtgläubigen Märtyrer. Er katalogisiert ihre Schimpfwörter zweisprachig, auf Italienisch und auf Russisch: »Esel«, »Hund«, »Muselman«, »Verdammter«, »Hurensohn«, »stinkender Kadaver«; kein Wunder, dass er sich in Woronesch so wohl fühlt. Als er im Herbst 1699 nach Moskau zurückkehrt, flammt der Krieg mit den Spalniki sofort wieder auf.

Je besser Filippo Russisch lernt, desto heftiger zanken sie sich. Filippo besucht jetzt sogar mit den Spalniki die Schule, wo er kyrillisch schreiben und lesen lernt, und die Zeit, als er ihre Beschimpfungen kaum verstehen und kaum erwidern konnte, ist längst vorbei. Er hat zwar einen Verbündeten unter den Pagen, einen schwarzgalligen siebzehnjährigen Engländer, den hier ebenfalls niemand leiden kann, aber das ist nur ein schwacher Trost. Der Engländer braucht ständig Aufmunterung, er zehrt von Filippos sonnigem Temperament und seinen unermüdlichen Scherzen – keine wirklich befriedigende Freundschaft. Eine große Hilfe ist dagegen Filippos treuer Diener, »caro il mio tartaro«; und eine noch größere Hilfe ist das Ehepaar Golizyn, das Filippo jetzt wieder öfter besuchen darf, drei- bis viermal in der Woche. Außer bei den säuerlichen Witwen gibt es dort nur Liebe und Freundschaft, und Madamas scheue Jungfern sind so glücklich, ihren Filippuschka wieder zu sehen, dass sie ihm am liebsten »vor lauter Freude das Gesicht abgeleckt hätten«.

Der Zar schenkt seinem Sänger eine eigene Kutsche, ein westliches Modell, im Sonderangebot erworben in der *nemezkaja sloboda*. Ein solches Fahrzeug ist kein alltäglicher Anblick auf Moskaus Straßen. Filippo weiß zwar genau, dass er sich mit diesem großen Auftritt keine Freunde macht, aber er genießt ihn doch zu sehr, als dass er auf das Gerede der Leute Rücksicht nehmen könnte. Begeistert tourt er mit seinem Tataren durch Moskau, vom Zarenhof zu den Golizyns, von den Golizyns in die katholische Kirche, und er grinst, wenn er die Leute tuscheln hört: »Schaut mal, da kommt der Balatri gefahren, der Muselman des Hofes in seinem Triumphwagen!«

Filippo ist ohnehin nicht leicht einzuschüchtern. Die Gnade des Zaren und die Liebe der Golizyns bieten eine gute Rückendeckung – da wäre es doch gelacht, wenn man dem Schismatikergeschwätz von ein paar Spalniki nichts entgegenzusetzen hätte! Gott, der Papst und Cosimo de' Medici sind schließlich auch auf Filippos Seite. Zuerst versucht er noch, den »dummen Teufeln« eine halbwegs freundliche Auskunft zu geben: »Ich bin Filippo Balatri, Bürger von Pisa, Virtuose des Großherzogs der Toskana und gegenwärtig erklärter Spalnik Seiner Majestät des Zaren sowie Hofsänger, Salonsänger, Kammer- und Kämmerchensänger, Alle-Zimmer-Sänger, Treppen-, Küchen- und Dachbodensänger daselbst, und ich bin römisch-katholischen Glaubens, perfekt getauft, geweiht – und sogar beschnitten!« Leider überzeugt dieser Spruch niemanden. Filippo rüstet sich zum Kampf.

Wir attackieren uns nun Tag für Tag,
zuerst mit Worten, schließlich mit den Händen,
bekomme ich von denen einen Schlag,
schlag ich zurück: Das muss mit Schrammen enden.

Ein langer Kratzer macht die Wange wund,
die Nasen bluten, sind geschwollen auch,
so mancher Zahn verdrehte sich im Mund,
wir machen wild von Hand und Fuß Gebrauch.

»Schismatiker«, sag ich, wenn sie mich »Heide« nennen,
ich schrei »Häretiker«, sie »Muselman«,
Gemeinheiten sie zur Genüge kennen,
wobei auch ich sehr heilsam schimpfen kann.

Wir führen Krieg mit wütendem Elan,
und nicht einmal des Zaren Macht uns zügelt,
zur Freundschaft uns hier niemand zwingen kann,
obwohl man mit mir schimpft und jene prügelt.

Es ist kein Wunder, wenn sich die Gunst des Zaren durch ein solches Benehmen ab und zu ein wenig »bewölkt«, zumal Filippo auch dem Hofpopen mit ein paar theologischen Belehrungen zu nahe getreten ist. Der Zar straft seinen missionarischen Spalnik mit Schweigen, lässt ihn nicht ins Vorzimmer und ruft ihn auch nicht zur abendlichen Arietta. Als er dann doch wieder vorgelassen wird, ist er zwar »weiß-gelb-grün-grau vor lauter Angst«, aber trotzdem auf der Höhe seiner Fertigkeiten, was die hübschen Demutsgesten und schmeichelhafte Worte angeht. Der Zar belässt es bei einigen ruhigen Zurechtweisungen. Er nennt Filippo ein »Wölfchen im Schäfchenpelz« und verbietet ihm in Sachen Religion den Mund.

Bald steht Filippuschka wieder in Gnade. Er singt und singt, voller Mitleid mit dem Zaren, der jeden Tag dieselben Stücke hören muss. Eines Abends beschließt er, sein Repertoire aus dem Stegreif aufzustocken und macht aus einem kleinen russischen Volkslied eine große italienische Arie. »Die moskowitischen Lieder«, sagt Balatri, »haben einen perfekten Rhythmus, sind gut gesalzen und unendlich maliziös, die Sprache ist weich und viel besser im italienischen Stil zu singen als Deutsch, Englisch oder Französisch.«

Man halte einen Augenblick inne, um sich vorzustellen wie ein halbwüchsiger Sopranist mit einem ziemlich metallischen Timbre zur Begleitung eines verstimmten Orgelportativs eine Dacapo-Arie in gebrochenem Russisch zum Besten gibt, deren Text in etwa lautet: »Die Elster mit dem weißen Bauch / fing an, mit ihrem Freundchen zu tanzen / aber dann kam die Krähe, die alte Ehefrau / um die beiden dabei zu stören.« Die Tischgesellschaft ist begeistert. Filippo muss seine Darbietung oft wiederholen. Dann ruft der Zar seinen Schatzmeister und lässt dem Sänger Geld für ein neues Kleid anweisen. Filippo triumphiert – und die Spalniki, die bei Tisch aufwarten, ziehen Gesichter. Es ist abzusehen, dass die Prügeleien von neuem beginnen werden, kaum dass der Zar seinen zänkischen Pagen den Rücken zukehrt.

Schließlich sorgt Peter Golizyn dafür, dass dieses Problem zumindest vorläufig gelöst wird. Er kennt Filippos Temperament, und er kennt auch das Temperament des Zaren. Um zu vermeiden, dass sein Schützling, dem »die Galle leicht in die Haarspitzen steigt«, eines Tages endgültig in Ungnade fällt, weil er zu viele Spalniki geboxt oder Popen beleidigt hat, bittet er den Zaren, Filippo wieder zu sich nehmen zu dürfen. Er bekommt die Erlaubnis sofort. Filippo wird bei den Golizyns wohnen, die Fürstin seine Mutter und der Fürst sein Vater, Freund und Ratgeber sein, bei Hofe wird er nur noch erscheinen, wenn er singen muss. Eine letzte Prügelei zum Abschied – »bei mir ein Zahn locker und N.N. mit der blutenden Nase über der Waschschüssel« –, dann packt der tatarische Diener Filippos Sachen, und er verlässt sein Logis.

Er fährt nun zweimal täglich in seiner Kutsche zum Zarenhof, morgens und abends. Sonst bleibt er bei den Golizyns, die ihn gut bewachen. Besonders Darja ist sehr glücklich, ihren Filippuschka wiederzuhaben, was auf Gegenseitigkeit beruht. Eines Tages merkt Filippo mit Erstaunen, dass er manchmal schneller Russisch spricht als Italienisch. Er unterhält sich stundenlang mit Fürst Golizyn, der Russe in italienischen, der Italiener in russischen Worten, und beide sind »schrecklich verliebt in die Sprache des anderen«. Die Tage vergehen friedlich zwischen dem Haus Golizyn, dem Hof und der Ausländervorstadt, ohne Streit, mit viel Gelächter und Freundlichkeit. »Und das«, schreibt Filippo, »waren die schönsten Tage meines Lebens.«

III

Eines Abends, wahrscheinlich Anfang 1700, lässt der Zar Filippo Balatri in ein Haus in der *nemezkaja sloboda* kommen, das er bisher noch nicht kennen gelernt hat. Das prächtig dekorierte Gebäude gehört einem reichen Kaufmann, der seit langem in der Ausländervorstadt lebt. Filippo findet den Zaren ganz allein in einem Zimmer, still in ein holländisches Buch vertieft. »Hier ist die Stelle«, sagt er zu Filippo, »wo sich Peter Alexejewitsch aufhält, wenn er den Zaren einmal bei Hofe zurücklassen will, und dies ist das Haus, wo er hingeht, wenn er müde ist von all seinen Sorgen und Geschäften, um ein paar Stunden nach seinem Gefallen zu verbringen. Hier kann ich in aller Freiheit eine gut gewürzte Mahlzeit einnehmen, ohne alberne Skrupel und ohne dass die schwachen Menschen in Moskau gleich einen Skandal daraus machen.« Der Zar lächelt und bittet Filippo sich zu setzen. Es ist, als habe sich der große Herrscher plötzlich in einen vertrauten Freund verwandelt; wie soll man damit umgehen? Filippo schweigt verlegen, und erst als der Zar seine Bitte noch zweimal wiederholt, setzt er sich wirklich zu ihm. Der Zar liest weiter. Filippo balanciert auf der Stuhlkante und wundert sich. Welcher Zauber liegt über diesem Haus?

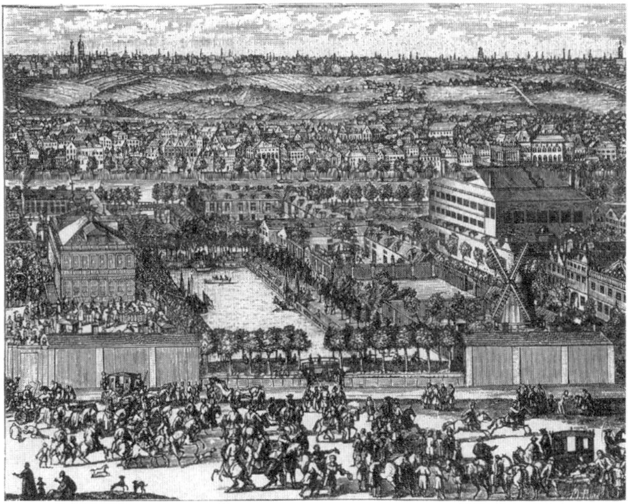

Nowaja Nemezkaja Sloboda,
die Ausländervorstadt bei Moskau

Eine dicke ältere Frau tritt ein. Sie ist mit dem Zaren sehr vertraut, sie sprechen miteinander Holländisch. Dann öffnet sich die Tür ein zweites Mal, und ein Mädchen erscheint, ungefähr achtzehn Jahre alt, hoch gewachsen, vornehm, stolz und sittsam. Kein Mädchen, ein Engel. Die schönste Frau der Welt. »Was heißt schön? Sie war so unendlich schön! Schön, schöner, am schönsten, schön von hier bis da, schön von gestern bis morgen, die allerschönste aller Schönen!« Es dauert keine zwei Minuten, und Filippo hat sich so sehr verliebt, dass er vor lauter »Erhitzung seiner Kopfschwarte« bis auf weiteres keinen klaren Gedanken mehr fassen kann. Er weiß, dass sich das nicht schickt. Er weiß, dass die Liebe eines Kastraten statt zum Traualtar direkt in die Hölle führt. Und er weiß auch genau, in dem Moment schon, als er das Wunderwesen, welches man Bella Anna nennt, zum ersten

Mal erblickt, dass ihn keine Macht der Erde oder des Himmels daran hindern wird, sich trotzdem zu verlieben: kopflos, hoffnungslos und bis zur Raserei. Denn das Organ, mit dem sich der Mensch verliebt, wo auch immer es sitzen mag, hat das Messer des Wundarztes Accoramboni unverletzt gelassen; leider, oder Gott sei Dank. »Und wenn mich auch mein Vater verkauft hat, um anderen zu gefallen«, schreibt der Autobiograph, »so stand es doch in meinem Ermessen, mein Herz zu verschenken; und zwar an wen ich wollte.«

Filippo erlebt den Abend wie im Traum. Der Zar beginnt mit Anna eine Partie Schach. Normalerweise ist Filippo dieses Spiel zutiefst zuwider – eine Beschäftigung für »Melancholiker mit Eisenschädel«, die einen allein vom Zuschauen an den Rand des Apoplex treibt –, aber heute ist alles anders. Wie wunderschön sie Schach spielt, Bella Anna! Dann gibt der Zar einen Befehl, und zwei Diener bringen ein Cembalo. Filippo traut seinen Augen kaum. Ist das hier ein Märchenland? In seiner Verwirrung tobt er seine geballte Leidenschaft an diesem Cembalo aus, sehr zur Verwunderung Annas und des Zaren: »Sobald ich die angebetete Maschine kommen sah, rannte ich ihr entgegen, und noch bevor die Diener sie abstellen konnten, schlug ich schon die Tasten an, um den lang entbehrten Klang dieses verlorenen Schatzes zu hören!« Filippo singt. Er singt in Ekstase, eine schmelzende Arie von schwarzen Augen und blondem Haar, welche die Tyrannen seines Herzens seien, und es ist ein Glück, dass hier niemand Italienisch versteht, denn er bringt vor lauter Aufregung den Text durcheinander, bis die hübschen Verse einen großen Unfug ergeben. Läufe und Triller sitzen allerdings perfekt. Liebe hin oder her, Filippuschka ist Profi.

Anna ist entzückt. Sie hat schon viel von Filippos Goldkehle gehört, nun freut sie sich, dass ihr der Zar diese »Seltenheit« mitgebracht hat. Filippo solle nur oft zu Besuch kommen, sie bewundere seinen süßen Gesang. Wie sie das sagt! Süßer Gesang! Balatris rückblickende Begeisterung spottet hier jedes Übersetzungsversuches: Er schreibt allen Ernstes »dolcississimississimo canto«.

Dann setzt sich Anna ans Cembalo – »oh, welche Hände! welche Hände!« – und spielt ein paar Menuettchen und Sonatinen. Dieser Anblick bringt den Jüngling endgültig um den Verstand und weckt die poetischsten Seiten des Autobiographen: »Unter ihren Händen verloren die Tasten ihre gewöhnliche Mechanik und hielten inne, als dürsteten sie danach, den Schnee ihrer Finger zu lecken, und die Saiten dienten nicht mehr der üblichen Harmonie, sondern konjugierten im Einklang das Verbum »lieben«, amo, amas, amavi, amatum …«

Man setzt sich zum Abendessen, Anna, ihre Mutter, Filippo und der Zar. Peter spricht mit Anna holländisch, Filippo muss die dicke Mutter auf Russisch unterhalten, was ihm wenig Freude macht. Nach dem Souper spielen der Zar und Anna weiter Schach, Filippo schaut ihnen wie in Trance dabei zu. Die Mutter hat sich längst schlafen gelegt, der Vater ging schon vor dem Abendessen zu Bett. Beim Morgenläuten schickt man dann auch Filippo heim. Außer den Golizyns darf er niemandem verraten, wo der Zar den Abend verbracht hat. Filippo schwebt aus dem Haus und in seine Kutsche. Peter bleibt bei Anna. Es scheint nicht so, als sei das Filippo irgendwie verdächtig vorgekommen.

Am nächsten Morgen schaut Darja Golizyna ihrem Filippuschka einmal tief in die Augen und weiß

Bescheid. Er berichtet knapp über seine neue Bekanntschaft und verliert kein Wort über seine Gemütsverfassung, aber er bekommt trotzdem eine Standpauke von Madama. Sieh dich bloß vor, du verrücktes Kind! Mach keine Dummheiten! Und vor allem, hüte dich, eine Frau schön zu finden, denn das steht überhaupt nur einem Ehemann zu oder höchstens einem Bräutigam! Man kann sich unschwer vorstellen, welchen Erfolg diese gut gemeinten Worte haben. Darja lächelt besorgt und gibt ein neues Perlenbarett für Filippo in Auftrag.

Der Siebzehnjährige ist so verliebt, dass er tagelang alle Welt mit Komplimenten und süßen Worten überschüttet – die Fürstin, den Fürsten, den Zaren. Diesem gehen die »Bagatellen« schließlich so auf die Nerven, dass er Filippo den Mund verbietet. Und das Feuer bekommt neue Nahrung. Filippo verbringt jetzt fast jeden zweiten Abend mit dem Zaren bei Anna. Manchmal kommt der Zar zu spät, manchmal ist der Zar verhindert, dann sind Filippo und Anna allein. Die Mutter ist diskret, der Vater so gut wie unsichtbar. Die beiden jungen Leute plaudern, plaudern angeregt, plaudern immer unvorsichtiger. Längst haben ihre Gespräche das gewisse Etwas, das sich eigentlich nicht gehört. Anna amüsiert sich. Filippo schmilzt dahin. »Und dann fingen diese Unterredungen an, in denen man Gott Amor fünfundzwanzig Meilen gegen den Wind riecht, und er kam zu uns mit gespanntem Bogen, begleitet vom Irrsinn, der einen Strick zum Fesseln mitbrachte, mindestens fünfundzwanzig Ellen lang.«

Filippo schwebt im siebenten Himmel. Und Anna? Sie hat keine Memoiren geschrieben. Man weiß nicht einmal genau, wer sie ist. Allerdings deutet vieles darauf hin, dass es sich bei Bella Anna um Anna Mons handelt, Tochter eines westfälischen Weinhändlers und Schwester von Willem Mons, der 1724 nach mutmaßlicher Veruntreuung von Staatsschätzen und einer Affäre mit der Frau des Zaren öffentlich hingerichtet wurde. Ist Filippos schöne Anna wirklich Anna Mons, so schläft sie, nachdem das obligatorische Schachspiel beendet ist, pflichtschuldig mit Peter dem Großen, und muss sich gefallen lassen, in Moskau hinter vorgehaltener Hand »Peter Alexejewitschs deutsche Hure« genannt zu werden. Es ist eine merkwürdige Vorstellung, dass sich Filippo ausgerechnet in die Mätresse des Zaren verliebt, und noch mehr befremdet, dass er um dieses Verhältnis entweder wirklich nicht weiß oder es erfolgreich verdrängt. Niemals, schreibt Filippo, würde sich der Zar an einem keuschen Mädchen vergreifen, und keusch ist Anna, das weiß Filippo genau. Sie bilden ein eigenartiges Dreieck, der Zar von Russland, der toskanische Kastrat und die junge Schönheit aus Westfalen. Wahrscheinlich überblickt einzig Anna diese Verstrickung, doch in einem wesentlichen Punkt bleibt auch ihr Wissen lückenhaft. Sie ahnt nicht, dass ihr neuer Verehrer ein Eunuch ist. Filippo wird in Zukunft viel zu leiden haben unter seiner aussichtslosen Liebe, aber noch ist die Freude ungetrübt, er steht in Flammen, »entzückt und verrückt« bis zur Selbstaufgabe.

Als Filippo erfährt, dass er den Zaren wieder nach Woronesch begleiten muss, wehrt er sich nach Kräften. Die Vorstellung, Peter auf der Werft zu wissen und Anna wochenlang für sich allein zu haben, ist zu reizvoll, als dass er nicht versucht hätte, die Reise zu umgehen. Er simuliert unerträgliche Kopf- und Bauchschmerzen. Leider schickt ihm die besorgte Anna eine Horde von Ärzten und Diätexperten auf den Hals, die Filippo so eingehend behandeln, dass er schließlich wirklich krank wird. Er bekommt ein unklares Magenleiden, wohl nichts anderes als das Ergebnis von zu viel Abführmittel und zu viel Verliebtheit. Natürlich wird er rechtzeitig gesund, um mit dem Zaren nach Woronesch aufzubrechen. Beide nehmen sie Abschied von Anna, und in diesem Fall hat der Sopranist einen entscheidenden Platzvorteil: »Seufzer in der Maske süßer Diminutionen und zärtlicher Kadenzen« stehen Peter dem Großen nicht zu Verfügung. Anna sagt Filippo ein freundliches Adieu. Und jawohl – sie ist traurig, traurig, traurig!

Hätte Filippo gewusst, welche dunklen Wolken sich in Moskau über ihm zusammenbrauen, wäre ihm Woronesch mit seinen Werften, Schiffstaufen und militärischen Unterredungen wahrscheinlich wie das Paradies auf Erden vorgekommen. Ahnungslos wie er ist, geht ihm Woronesch diesmal nur auf die Nerven. Er versucht zwar sich vernünftig zu benehmen und Streit zu vermeiden, aber »für einen Seneca oder Franz von Assisi war ich irgendwie zu jung«. Die Katastrophe bricht plötzlich und unerwartet herein. Boris Golizyn, Fürst Peters mürrischer Bruder, erscheint mit großem Gefolge und einer wichtigen Miene in Woronesch, unsympathisch wie eh und je. Nachdem sich der Zar mit Boris unterhalten hat, wirft er Filippo viele mitleidige Blicke zu. Den Grund für sein Bedauern verrät er erst nach Tagen. Boris Golizyn wird als Gesandter des Zaren in Kürze eine Reise antreten, und Filippo muss ihn begleiten. Schuld daran ist Cosimo de' Medici daheim in Florenz. Wie man weiß, ist der Großherzog ein Freund von spektakulären Reisebeschreibungen. Er hat per Post veranlasst, seinen Sänger zum Chronisten zu befördern.

Filippo versteht zunächst kaum, wovon die Rede ist. Niemand verrät ihm das Ziel dieser Expedition, für die sich Cosimo so sehr interessiert und für die ihn Peter der Große so sehr bemitleidet. Der Zar schweigt, und auch Boris Golizyns Auskünfte lassen zu wünschen übrig: »Er sagte nicht mehr, als dass ich meinen Koffer packen und etwas Warmes zum Anziehen mitnehmen solle. Über das Wo, das Wie, das Wann oder das Warum kam aus diesem Mund kein Wort.« Filippo grübelt tagelang über die Wege des Schicksals und über die schwierige Frage, warum der liebenswürdige Peter Golizyn einen derartig abscheulichen Bruder hat. Als ihm der Zar schließlich doch das Ziel der Reise verrät, tröstet ihn das keineswegs. Filippo muss mit Boris Golizyn in die »Wilde Tatarei«, und das ist ein ziemlich weiter Weg.

Der junge Italiener kann sich wenig vorstellen unter einem Land namens Tatarei, und es hilft auch nicht, dass dies die Heimat seines geliebten Dieners ist. Die Tatarei ist feindlich und voller Heiden, sie liegt am Ende der Welt, Filippo bekommt keine Landkarte und keine Auskünfte. Er hat Angst. Eine Blöße gibt er sich nicht. Filippo ist längst kein verschrecktes Kind mehr, das sich wegen ein paar gepfählter Leichen unter Schlittendecken verkriecht. Er jammert nicht und bittet nicht, und mitleidige Blicke braucht er auch keine. Eine steife Verbeugung für den Zaren: Er soll Filippo Balatri bloß nicht unterschätzen! »›Oh, wenn das so ist, soll es wohl so sein‹, antwortete ich und zuckte die Achseln. Vorher hatte ich noch in einem ganz hohen Sopran gesprochen, aber dieses ›wenn das so ist, soll es wohl so sein‹ sagte ich mit einer eingefrorenen greisenhaften Altstimme, kühl, kühl. Da nahm Seine Majestät meinen Kopf zwischen die Hände und sagte: ›Geh nur, und komm gesund zurück.‹«

Filippo packt seine Sachen. Fürst Boris würdigt ihn keines Blickes. Ein Schiff wartet schon, denn die Reise beginnt auf dem Don. Anna ist fern, und fern ist auch die sonnige Linie der Familie Golizyn. Filippo ist böse mit der Welt. Er strafft die Schultern und schweigt. »Und nun, lieber Freund«, schreibt der Autobiograph dreißig Jahre später, »kommen wir zu einem ganz besonders netten und hübschen und galanten Geschichtchen: Zur Reise des Sopranisten Balatri zum Großen Khan der Tataren.«

Filippo Balatri macht in seinen Memoiren keinen Hehl daraus, dass ihm das Ziel von Boris Golizyns Mission politisch wie geographisch ein Rätsel blieb. Seine Erzählung erlaubt jedoch den Schluss, dass es sich bei der so genannten »Wilden Tatarei« um die Weidegründe der Kalmücken an der unteren Wolga und beim »Großen Khan« um deren einflussreichen Herrscher und Heerführer Ayuki handelt. Boris Golizyn unternimmt diese Reise nicht zum ersten Mal. Bereits 1697 hat er im Auftrag des Zaren mit Ayuki-Khan einen Freundschaftsvertrag ausgehandelt, der – nach vielen vorangegangenen Abmachungen und Allianzbestrebungen – wieder einmal das äußerst schwierige Verhältnis zwischen Moskowitern und Kalmücken regeln sollte. Dabei wurde Ayuki zum ersten Mal als gleichberechtigter Verhandlungspartner des Zaren anerkannt. Auch 1699 reiste Boris nach Astrachan. Die genauen Gründe für diesen zweiten Besuch sind nicht zu rekonstruieren. Entweder wollte sich der Zar noch einmal der Loyalität des Khans versichern, oder aber eine Fehde in der Familie Ayuki, die Fürst Golizyn aus Gründen der moskowitischen Grenzsicherung beizulegen half, hatte ihn dazu veranlasst.

Auch bei der Gesandtschaft, die Filippo 1700 begleitet, ist das genaue politische Ziel nicht mehr auszumachen. Ein Nachtrag zum Abkommen von 1697, eine erneute Versicherung gegenseitiger militärischer

Unterstützung – der Zar hat genügend Gründe, den routinierten Boris noch einmal im Kalmückenland nach dem Rechten sehen zu lassen. Wahrscheinlich führt Fürst Golizyn seine Hundertschaften mindestens zum dritten Mal durch die Graswüste nach Südosten. Man kann es Balatri nicht verübeln, dass er nicht versuchte, die russisch-kalmückischen Außenbeziehungen in seinem Reisetagebuch niederzulegen. Selbst für einen versierten politischen Beobachter wären die internationalen Machenschaften von Ayuki-Khan und dessen zwiespältiges und rasch wechselndes Verhältnis zu Russland kaum zu überblicken gewesen. Viele Parteien waren an dem komplizierten Machtspiel beteiligt, in dem der diplomatisch rege und bisweilen allzu trickreiche Nomadenfürst Ayuki eine zentrale und oft schillernde Rolle spielte: Russland und China, Tibet und Polen, die Ottomanen von Asow und die Tataren von der Krim, Kirgisen, Nogaier, Baschkiren, Kosaken.

Der achtzehnjährige Sänger, den man ungefragt in die Wildnis schickt, hat wenig Zeit und wahrscheinlich auch wenig Lust, sich über die Hintergründe dieses Abenteuers kundig zu machen. Er erzählt, was er erlebt und bleibt immer die Hauptperson in seiner Geschichte. Für Ayukis Politik interessiert er sich ebenso wenig wie für seinen Namen oder für den seines Volkes. Er ist der »Große Khan der Tataren«, damit hat sich der Leser zufrieden zu geben. Balatris Ausflug an die untere Wolga ist wohl die kurioseste Katastrophe, die einem italienischen Kastraten je zustieß. Seine Schilderung dieser Expedition, eine der detailreichsten und sicherlich die persönlichste Beschreibung eines Besuchs im Kalmückenland, die aus dieser Epoche überliefert ist, gehört zu den Höhepunkten seiner Memoiren.

Die Reise beginnt trügerisch bequem. Am 1. Mai 1700 besteigt Filippo mit Boris Golizyn und seinem Gefolge in Woronesch die Galeere eines venezianischen Kapitäns und fährt einige Tage lang den Don hinunter gen Wolga. Dann geht die Gesandtschaft an Land und nimmt Quartier in einem ärmlichen Dorf. Es ist bewohnt von Mordwinen, einem finno-ugrischen Volksstamm, der weite Gebiete im Südosten von Moskau besiedelt und unter der Herrschaft des Zaren steht. Mordwinen kennt Filippo bereits: Zu seinen schlimmsten Feinden unter den Spalniki gehörte ein mordwinischer Konvertit, der seinen neu erworbenen griechisch-orthodoxen Glauben mit den Fäusten gegen den italienischen Papisten verteidigte. Daheim am Don sind die Mordwinen noch nicht bekehrt. Sie glauben »an die Sonne«, sie haben kein Benehmen, und ihre Sprache erinnert nur von ferne an menschliche Laute.

Im Mordwinenland stellt Boris Golizyn seinen Konvoi zusammen. Filippo schätzt insgesamt an die fünfhundert Personen. Sie reisen in drei Einheiten. Hundertfünfzig Kavalleristen mit sechs Kanonen bilden die Vorhut, darauf folgt die Gesandtschaft selbst – Fürst Boris, junge Adelige, die hier den Kriegsdienst lernen sollen, Bedienstete, Trompeter, Soldaten en masse und ein einzelner verwunderter Sopranist –, und am Ende des Zuges reitet die Nachhut, wiederum mit einigen Kanonen. Wagen mit Fracht, Proviant und einer Feldküche, dazu eine Schafherde für das Frischfleisch unterwegs sowie eine Unmenge ungewaschener Mordwinen, die Fürst Boris Geleitschutz geben, vervollständigen den Tross.

Filippo hat man auf einem mordwinischen Karren untergebracht, »hart, würdelos, unbequem, schlecht entworfen und noch schlechter gebaut«. Sein Koffer ist weit weg, irgendwo bei der Vorhut, das Hemd zu wechseln ist undenkbar. Ein betrunkener Pole, Boris Golizyns »geliebtes Faktotum«, ist für das Wohlergehen des Sängers zuständig, nimmt diese Aufgabe aber nicht besonders ernst. Tag um Tag schleppt sich der Zug der Moskowiter durch windstille Hitze von einem elenden Dorf zum nächsten. Filippo späht nach Wolken, aber wenn er eine entdeckt, so reicht ihr Schatten kaum für einen Floh. Die Mordwinen trösten sich mit einem Gebräu aus vergorenen Wildäpfeln, die Moskowiter trösten sich mit Aquavit, Filippo tröstet sich, so gut es geht, mit seinem Rosenkranz und schmiert sich einen Brei aus Essig und Brot auf die Stirn, der angeblich gegen Kopfschmerzen hilft. Denn Kopfschmerzen macht hier alles: das Wetter, die ekelhaften Ausdünstungen der mordwinischen Holzapfelwälder und das penetrante Geleier der mordwinischen Sprache.

Sie überqueren mit kleinen Booten einen breiten Fluss, ein schwieriges Unterfangen. Die Pferde scheuen, die Strömung erweist sich als tückisch, plötzlich ist einer der Mordwinen verschwunden und taucht nicht wieder auf. Es dauert lange, bis der Verunglückte geborgen ist. Er ist tot – »mindestens zehnmal tot«, schreibt Balatri –, aber die Mordwinen kämpfen trotzdem um ihren Kameraden. Angewidert schaut Filippo zu, wie sie den Ertrunkenen auf den Kopf stellen und schütteln, wie sie ihm Schnaps zwischen die aufgequollenen Lippen gießen, den er längst nicht mehr schlucken kann. Irgendwann geben sie es auf und betten den Toten zur letzten Ruhe. Filippo Balatri protokolliert akribisch das heidnische Begräbnisritual, damit Cosimo de' Medici in Florenz sein völkerkundliches Interesse befriedigen kann, aber mit der freien Hand umklammert er das Kruzifix, das er unterm Hemd trägt. Die Klageschreie der Mordwinen klingen schrecklich. Filippo schreibt und betet ein De Profundis.

Boris Golizyn unterbricht seine Reise durch die mordwinischen Siedlungen immer dann, wenn ein Dorf Gericht hält – für den Gesandten des Zaren eine gute Gelegenheit, seine Repräsentationspflicht wahrzunehmen und die Mordwinen an Moskaus Herrschaft zu erinnern. Der Chronist Balatri begleitet den wortkargen Fürsten artig zu jedem Gerichtstermin. Viele Seiten seines Tagebuchs füllt er mit der Schilderung eines peinlichen Verhörs. Er hat genau zugesehen, wie ein »sechs Fuß großer, gut gewachsener Kosake mit schönem Gesicht« an einem Gerüst aufgehängt und mit Essig getränkten Lederriemen gepeitscht wurde, bis seine Haut klaffte wie von Messerschnitten und der Dorfplatz ein See von Blut war. Einmal hat sich Filippo die Ohren zugehalten und ist davongelaufen, aber dann kam er wieder und studierte die Wasserfolter: ein steter Tropfen, der auf den kahl geschorenen Schädel des gefesselten Kosaken fiel, Stunde um Stunde, bis er brüllte, röchelte, verstummte und schließlich mit Schaum vor dem Mund das Bewusstsein verlor. Filippo weiß nicht, was der Kosake verbrochen hat. Er weiß auch nicht, was das Gericht von ihm hören wollte. Ein Rebell? Namen von Komplizen? Der Gefolterte schreit, aber er spricht nicht. Schließlich wird er gepfählt. Sein Geheimnis hat niemand erfahren. Filippo Balatri sieht sich die Hinrichtung an und gibt seiner Niederschrift den letzten Schliff. Der staubige Dorfplatz ist noch immer blutrot. Die Moskowiter ordnen ihren Zug für die Weiterreise. Filippo beendet das Kapitel »Folter« und träumt dann nächtelang denselben Traum: ein Wassertropfen, der auf einen geschorenen Kopf fällt, immer wieder, eine furchtbare Qual, bis zum Jüngsten Tag.

Die Wasserfolter

Bald hat die Gesandtschaft die letzten Dörfer der Mordwinen erreicht, ab jetzt geht die Reise ins unbesiedelte Land. Die Vorhut mit Gepäck und Küche reitet voran, zwei Stunden darauf setzt sich die mittlere Truppe in Bewegung, zwei weitere Stunden später ruft ein Trompetensignal die Nachhut zum Aufbruch. Filippo blickt nach vorne. Gras, Gras bis an den Horizont. Galileos schönstes Fernrohr würde hier nichts helfen, vor ihm erstreckt sich eine Wüste, ein endloser grünbrauner Ozean. Die Mordwinen bleiben zurück, und mit ihnen auch die unbequemen Karren, an die sich Filippo gerade halbwegs gewöhnt hat.

Die Vorhut ist schon unterwegs, als Boris' polnisches Faktotum dem jungen Sänger die Zügel eines gesattelten Pferdes in die Hand drückt. Zunächst glaubt Filippo an einen Irrtum. Er hat noch nie in seinem Leben auf einem Pferd gesessen. »Pardon, Bruder, Sie irren sich, ich reise mit dem Wagen!« Der Pole sieht ihn entgeistert an, dann bricht er in schallendes Gelächter aus, kehrt Filippo den Rücken und lässt ihn mit dem Pferd allein. Wieder einmal muss Filippo feststellen, dass die Bedienung auf dieser Reise sehr zu wünschen übrig lässt. Sogar Boris Golizyn und die jungen Adeligen in seinem Umkreis nehmen kaum eine Hilfeleistung in Anspruch – harte Kerle, die das Soldatenleben bis zur Neige auskosten wollen, und die nur darauf zu warten scheinen, ein paar marodierende tatarische Räuberhorden mit ihren Säbeln in Stücke zu hacken.

Das ist sehr schön und durchaus lobenswert,
doch was soll ich auf diesem Gruppenbild?
Gemeine Welt! Ich fühl mich hier verkehrt!
Ich bin nun leider faul und gar nicht wild!

Was soll der Unfug? Ich bin kein Soldat
und wollte wirklich niemals einer werden,
ein Jüngling, Italiener und Kastrat,
der nichts als singen möchte hier auf Erden!

Bah! Tod, Verdammnis, Tollwut, Zorn und Gift!
Ich hier in dieser Wüste! Welche Pein!
Jedoch – nun ja: Wenn Erdenqual uns trifft,
wird uns der Himmel doppelt freundlich sein.

Filippo zerrt das Pferd hinter sich her, bis er Boris Golizyn gefunden hat, der gerade aufsitzt, und beginnt sich lauthals zu beschweren. Boris rümpft nur schweigend die Nase. Die Trompeten blasen zum Aufbruch. Filippo blickt sich um: Nein, in dieser Gegend möchte er nicht allein zurückbleiben. An einen Wagen ist scheinbar nicht zu denken, das Pferd wirft ihm zweifelnde Blicke zu. Filippo wird nichts anderes übrig bleiben als reiten zu lernen, hier und jetzt, denn der Zug hat sich bereits in Bewegung gesetzt, und Boris interessiert sich nicht im Geringsten für die Transportprobleme einer italienischen Memme. Unter vielen Verrenkungen gelingt es Filippo, einen Fuß in den Steigbügel zu bugsieren, aber weiter kommt er nicht. Das Pferd hält nicht still, sondern läuft den anderen Pferden hinterher, es interessiert sich nicht mehr für Filippos Qualen als der Herr Gesandte. »Und so bin ich denn gehüpft, viele Schritte, einen Fuß auf dem Boden und den anderen oben im Steigbügel, bis ich irgendwann nicht mehr hüpfen konnte und längelang ins Gras fiel.« Zu Dutzenden reiten die Moskowiter an Filippo vorbei und sparen nicht mit Applaus für sein Kunststück: ein lautes hämisches Gelächter. »Das war das erste und letzte Mal in meinem Leben«, schreibt Balatri, »aber ich habe mir in diesem Augenblick wirklich gewünscht, ich könnte mich in den Teufel verwandeln und sie alle in die Hölle schleppen!«

Wutschnaubend rappelt er sich auf, packt wieder die Zügel und galoppiert auf den eigenen zwei Beinen den Zug entlang, bis er Boris Golizyn eingeholt hat. Jeder Respekt ist vergessen. Filippo Balatri brüllt den Fürsten an, er solle ihm einen Wagen zur Stelle schaffen und seinen Leuten das Lachen verbieten. Der Sänger hat gute Lungen und ein durchdringendes Organ, Boris kann sein Gezeter schließlich nicht mehr überhören. Er schneidet eine Grimasse und befiehlt einem Reitknecht, diese Lästigkeit aufs Pferd zu setzen, ob sie wolle oder nicht. Mit einem Mal findet sich Filippo im Sattel wieder. Die Riemen der Steigbügel sind viel zu lang, seine Füße baumeln in der Luft. Der Knecht gibt ihm die Zügel in die Hand, aber Filippo klammert sich lieber an den Sattelknauf, ein »hilfloser Getreidesack«, den Kopf voller Ave Marias, Angst und Wut. Die Wut erweist sich jedoch als gute Reitlehrerin. Filippo gönnt den missgünstigen Schismatikern keine neue Belustigung und hält sich im Sattel, zähneknirschend, mit gespreizten Beinen, krummem Rücken und dem Stolz eines gekränkten Ritters. Die Sonne wandert über den Himmel, der Konvoi kämpft sich durchs Steppengras, Stunde um Stunde, und Filippo fällt nicht vom Pferd. Nach einer Ewigkeit sieht er Rauch am Horizont, das müssen die Küchenkarren der Vorhut sein, das Lager für die Nacht. Der erste Tagesritt ist fast überstanden.

Hätte sich niemand seiner erbarmt und ihn vom Pferd geholt, Filippo wäre wie festgeleimt im Sattel geblieben, »wahrscheinlich bis kommende Ostern«. Halb im Traum isst er zu Abend, Reis und Hammel, abscheuliches Pökelfleisch, noch abscheulicheren Trockenfisch, Zwieback, Kwass und Bier, alles serviert auf Holzgeschirr und Picknickdecken, die so klein sind, dass sie nicht einmal ausgereicht hätten, um sich ein paar Tränen von den Wangen zu tupfen. Alle sitzen mit untergeschlagenen Beinen, auch Fürst Boris, Stühle und Tische führt man nicht im Gepäck. Filippo hat große Schwierigkeiten mit dieser Übung. Es ist ihm unmöglich, im Schneidersitz zu sitzen. Dieses Manko wird ihm in Golizyns Truppe immer wieder zu schaffen machen, denn die kniende Haltung, die Filippo vorzieht, verstößt gegen die russischen Sitten. Es erscheint befremdlich, dass ein gesunder junger Mann nicht in der Lage sein soll, schmerzlos seine Beine zu kreuzen. Auch der Sattel bereitet ihm Pein; am nächsten Morgen kann er zur Freude seiner Mitreisenden nur unter spitzen Schreien aufsitzen. Der Verdacht liegt nahe, dass Signor Accoramboni in Lucca nicht sauber gearbeitet hat. Eine schlecht verheilte Narbe zwischen den Oberschenkeln erschwert mit Sicherheit ebenso den Schneidersitz wie das Reiten. Filippo bleibt dem Leser eine Begründung für diese Behinderungen schuldig. Er erklärt lediglich, er sei zimperlich, zänkisch, eitel und stur – »und darüber hinaus darf ich wiederholen, dass ich ein Musikus mit feiner Stimme bin, im Volksmund auch Kastrat genannt (jawohl der Herr!)«.

Der Zug durch die Steppe dauert Wochen. Filippos Reisekladde reicht kaum aus, um all die Unbill aufzunehmen, die ihm hier wiederfährt. Schneidersitz und Sattel waren erst der Anfang. Weder das Land noch die Gesellschaft sind angemessen für einen »kaum flügge gewordenen Kapaun, der zwischen Weintrauben, Feigen und Melonen geboren ist«. Tagsüber reitet man als Dörrschinken in der unbarmherzigen Sonne, die kurzen Nächte sind kalt und voller Tau, sodass man jeden Morgen durchnässt aufwacht, wenn es einem überhaupt gelungen ist, bei dem Gestank der Pferde und der eigenen ungewaschenen Kleider ein Auge zuzutun. Unentwegt plärren die Trompeten, zum Aufbruch und zum Innehalten, zum Essen und zur Bettruhe, unentwegt plärren die moskowitischen Soldaten einander ihre Kriegsgeschichten zu, und bisweilen stößt man auf die Leiche eines verirrten Tataren, mit hohlen Augen und vielen glücklichen Würmern im Fleisch. Filippo behält die Fassung. »Zum Teufel damit, sagte ich, hier sind wir nun, und hier müssen wir wohl bleiben.« Er führt weiter Tagebuch, obwohl er nicht weiß, was er Cosimo über dieses Land eigentlich erzählen soll – »Gras und Himmel, Durchlaucht, Himmel und Gras«? Er macht seine Stimmübungen, Abend für Abend, Filippos metallische Solfeggien, eine seltsame Serenade für den Mond über der Steppe bei Astrachan.

Nach ein paar Tagen – oder sind es Wochen? – wirft der Sopranist einen unvorsichtigen Blick in seinen Becher. Was er dort im Kwass gespiegelt sieht, jagt ihm einen größeren Schrecken ein als alles andere zuvor: eine sonnenverbrannte Fratze, umrahmt von filzigen Haarsträhnen, das Gesicht eines »dreckigen, verblödeten, zerzausten, vagabundierenden Äthiopiers«. Was würde Anna sagen, wenn sie den jungen Virtuosen so sähe? Was ist nur aus Filippo geworden? Er hält eine missmutige Rede an den unbarmherzigen Spiegel aus Kwass, dann trinkt er aus und versucht sich zu entspannen.

Das Unheil über die, die sich beklagen
und lamentieren über ihre Qual:
Es schmoren im Arrest, mit leerem Magen,
schon drei Soldaten und ein Korporal.

Man zeige Mut und keine weichen Knie,
man sei ein Krieger und kein Jüngferlein,
der Blitzschlag sei im Feld Galanterie,
die Kanonade soll Liebkosung sein.

Kurz: Wenn man leidet, soll man drüber lachen,
und wenn man Fieber kriegt, so muss man sagen:
»Ich sterbe, gut, was kann man da schon machen,
das ist kein Grund zum Jammern oder Klagen.«

Wenn man den Hals bricht: »Sieh mal einer an!«
Wenn es der Arm war: »Ging ja wie geschmiert!«
Der Wundarzt wird's schon richten, (wenn er kann),
und: »Kurz und schmerzlos« heißt's, wenn man krepiert.

Ein jeder kichert, wenn ich schrei und klage,
wenn ich weinen, beten, schimpfen muss,
was immer ich auch tue oder sage,
wird kommentiert: »Der Schwachkopf redet Stuss.«

Eines Tages, die Kompanie sitzt gerade beim Essen, ertönt ein großes Geschrei: Zu den Waffen! Räuber! Zu den Waffen! Ein Trompetenstoß, und bevor Filippo überhaupt begreift, was geschehen ist, springen die Moskowiter auf die Pferde und galoppieren los, Boris Golizyn an der Spitze, mit blutrünstiger Miene, den blanken Säbel in der Hand. Filippo schafft es mit Mühe, rechtzeitig in den Sattel zu klettern, um nicht den Anschluss zu verlieren. Er kämpft sehr, um sein Pferd in der Mitte der Truppe zu halten und nicht an den Rand gedrängt zu werden, denn dort, denkt Filippo, lauern die Räuber. Die Zügel, den Sattelknauf und die Gabel, mit der er eben noch gegessen hat, fest umklammert, beißt er die Zähne zusammen und galoppiert ins Gefecht. Dabei malt er sich aus, wie seine Haut zu retten wäre: »Ich singe einfach eine Arie, wenn der Kampf beginnt, da nehmen sie mich sicherlich als lebende Geisel!« Der Spuk geht schnell vorbei. Es war ein Fehlalarm, die vermeintlichen Räuberhorden entpuppen sich als ein paar Schafe, die ein müder Kalmücke übers Land treibt. Ein weiteres Trompetensignal, die Attacke ist zu Ende. Boris Golizyn steckt enttäuscht seinen Säbel in die Scheide. Filippo legt erleichtert seine Gabel weg. »Und das, lieber Freund, war dank dem Himmel der einzige Krieg, in dem ich je war.«

IV

Endlich erreicht die Gesandtschaft in einer Julinacht die Wolga. Im Morgenlicht bestaunt Filippo den ungeheuren Fluss, der fast wie ein Meeresarm vor ihm liegt, breiter als Arno, Donau, Weichsel und Moskwa zusammen. Es herrscht reger Verkehr auf der Wolga, Handelsschiffe auf dem Weg zum Kaspischen Meer, Kriegsschiffe im holländischen Stil, erbaut in Woronesch, unterwegs zu irgendeiner Schlacht, über die Filippo nicht Bescheid weiß. Boris Golizyn benützt die Ruhe am Wolgaufer, um ein paar ungehorsame Soldaten auf die grausamste Art zu züchtigen, der Rest der Kompanie genießt währenddessen den lang entbehrten Komfort. Filippo ist beleidigt, als er sieht, wie die Moskowiter Unmengen bequemer Zelte abladen und aufstellen; auf den Gedanken hätten sie auch eher kommen können. Er wirft seine ramponierten Kleider in den Fluss, wäscht sich, stutzt seine Haare und schaut den Soldaten neidisch beim Rasieren zu.

Auf der anderen Seite des Flusses steht eine Stadt aus bunten Pavillons, sternförmig angeordnet und überstrahlt von einer großen goldenen Kugel, die funkelt wie der Abendstern. Filippo lernt, dies ist das Herrschaftszeichen des Khans, die Zeltstadt an der Wolga ist das »tragbare Florenz« der Kalmücken. Die

Jurtenlager der Kalmücken

Moskowiter feuern alle zwölf Kanonen ab: Salutschüsse für Ayuki-Khan, der sie am anderen Ufer erwartet.

Dem Chronisten Balatri gebührt das Privileg, Boris Golizyn und seine Entourage zu allen ihren Treffen mit dem Großen Khan zu begleiten. Er bewundert die aufklappbaren Schiffchen, die man aus Woronesch mitgebracht hat, und mit denen man nun sicher die Wolga überquert. Ein Holländer hat sie eigens für diesen Zweck angefertigt, sie bestehen aus Leder und einem hölzernen Gerippe und verwandeln sich bei richtiger Montage in wasserdichte Fahrzeuge, in denen vier Passagiere und zwei Ruderer Platz haben.

Der Pavillon des Khans besteht aus langhaarigem Kamelfell, mit Goldfäden durchzogen und mit karmesinroten Lederstreifen geschmückt. Er hat zwei Türen und sechs Fenster und steht in der Mitte der Zeltstadt auf einem freien Platz, umgeben von kleineren Pavillons aus roter Leinwand, die um den glänzenden Ball auf Ayukis Zeltkuppel zu kreisen scheinen wie Monde um einen Planeten. Filippo hält sich nahe bei Boris, weniger aus Sympathie, als vielmehr aus Vorsicht. Er weiß schließlich nicht, was ein Khan für ein Wesen ist.

Das ist das Herrscherzelt, wir treten ein
beim Herrn Tataren. Man muss wissen,
er hockt dort starr wie im Reliquienschrein,
ein Schmuckstück, hingekauert auf zwei Kissen.

Man weiß nicht, ob er Beine hat: Versteckt
und gut gefaltet sind sie unterm Kleide.
Zwei Diener hinter ihm, an deren Busen legt
er seinen Kopf: den kratzen alle beide.

Genauer: Erst nimmt er die Brust des einen,
lehnt sich zurück für etwas Kratzerei,
dann will der andre ihm bequemer scheinen,
er dreht den Kopf und schon kratzt Nummer zwei.

Filippo bestaunt den Khan mit offenem Mund. Das Amt eines herrschaftlichen Kopfkratzers ist ihm neu, und auch Ayukis Haartracht befremdet ihn sehr. Sein Schädel ist kahl geschoren, nur in der Mitte wächst ein langer Haarpinsel, der beim Kratzen gemütlich hin- und herbaumelt. Der Khan trägt ein unförmiges blaues Gewand, Hals und Brust sind nackt, und nackt sind auch die Beine, das kann man sehen, wenn er sich auf den Kissen zurechtsetzt. An seinem linken Ohrläppchen hängt eine birnenförmige Perle, eine Art kalmückischer Reichsapfel, der von Khan-Vater zu Khan-Sohn vererbt wird. Ayuki ist kein schöner Mann. Seltsamerweise ist er Filippo auf den ersten Blick sympathisch. Boris Golizyn und Ayuki-Khan wechseln kein Wort miteinander. Die Stimmung ist feierlich, angespannt und sehr formell. Ein Brief des Zaren wird überreicht und von einem Dolmetscher verlesen. Feste Blicke – dort die Kalmücken, hier die Moskowiter, misstrauische Gesichter. Schon ist die Audienz beendet. Die Moskowiter besteigen wieder die Lederboote und kehren zurück in ihr Lager.

Am nächsten Tag wird der Besuch wiederholt, und diesmal gilt es, gesellig zu sein. Ayuki-Khan veranstaltet ein Diner. Boris und seine Entourage nehmen mit dem Khan und einigen kalmückischen Honoratioren Platz an einem Tisch, der fast keine Beine hat – »passend zu der scheußlichen Unsitte, auf dem Boden zu sitzen« –, während die subalternen Leute, auch Filippo, an der Zeltwand kauern und den Herrschaften beim Essen zusehen. Boris Golizyn und seine Leute, denen die Sitten im Hause Ayuki bereits bekannt sind, haben vorsichtshalber ihre eigenen Gabeln zum Abendessen mitgebracht; die Kalmücken essen zu Filippos Erstaunen mit spitzen Geräten aus Elfenbein, die man elegant zwischen die Finger klemmt und mit denen man Reis und Fleisch sowohl spießen als auch schaufeln kann. Der Chronist bemüht sich nach Kräften, die Technik des Stäbchenessens anschaulich zu beschreiben, wird aber bald Zeuge eines noch absonderlicheren Brauches. Außer den beiden Kopfkratzern, die auch bei Tisch ununterbrochen ihres Amtes walten, beschäftigt Ayuki-Khan einen Assistenten, der zwischen den Gängen – Hammel und Dickmilch, Reis und Honig – ehrfürchtig den herrschaftlichen Löffel in Empfang nimmt, ihn sorgfältig ableckt und dann dem Großen Khan mit einer Verbeugung zurückgibt. Filippo erstickt beinahe, so sehr muss er sich das Lachen verbeißen. Außer dem Kopfkratzer und dem Löffelablecker beschreibt er noch ein drittes unappetitliches Amt, jenes des Pfeifenansaugers. Dieser lutscht ausgiebig am Mundstück, bevor er dem

Khan zum Nachtisch seine brennende Kupferpfeife reicht. Filippo arrangiert sich so gut es geht mit Schneidersitz und Magenknurren. Kalmücken und Moskowiter rauchen und schweigen einander an. Die Stimmung im Zelt will nicht recht zur ausgelassenen Stimmung am Flussufer passen, wo man mit Feuerwerk und viel Geschrei ein Versöhnungsfest feiert. »Es lebe der Zar«, rufen die Kalmücken, »es lebe der Khan«, antworten die Moskowiter, die einen diesseits der Wolga, die anderen jenseits, das Bedürfnis überzusetzen ist doch eher gering. Filippo sieht dem Khan beim Essen zu, gleichzeitig lauscht er interessiert der kalmückischen Nationalmusik, die man draußen am Fluss zum Besten gibt. Ein zweisaitiges Instrument, genannt Balalaika, ist dabei noch das geringste Übel –

Man singt, man heult, als ob's dasselbe sei,
und dazu tanzt man, nein, dies alles findet
nicht mein Gefallen. Welche Brüllerei!
Man wäre gern ertaubt sowie erblindet.

Sie scheinen schier der Raserei verfallen,
sie jaulen, als ob sie das Zahnweh quält,
und lassen dabei auch noch laut erschallen
die Winde, die man sonst bei sich behält.

Wieder kreuzt Filippo Balatri mit Fürst Golizyn den Fluss. Die Blähungen der Kalmücken mischen sich aufs Vortrefflichste mit ihren Liedern. Es wird höchste Zeit, dass der Khan die hohe Kunst des italienischen Belcanto kennen lernt.

Die Gelegenheit lässt nicht lange auf sich warten. Vier Tage nach der ersten Audienz kommt Ayuki zu Besuch ins russische Lager, begleitet von sechs Ministern und den obligatorischen zwei Kopfkratzern. Boris

Tanzende und musizierende Kalmücken

Golizyn hat die Idee, den Khan vor dem Essen mit ein wenig Musik zu beglücken, und gibt dem Sopranisten ein knappes Kommando. Filippo tut sein Bestes, a cappella, etwas anderes bleibt ihm nicht übrig. Er singt eine Arie, und beobachtet dabei gespannt, wie Ayuki auf diese musikalische Delikatesse reagiert.

»Als ich zu einem gehaltenen Triller gelangte, der kein Ende nahm, machte der Khan eine lange Zunge (sie reichte fast bis zu einem Ohr), und es sah ganz so aus, als wolle er damit einen seiner Kopfkratzer belecken. Er blickte den Gesandten an und legte beide Hände auf die Brust, dann kamen seine nackten Beine unter dem Kleid hervor, als wolle er baden gehen, dann zogen sie sich wieder zurück, und schließlich begann er, mit den Händen auf die Knie seiner Diener zu klatschen.« Mit großem Vergnügen sieht Filippo, dass seine Darbietung auch die Kopfkratzer nicht unbeeindruckt lässt. Sie passen ihre Bewegungen unwillkürlich dem Gesang an – und weil Filippo ein geübter Improvisator ist, hat er bald ein lustiges Spiel entdeckt.

»Unverschämt und bösartig wie ich war, versuchte ich zunächst, die Kratzer mit sanfter Stimme und gezierten Halbtonschritten einzuschläfern, bis ihre Handbewegungen langsam und streichelnd waren. Kaum hatte ich das erreicht, ließ ich ohne Vorwarnung meine Stimme anschwellen und lieferte eine schnelle Passage ab, die zu einer rabiaten Entkräuselung des Khan'schen Haarpinsels führte. Ich sang nun gleich wieder weicher (damit der Khan nicht schreien musste), aber dann präsentierte ich doch noch einen großen Triller, den die Kratzer unwillkürlich mit einer rhythmisch perfekten Zerzausung beantworteten.«

Trotz oder gerade wegen Filippos tückischer Tricks ist der Khan hellauf begeistert. Er winkt den Sänger zu sich und beginnt ihn mit Hilfe des Dolmetschers gründlich auszufragen. Ob er Moskowiter sei? Ob ihn die Moskowiter gekauft hätten? Ob das Gegacker nicht der Gurgel schade? Woher ein Mensch so viel Atem nehme? Und schließlich – und das ist weniger angenehm: Ob er ein Männlein oder ein Weiblein sei.

Ich bin um eine Antwort recht verlegen.
Sag ich »ein Mann«? Die Lüge ist banal.
Sag ich »ein Weib«? Das sag ich nicht, von wegen!
Und ich erröte, sage ich »neutral«.

Filippo nimmt sich ein Herz und gibt dem Khan eine ehrliche Auskunft. Geboren sei er als Junge, aber dann habe man den Wundarzt bestellt und dafür gesorgt, dass seine schöne hohe Stimme auf immer erhalten blieb, weshalb er nun nicht mehr wirklich ein Junge sei. Der Khan möchte wissen, ob eine Frau ebenso gut singen könne wie ein Verschnittener. Filippo bejaht das ohne Einschränkung. Der weibliche Sopran stehe dem männlichen in nichts nach und habe zudem den Vorteil, dass man der Dame dafür »nicht einmal eine Fingerspitze weg operieren müsse«. Es schmerzt, diese Äußerung zu lesen. Sollte Balatri wirklich der Meinung gewesen sein, die Kastratenstimme entspreche der Stimme einer Frau – eine Einschätzung, die allerdings kaum ein Zeitgenosse teilte –, so fragt man sich, womit er sich getröstet hat, wenn er über seine Verstümmelung nachdachte. Entmannt zu werden, nur um eine Stimme zu bekommen, die der Hälfte der Menschheit von Natur aus zur Verfügung steht? Man kann nur hoffen, dass Filippo zu bequem war, Ayuki-Khan die vielfältigen Vorzüge des Kastratensoprans zu erklären; andernfalls müsste man ihn an dieser Stelle wirklich bemitleiden.

Trotz seiner indiskreten Fragen hat Filippo den Khan bald in sein Herz geschlossen. Beim Abendessen erzählt er ihm ungefragt, dass die italienischen Opernlibretti von Khanen nur so wimmelten, er berichtet von berühmten Sängern, von Moskau, von der Toskana und von der Tonkunst im Allgemeinen. Ayuki versteht zwar nicht genau, wovon die Rede ist, aber das singende und plappernde Wunderwesen aus Italien gefällt ihm. Es gefällt ihm viel besser als Boris Golizyn, und es gefällt ihm so gut, dass er ihm eine der größten Aufmerksamkeiten erweist, die das kalmückische Hofzeremoniell erlaubt.

Während der Dolmetsch kommt, mir zu verraten,
was ihm der Große Khan hat anvertraut,
zieht dieser aus dem Mund ein Stück vom Braten
und reicht es mir, fürsorglich vorgekaut.

Zu jenem eingesalbten Leckerbissen
bewege ich die Hand, recht unentschlossen,
und nehme ihn aus seiner, die beflissen
mir füttern möchte, was er schon genossen.

Vielleicht fand unser Khan, der liebenswerte,
der Saft des Bissens sei ein Tonikum,
und gönnt auch mir den Spaß. Doch die Offerte
dreht mir den Magen und die Lungen um.

Filippo fällt schnell eine Ausrede ein: Fleisch sei schlecht für die Stimme. Der Khan beharrt nicht auf seiner zweifelhaften Freundschaftsbekundung, und Filippo isst erleichtert eine Portion Reis. Das nächste Ansinnen des Khans, ehrenvoller noch als das erste, erschreckt ihn allerdings gründlich. Ayuki legt Filippo eine heiße dicke Hand auf den Scheitel, dann bietet er Boris Golizyn sechs Pferde aus seiner eigenen Zucht als Kaufpreis für den wunderbaren Knaben.

Filippo weiß, was Fürst Boris für ein Pferdenarr ist und auch, dass »Pferde à la Khan« in Russland sehr begehrt und eine äußerst kostspielige Angelegenheit sind. Er sieht sich bereits in Ayukis Besitz, ein teuer erworbenes Haustier. Plötzlich ist seine Zuneigung zum freundlichen Khan gar nicht mehr so groß. Filippo bricht der kalte Schweiß aus, wenn er sich eine Zukunft im Kalmückenzelt vorstellt. Starr vor Angst beobachtet er, wie sein Feind Boris mit sich kämpft, wohl wissend, dass der Gesandte nichts lieber täte, als den zänkischen Weichling dem Khan zu überantworten und dafür sechs edle Pferde sein Eigen zu nennen. Endlich lehnt Fürst Golizyn mit einem Seufzen ab, er könne über Filippo nicht verfügen, der Sänger gehöre dem Zaren. Filippo schickt ein Dankgebet zum Himmel – »und ich fragte mich, ob der Khan nicht gemerkt hat, was das für ein ungerechter Handel gewesen wäre, sechs Pferde gegen einen einzigen mageren Kapaun!« Ayuki ist ein wenig beleidigt, er verlässt mit seinem Gefolge Boris' Zelt und würdigt den moskowitischen Gesandten kaum eines Kopfnickens.

An seiner Liebe zu Filippo ändert die Absage allerdings nichts. Als der Sänger am nächsten Tag mit Fürst Golizyn wieder Ayukis Kamelhaarpavillon betritt, bekommt er ein Päckchen aus türkisfarbenem Stoff vom Khan. Er öffnet es sofort und findet ein kostbares Geschenk: einen chinesischen Purpurstoff, exquisit gearbeitet, durchwoben mit Gold- und Seidenfäden und geschmückt mit großen Pfauenaugen aus Goldbrokat. Ob die Farbe auch gefällt, fragt Ayuki beiläufig. Filippo ist hingerissen, und die Moskowiter machen große Augen.

»Und dann sang ich ihm zum Dank eine Arietta, aus vollem Hals, mit vielen Trillern und Läufen, und die Läufe gingen über in fallende Verzierungen, und die fallenden Verzierungen in steigende Verzierungen, die steigenden Verzierungen in Doppelschläge, und dann mischte ich Triller und Läufe und fallende Verzierungen und steigende Verzierungen und Doppelschläge, bis das alles wie ein Mosaikbild war, eine türkische Stickerei, eine Falle, um Vögelchen zu fangen, und ein Wald von Musik, so dicht, dass ich selbst nicht mehr wusste, wie ich wieder hinausfinden sollte.«

Nicht genug damit, dass Filippo einen Stoff erhält, um den ihn noch viele Jahre später die Kavaliere am Hofe von Versailles beneiden werden. Der Khan schenkt ihm auch ein Pferd aus seiner legendären Zucht, einen prachtvollen dunklen Fuchs mit hirschfarbenen Beinen. Boris Golizyn bekommt seinerseits vier Pferde, also ist auch er zufrieden – »das erste Mal, dass ich diesen Kerl ein glückliches Gesicht machen sah«, schreibt Balatri. Die weiteren Seiten füllt er mit Lobeshymnen auf sein Pferd. Ein Bürgersohn aus Pisa, der ein edles kalmückisches Ross besitzt: Filippo fühlt sich, als habe man ihn zum Ritter geschlagen. »Sehen Sie, mein Freund, das da ist mein Pferd! Ich habe jetzt ein Pferd und kann Ihnen von nichts anderem mehr erzählen als von meinem Pferd, das wirklich ein Pferd ist, ein Pferd, das seinesgleichen sucht, ein Pferd, ein echtes Pferd! O mein geliebter Khan! Ein Pferd für mich! Für mich!« Filippo lässt es nur widerwillig geschehen, dass man das Prachtexemplar mit den Pferden der Moskowiter auf die Weide stellt. Viel lieber hätte er es mit ins Bett genommen.

Natürlich erntet er nichts als Hohn und Spott von den neidischen Soldaten. Was will der Jammerlappen mit einem eigenen Gaul, er kann ja nicht einmal reiten! Boris Golizyns polnischer Diener macht schließlich eine dumme Bemerkung zu viel. Filippo schüttet ihm einen Eimer Waschwasser ins Gesicht, dann geht er mit den Fäusten auf ihn los. Das ohnehin recht gesunde Selbstbewusstsein des Sopranisten hat durch das Pferd des Khans einen solchen Aufschwung genommen, dass er sich mit größter Hingabe weiterprügelt, bis ihn schließlich die Wachen ergreifen und ins Arrestzelt sperren.

Filippos Wut ist so leicht nicht abzukühlen. Er holt tief Luft und beginnt zu singen, eine Arie nach der anderen, alles fortissimo, Stunde um Stunde, bis zum Morgengrauen. Die Soldaten ziehen sich die Decken über die Köpfe und halten sich die Ohren zu, an Schlaf ist trotzdem nicht zu denken. Das »gute Metall«, das man der Stimme des Pisaner Chorknaben bescheinigte, bevor man ihn zum Chirurgen brachte, haben die Jahre noch um Einiges gehärtet. Auch wenn Balatri es eben noch leugnete: Zumindest wenn es darum geht, jemandem den Schlaf zu rauben, hat das Timbre eines jungen Kastraten gewaltige Vorteile gegenüber dem einer Frau. »Es bedarf der Akustik eines großen Theaters, um einem Trompetensolo oder dem Crescendo eines Eunuchen die Schärfe zu nehmen«, wie der englische Tenor Colley Cibber nicht ohne Neid in seinen Memoiren erklärt. Die Moskowiter stöhnen. Filippos Triumphgesang schallt über die Wolga. Am nächsten Tag befiehlt Fürst Boris, den Schreihals freizulassen, und Ayuki-Khan, in dessen Pavillon das nächtliche Konzert ebenfalls zu hören war, schickt dem Sänger einen edelsteinbesetzten Sattel für sein neues Pferd.

Abgesehen von einigen rätselhaften sportlichen Wettkämpfen, bei denen stets einem der Kopfkratzer die Siegespalme zufällt, ist die italienische Gesangskunst die Hauptattraktion bei den Festen, mit denen Ayuki-Khan und Boris Golizyn die russisch-kalmückische Freundschaft bekräftigen. Filippo singt und singt, »sechzig Arien am Stück waren das Mindeste, sie hielten mich anscheinend für eine Art Dudelsack.« Sein Repertoire ist längst erschöpft. Er improvisiert flüssig, mischt Floskeln und Fragmente, und als er alle denkbaren Klischees verquirlt hat, die seufzende Phyllis, das Schifflein auf den Wellen, die ewig schluchzende Nachtigall, dichtet er Nonsense-Verse und setzt sie aus dem Stegreif in Musik. Manchmal streut er ein paar Gemeinheiten gegen Fürst Boris oder gegen die wilde Tatarei in den italienischen Unsinn, den ohnehin niemand verstehen kann. Den geliebten Khan spart er bei solchen Beschimpfungen natürlich aus. Ayuki und Filippo haben sich längst so gut angefreundet, dass sie einander mit Zeichensprache fast besser verstehen als mittels Dolmetscher. Der Khan sieht zwar seltsam aus und kommt bisweilen auf seltsame Ideen, aber »sein Herz ist rein und liebt die Harmonie«.

Allmählich verlieren Kalmücken und Moskowiter die Berührungsängste. Bald kreuzt auch das Fußvolk die Wolga, und irgendwann sieht man im Moskowiterlager ebenso viele Kalmücken wie Moskowiter im Lager des Khans. Die Kalmücken sind keine schönen Leute. Sie tragen knarzendes Lederzeug über viel nackter Haut, weshalb sie aussehen wie wandelnde Koffer, sie haben dicke Köpfe, platte Gesichter, fast keine Nasen, dafür riesige Münder mit Pferdezähnen. Ihre Ohren sind groß und durchsichtig und die Haut befremdlich glatt, »wie jene von Sopran- oder Altsängern«. Der junge Rassist kann es sich nicht verkneifen, am Liebesleben dieser Gestalten zu zweifeln – ob wegen ihrer Hässlichkeit oder ihres fehlenden Bartwuchses, ist nicht auszumachen. Ein weibliches Exemplar bekommt Filippo nicht zu Gesicht. Die Frauen sind in einem anderen Lager untergebracht. Der Khan bedauert sehr, dass seine Gattin Filippo nicht singen hört. Die Dame heißt Darma-Bala, ist bereits Ayukis vierte Frau und die Kusine seines Schwiegersohnes Tsewang-Rabtan, worüber Balatri allerdings nicht informiert ist.

Feuerwerk, Aquavit und Filippos unerschöpfliche Trillerketten tun ein Übriges, die Russen und Kalmücken von ihrem unsicheren politischen Verhältnis abzulenken – und von einer ausgesprochen langweiligen Speisekarte:

Zum Reis serviert man uns gekochten Hammel,
dazu gibt es gespickte Hammellenden,
man bringt auch Braten, wunderbaren Hammel,
die Hammelkeule sieht man allerenden.

Es kommt ein gutes Hammelfrikassee,
garniert mit Bissen von geschmortem Hammel,

am meisten freut vom Hammel das Filet,
und ein Ragout, gekocht aus frischem Hammel.

Das Beste ist, dass man nicht schmachten muss,
und lange seufzen nach dem schönen Hammel,
fürwahr, den Hammel gibt's im Überfluss,
man muss nur sagen: »Bitte, ein Stück Hammel.«

Boris Golizyn drängt zur Abreise. Er möchte vermeiden, mit seiner Karawane in den Herbst zu kommen, denn bei schlechtem Wetter sind die Steppen kaum zu durchqueren. Noch einmal sechzig extemporierte Arien, eine komplizierte Abschiedszeremonie und ein letzter Liebesblick für den Khan – dann sitzt Filippo wieder im Sattel. Sein eigenes Pferd läuft frei mit dem Konvoi, denn es ist noch nicht zugeritten. Ob Filippo Moskau wohl lebendig wiedersieht? Er stellt sich vor, in der kalmückischen Graswüste ums Leben zu kommen, ohne Priester, ohne Freunde, und ohne katholischen Friedhof. Er betet zur schmerzensreichen Madonna und erfindet sicherheitshalber die Aufschrift für seinen Grabstein:

Hier liegt ein kleiner Tölpel und Kastrat,
er ritt zu weit, dann fiel er auf die Nas'.
Aus Pisa kam er angereist und hat
sein Grab nun hier in diesem Meer aus Gras.
Er kann nicht mehr erzählen, was er tat
(könnte er es, die Leute würden blass!)
Doch immerhin: zum Lande der Tataren
ließ Gott den Armen hier Begrabnen fahren.

Der Weg durch die Steppe ist auch bei der Rückreise eine nicht enden wollende Strapaze. Als sie endlich die ersten Dörfer erreichen, hat sich Filippo so wund geritten, dass ihm Fürst Boris einen mordwinischen Karren kauft, nicht ohne sich vorher zu erkundigen, ob der junge Herr in gesegneten Umständen sei. Filippo polstert den ungefederten Wagen mit Gras, aber er wird dadurch nicht viel bequemer. »Keine Ahnung, wie man diese gottverdammte Gitarre stimmen soll«, seufzt der Musiker; es ist eines der wenigen Male, wo er sich zu einem ausgeschriebenen Fluch hinreißen lässt. Die Soldaten amüsieren sich köstlich über Filippos Versuche, den Wagen zu kutschieren, und sie amüsieren sich noch mehr, als er binnen kurzem mit nassem Hinterteil und grünen Hosen in einem platt gesessenen Grasbrei kauert. Als Filippo nach Wochen endlich den Uhrturm von Moskau am Horizont erblickt, betet er hundertmal das Salve Regina und gleich noch hundertmal das Te Deum – sehr leise, denn von der Nässe und von seinem ewigen Gejammer ist er so heiser, dass er kaum einen Ton mehr herausbringt.

Boris Golizyn nimmt Filippo mit in seinen Palast und schickt nach seinem Bruder: Man solle den schwierigen Knaben bald abholen kommen. Als Peter Golizyn seinen Filippuschka in Empfang nimmt – ein sonnenverbranntes Häufchen Elend, das vor Wiedersehensfreude heisere Schreie ausstößt –, traut er kaum seinen Augen. Er hält Filippo am Arm und starrt ihm entsetzt ins Gesicht. »Sehen Sie, Vater«, meint Filippo, »so schnell macht Ihr Herr Bruder aus einem kleinen Kastraten einen guten Soldaten.« Fürst Golizyn kann über den Witz nicht lachen. Er hat ein schlechtes Gewissen. Was hat Boris nur mit dem Jungen angestellt? Peter wirft seinem Bruder einen durchdringenden Blick zu, dann nimmt er Filippo mit. Der Heimgekehrte kann sich zwar kaum auf den Beinen halten, aber das hindert ihn nicht daran, eine große Komödie aufzuführen. Der besorgte Fürst möchte ihn gleich zu Bett schicken, Filippo besteht aber darauf, zuvor Madama Golizyna zu besuchen, zerzaust, verlaust und malträtiert wie er ist, ein »vom Galgen gefallenes Ungeheuer«.

Er bemüht sich redlich, aber auch Darja kann beim besten Willen nicht lachen. Sie gibt Filippo in die Obhut ihrer Dienerinnen und zieht sich mit ihrem Mann zu einer »ernsten Besprechung« zurück. Filippo bekommt ein gewaltiges Abendessen und frische Kleider, er freut sich auf sein weiches Bett, aber die Enttäuschung, Madama nicht zum Lachen gebracht zu haben, ist groß. Eine der Witwen kommt mit der Anweisung von Darja, Filippo ins Dampfbad zu stecken, davon werde er in Bälde wieder hübsch und gesund. Er weigert sich. »Ins Bad? Warum ins Bad? Ich bin noch nie in ein Bad gegangen, das tue ich nicht, ich ziehe mich einfach um ohne diese Geschichte!« Da es ein Befehl von oben ist, beharrt die Baárina jedoch so lange darauf, bis Filippo nachgibt. Allerdings nur unter einer Voraussetzung: Er will mit keinem anderen baden als mit seinem tatarischen Diener. Wo ist er überhaupt? Filippo späht nach ihm, seit er das Haus betreten hat. Der Tatar sei nicht in Moskau, gibt die Witwe Auskunft. Filippo fragt weiter. Nach einigem Hin und Her – Darja hat verboten, den Heimgekehrten gleich mit dieser Nachricht zu empfangen – wird ihm eröffnet, dass der Tatar gestorben ist. Filippo stutzt einen Augenblick, dann verliert er die Fassung. All die Angst, all die Strapazen und Kränkungen der letzten Monate, alles, was er eben noch so erfolgreich überspielt hat, schlägt mit einem Mal über ihm zusammen. »Und ich begann so fürchterlich zu heulen, dass ich schlimmer blökte als jedes Schaf und das halbe Haus bei meinem verzweifelten Geschrei zusammenlief.«

Die Witwen und die Jungfern haben kein Mitleid mit Filippos Tränen. Was hat er denn? Das war doch nur ein Tatar! Auch die Fürstin interessiert sich mehr für Filippos abscheuliche Hautfarbe als für seinen großen Kummer. Menschen sterben nun einmal, sagt Darja, und gibt eine Tinktur in Auftrag, um Filippos vornehme Blässe wieder herzustellen.

Eine weitere traurige Nachricht kommt von Boris; das Pferd des Khans ist gestorben, Filippos wundervolles Geschenk. Er hat keine Tränen mehr übrig. Peter Golizyn bietet ihm zum Ersatz ein Pferd aus dem eigenen Stall an. Obwohl ihm der Fürst davon abrät, sucht sich Filippo das wildeste Tier von allen aus, einen Höllengaul, passend zu seiner höllischen Laune. Er freut sich, als er hört, wie der Fürst besorgt den Befehl gibt, das Pferd nun jeden Tag im Schlitten laufen zu lassen, um es zu zähmen. Filippos Sympathie gilt im Augenblick allem, was nicht gehorchen will.

Er wehrt sich seinerseits nach Kräften, als Madama wieder mit dem Dampfbad anfängt. Erst als ihm der Fürst mit Essensentzug und Hausarrest droht, gibt er zähneknirschend nach. Das Dampfbad ist ein hoher enger Raum im Palazzo der Golizyns, im Boden sind zwei Wasserbecken eingelassen, ein warmes und ein kaltes. Neben der Tür steht ein Holzofen mit einem Eisengitter und großen Steinen darauf, der geheizt wird, bis er glüht. Eine Treppe führt hinauf zu einer Art Hängeboden, dem inneren Höllenkreis der moskowitischen Sauna. Filippos Tortur beginnt jedoch bereits im Umkleideraum.

Zwei Nackte nehmen mich in ihre Mitte,
auch ich, so sagt man, solle mich entkleiden.
Ich will nicht! Meiner Jungfernscham und -sitte,
der widerstrebt das. Nein, ich kann's nicht leiden!

Sie können tun und sagen, was sie wollen,
entblößt will ich vor niemand niemals stehen,
und alles, was sie von mir kriegen sollen,
ist, dass sie mich in meinem Hemde sehen.

Die Badediener machen aber keine langen Umstände. Sie haben einen Befehl vom Fürsten, also reißen sie dem kreischenden Sänger die Kleider vom Leib und wickeln ihn in einen winzigen würdelosen Lendenschurz. Mit roher Gewalt zerren sie ihn in die Hitze, Zerberusse am Höllentor. Sie schimpfen, betteln und locken, sie versprechen ihm eine Haut wie Rosen und Lilien, aber Filippo schlägt um sich, schreit und lamentiert. Er will nicht nackt sein. Er will nicht ersticken. »Ein Viertel eines Viertels einer Viertelminute« hat er im Untergeschoss ausgeharrt, da schleppen ihn die Nackten schon die Treppe hinauf und bereiten den Aufguss vor. Bei dieser Folterung, einem dampfenden Inferno, das für jeden vernünftigen Menschen den sofortigen Tod durch Gehirnschlag bedeutet, ist Filippo nicht mehr zu halten. Er reißt sich los und rennt davon, dann legt er sich ins Bett und klagt so lange über unerträgliche Kopfschmerzen, bis Darja das Dampfbad schließlich nicht mehr erwähnt. Bleichsalbe und heilende Bandagen helfen nicht viel; Filippo ist braun gebrannt und wird das auch bis auf weiteres bleiben.

Man schneidet mir das Haar, nimmt Öl und Puder,
kämmt, kräuselt, wäscht, tut Farbe ins Gesicht
und gibt mir Kleider: Das verdreckte Luder
ist fort. Nein, hässlich bin ich wirklich nicht.

Ich dreh mich um und um, stell mich ins Licht
vor all den vielen Spiegeln an den Wänden,

ganz hübsch ... nur leider: diesem Angesicht
wird niemand gern ein Fässchen Weihrauch
spenden.

Es ist von Tau und Sonne arg zerknittert,
und bis es wieder völlig hergestellt,
braucht es viel Zeit. Jawohl, ich bin erschüttert,
und meine Freude ist mir ganz vergällt.

Ich, der ich will, dass jede Russennymphe
ein kleiner Blick von mir dem Tode weiht
(wie's früher war), ich werde bös und schimpfe,
denn diese Sache scheint Vergangenheit.

Es ist gewiss von Vorteil, dass Filippo im Augenblick seine Anna noch nicht wiedersehen kann, weil den Zaren die »schwedischen Affären« so sehr in Anspruch nehmen; vielleicht würde sie den Sonnengegerbten sonst nicht mehr leiden können. Peter der Große lacht über Filippos Hautfarbe, weniger lustig findet er allerdings seine »klappernden Beinknochen«. Hat dir Boris Alexejewitsch denn nichts zu essen gegeben? Doch, doch, sagt Filippo, meistens verfaulten Trockenhammel. Der Zar schenkt ihm zweihundert Rubel, wünscht gute Besserung und entlässt ihn.

Schon fällt der erste Schnee. Wenn er nicht bei Hofe singen muss, verbringt Filippo die meiste Zeit mit Madama und ihren Mädchen, er unterhält sie mit Geschichten über die wilde Tatarei und über den Karneval in Italien, und damit er nicht müßig herumsitzt, bringt ihm die Fürstin das Sticken bei. Bald beherrscht er die Stiche ebenso gut wie ein wohl erzogenes moskowitisches Fräulein. Vom Steppenbezwinger zur Klosterschülerin – Filippo Balatri ist ein wandlungsfähiger Junge. Er sitzt über seinem Stickrahmen, ärgert

Madama Golizyna mit anzüglichen Bemerkungen und träumt von Anna. Natürlich hat er sie doch wiedergesehen, natürlich ist er so verliebt wie eh und je, manchmal lauert er ihr in der kalvinistischen Kirche auf, seufzt tausend Seufzer und läuft dann von Angst gebeutelt zu seinem Beichtvater. Vergiss die Bagatellen, sagt Darja. Denk an deine unsterbliche Seele, sagt der Beichtvater. Ich mag keine unentschlossenen Liebhaber, sagt Anna. Filippo weiß nicht, was er machen soll, deshalb macht er dumme Witze.

Eines Tages verlässt Darja das Haus, um eine Verwandte zu besuchen. Dies geschieht höchstens zweimal im Jahr, deshalb müssen Filippo und die Mädchen die Gelegenheit nutzen, um sich irgendeinen möglichst schlimmen Unfug einfallen zu lassen. Filippo sieht auf einem Stuhl eines jener »bepelzten Geräte« liegen, das die Witwen auf dem Kopf tragen. Er setzt es auf, zieht einen Mantel über und spielt eine fremde Dame, die zu Besuch kommt. Natürlich sind die Mädchen begeistert. Sie flechten Filippo Zöpfe, schminken ihm die Lippen mit Rouge und die Augen mit Kohle, schließlich ziehen sie ihm trotz seiner Gegenwehr die Strümpfe aus und stecken ihn in ein Sonntagskleid und in ein Paar viel zu kleine Pantöffelchen. Filippo blickt in den Spiegel und staunt. Die Verkleidung steht ihm ausgesprochen gut. Filippo ist ein hübsches Mädchen, eine interessante Feststellung, er weiß nicht genau, ob er sich darüber freuen soll. Eine Schrecksekunde, dann gewinnt die Alberei wieder die Oberhand. Filippo und die Jungfern planen eine Komödie für Madama.

In der Tat lässt sich Darja einen Moment lang in die Irre führen, als man ihr eine scheue Fremde vorstellt, die ihre Aufwartung machen will. Madama reicht der Besucherin huldvoll die Hand zum Kuss und fragt sie nach Stand und Namen. Natürlich kann sich Filippo nicht lange beherrschen. Er trällert los in seinem scharfen Diskant: »Ich bin's, oh Fürstin, Filippuschka, Ihr geliebter *busurman*!«

Die strenge Darja reagiert gelassen auf diesen sittenlosen Scherz. Vielleicht sieht sie es lieber, wenn sich ihr schwieriger Schützling als Mädchen verkleidet, als wenn er ihnen nachstellt. Die Fürstin schaut ruhig und mit einem etwas geschmerzten Lächeln zu, wie Filippo die Pantoffel abstreift und mit fliegenden Röcken mitten im Salon ein Menuett mit sich selbst tanzt. Seine Begeisterung und die der Mädchen ist schließlich so ansteckend, dass Darja selbst auf die Idee kommt, auch ihren Mann an der Nase herumzuführen.

Filippo richtet Haube und Zöpfe, dann lässt er sich vorstellen: eine junge Braut, verschämt, verwirrt und reichlich zickig. Der Fürst fällt auf die Maskerade ebenso herein wie seine Frau. Er fragt die Dame freundlich, mit wem sie denn verheiratet sei, und er muss sich vorbeugen, um ihr Geflüster zu verstehen. »Ich bin mit dem Khan vermählt«, haucht Filippo, »mit dem Großen Khan der Tataren!« Nun erst begreift Peter Golizyn, wen er vor sich hat. Er betrachtet Filippo von allen Seiten. Ein erstaunlicher Effekt. Fast klingt es wie ein ernst gemeinter Vorschlag, als der Fürst seinem Ziehsohn empfiehlt, sich in Zukunft immer als Mädchen zu kleiden: Es stehe ihm besser als alles andere. »Aber natürlich«, entgegnet Filippo kühl, »und dann reite ich wieder an die Wolga, aber wenn ich das in diesen Kleidern tue, empfehlen Sie mich besser nicht Ihrem Herrn Bruder, empfehlen Sie mich den Soldaten.« Und er sieht so hübsch aus, während er diese Frechheit von sich gibt, dass Darja alles überhört und ihn bittet, sich bis zur Bettruhe nicht mehr umzuziehen.

Zum Entsetzen der Witwen und zur Freude der Golizyns und der Jungfern spielt Filippo den ganzen Abend lang die Neuvermählte. Er beherrscht seine Rolle perfekt. In »Flohbissen« das Essen knabbern, beim Trinken den kleinen Finger abspreizen, die geschminkten Lippen mit einem Tüchlein tupfen und dabei stets kleine Seufzer ausstoßen – der Khan der Tataren ist mit einem reichlich affektierten Frauenzimmer verheiratet. Filippo nimmt es so genau mit dieser Komödie, dass es ihm schwer fällt, die Mädchenkleider wieder abzulegen. Wiederholen wird er die Maskerade allerdings nicht, die Jungfern können betteln soviel sie wollen.

Der Spaß hat dann noch ein Nachspiel. Als Darjas Witwen Filippo zusahen, wie er als Frauenzimmer gekleidet mit Fürst Peter kokettierte, stieg in ihnen ein schlimmer Verdacht auf. Seit langem rätseln sie schon darüber, was es mit jenem Wesen ohne Bart und Stimmbruch eigentlich auf sich hat. Nun fällt es ihnen wie Schuppen von den Augen, und sie erstarren vor Abscheu: Fürst Peter hat von seiner Reise eine papistische Hure mitgebracht, die als Page verkleidet seinen finsteren Gelüsten dient, ohne dass Darja davon etwas weiß! Die Wortführerinnen der Witwen, Eufrosina und Tatjana, verlangen Audienz bei der Fürstin und verraten ihr unter vielen Grimassen ihre schreckliche Entdeckung. Darja lacht, dann wird sie böse und verbietet den Witwen den Mund. Sie lassen jedoch nicht locker. Die Badediener werden befragt, und wirklich, das Wesen namens Filippo hat sich sehr geziert, als es die Kleider ablegen sollte. Eines Nachts nehmen Eufrosina und Tatjana eine Laterne und machen sich auf den Weg.

Filippo wundert sich sehr, als die beiden Alten mit der »Geschwindigkeit von Uhrzeigern« in sein Zimmer schleichen. Er stellt sich schlafend, denn er vermutet, Darja habe die Frauen geschickt, um zu kontrollieren, ob er das Licht gelöscht hat; die Fürstin hat ihn schon oft gescholten, weil er im Bett gelesen hat, was wegen der Feuergefahr streng verboten ist. Mit Entsetzen sieht Filippo, wie sich die Witwen seinem Bett nähern, vorsichtig das Laken ergreifen und es langsam hochheben. Eufrosina hat die Brille aufgesetzt, vor Konzentration wackelt die Zungenspitze vor ihren Lippen hin und her. Tatjana hält die Decke. Eufrosina späht darunter. Filippo unterdrückt das Bedürfnis, der alten Hexe ins Gesicht zu treten. Er hält still. Nach einer eingehenden Begutachtung von was auch immer – der Autobiograph schweigt sich hier aus und verrät auch nicht, ob er ein Nachthemd trägt –, lässt Tatjana die Decke vorsichtig sinken, und sie schleichen aus dem Zimmer. »Ob sie ihre Neugier befriedigt haben«, schreibt Balatri, »weiß ich leider nicht zu sagen.«

Er behält sein nächtliches Erlebnis zunächst für sich, dann verpetzt er Eufrosina und Tatjana aber doch. Nach einer großen Standpauke der Fürstin lassen die Witwen fortan die Bettdecke ihres bartlosen Hausgastes unangetastet.

V

Wirf dich ihnen entgegen, Signor Filippuschka, jenen Sturzwellen zweier Augen, die dich ununterbrochen peitschen, und werde zu einer Klippe, so gut du kannst, damit dich ihr Ansturm nicht in winzige Sandkörnchen zerreibt.« Wenn es um seine vergötterte Anna geht, singt der Autobiograph gerne Opern. Der Bericht über Glanz und Elend seiner ersten Liebe liest sich mühsam und füllt eine Unzahl von Seiten in beiden Fassungen der Memoiren. »Romanhaft, heroisch und interessant« sei die Geschichte von Filippo und Anna. Ob der Leser diese Meinung allerdings teilen kann, das bezweifelt Balatri selbst.

»Ich liebte sie wie ein verdurstender Hund«, schreibt er, »dem die Zunge zwei Handbreit aus dem Maul hängt, fern von jedem Fluss, Quell, Teich, See, Bach oder Brunnen.« Seit der Zar von einer Reise nach Nowgorod zurückgekehrt und auf die unglückselige Idee gekommen ist, Filippo solle seiner Anna Gesangsstunden geben, sieht er sie fast täglich unter vier Augen, und das Problem nimmt unerträgliche Ausmaße an.

Filippo ist achtzehn. Er wächst noch, und er wird weiter wachsen, bis er über zwanzig ist – ein Privileg seiner hormonellen Besonderheiten. Aus dem »kleinen

Kapaunchen« wird ein langer, schlaksiger und ein wenig unproportionierter junger Mann mit weichen Zügen und einer gewissen Anlage zum Doppelkinn. Noch immer hat niemand der schönen Anna verraten, was mit ihrem Verehrer nicht stimmt. Anders als Darjas Witwen hat sie nicht unter Filippos Bettdecke geschaut, und allmählich wird sie ungeduldig. Filippo schwört ihr ewige Liebe, Filippo seufzt hundert Seufzer – am nächsten Tag meldet er sich krank und will sie nicht mehr sehen. Anna versteht seine Unentschlossenheit nicht. Sie versteht auch nicht, warum sich der Zar halb tot lacht, während er dem errötenden Sänger ein großzügiges Taufgeld für jeden seiner künftigen Söhne verspricht. Filippo versucht immer wieder, Anna die Wahrheit zu sagen, und jedes Mal verschlägt es ihm die Sprache. »Ich wollte den Genuss nicht missen, dass sie mich für einen Mann hielt, obwohl ich doch ein Neutrum bin, ein Hauptwort mit dem Artikel ›das‹.«

Filippo schwankt zwischen Begehren und Höllenfurcht, er rennt von Anna zum Beichtvater und vom Beichtvater zurück zu Anna, Woche für Woche, Monat für Monat. Längst ist Anna nicht mehr gut auf ihn zu sprechen. Sie ärgert ihn mit »gleichnishaften Reden«, sie diktiert ihm Briefe an einen anderen Mann in die Feder, von dessen Existenz der Zar nichts wissen darf, und als Filippo in seinem neuen Rock erscheint, den ihm Darja aus dem Stoff des Khans hat schneidern lassen, erklärt sie trocken, das Pfauenaugenmuster sei lächerlich und die Purpurfarbe gehe ihr gegen den Strich.

Zwei weitere Mädchen kommen ins Spiel, Annas schlesische Freundin Johanna, ein »maliziöses Biest mit Rasiermesserzunge«, und Laura, die hübsche und harmlose Tochter des Florentiners Francesco Guasconi, in dessen Haus in der Ausländervorstadt Filippo ein- und ausgeht. Bald entpuppt sich Johanna als ausdauernde Zeremonienmeisterin für eine Unzahl alberner Intrigen. Filippo liebt Anna, Filippo liebt Laura, Filippo muss sich in einem Schrank verstecken, Anna ist eifersüchtig, Johanna tröstet sie, Filippo begreift gar nichts – die Geschichte liest sich wie das Libretto eines gründlich misslungenen Singspiels. Johanna scheut nicht einmal den Weg zu Darja Golizyna, um dem Durcheinander zu einem neuen Höhepunkt zu verhelfen; dort kann sie allerdings mit ihren Rätselreden nicht landen. Die Fürstin hat genügend mit Filippos Launen und Qualen zu tun, als dass sie sich auch noch mit dem Geschwätz einer schlesischen Intrigantin hätte befassen können. Darja predigt Filippo täglich, er solle die Liebe ein für allemal aus seinem Repertoire streichen. So grausam dieser Ratschlag auch scheinen mag, es spricht viel dafür, dass Darja nicht ganz Unrecht hat. Irgendwann ist Filippos Leidensfähigkeit – oder die Ausdauer des Autobiographen – in der Tat erschöpft. Unvermittelt und ohne einsichtigen Grund behauptet er plötzlich, seine Liebe zu Anna habe sich in »aufrichtige Freundschaft« verwandelt und lässt das Thema fallen.

Der Winter 1700/1701 verstreicht in der altbekannten Weise – Gesang bei Hof, Stickerei bei Madama, Feste über Feste in der *nemezkaja sloboda*. Manchmal findet eine öffentliche Hinrichtung statt, dann kommt Filippos neuer Diener Kamar, um ihn zu wecken – »stehen Sie auf, Filippuschka, ein Spektakel!« –, und Filippo sieht sich die Exekution an und beschreibt sie nachher in seinem Tagebuch.

Es ist bitterkalt. Seit der Zar ein Edikt erlassen hat, das bei Androhung von Ungnade, Kerker oder Prügelstrafe verbietet, altrussische Tracht zu tragen, frieren die Moskowiter wohl oder übel in ihren dünnen Gehröcken à la française. Interessanterweise erhält der Italiener Balatri eine Sondererlaubnis vom Zaren, sich weiter im moskowitischen Stil zu kleiden. Vielleicht fürchtet Peter, der Sänger könne sich ohne die wattierten Schichten der traditionellen Kleidung seine Kehle verkühlen. Nach einigen Überlegungen wählt Filippo als glühender Befürworter aller russischer Reformbestrebungen dann jedoch einen Kompromiss und trägt moskowitische Pelzmäntel über dem französischen Gehrock. Das Verbot von Vollbärten, das dem Zaren noch mehr am Herzen liegt als der neue Kleiderschnitt, betrifft Filippo nicht. Er lässt sich lange über die Vorteile der Bartlosigkeit im Allgemeinen aus, zumal die russischen Herren längst angefangen haben, große Perücken zu tragen; man stelle sich nur einmal vor, wie lächerlich sich die langen Locken in einem dicken Bart verfangen! Filippo ist auf Bärte ohnehin nicht gut zu sprechen.

Während Peter Golizyn schon längst und ohne Befehl des Zaren westliche Kleidung trägt, ist Fürstin Darja dazu nicht zu überreden. Sie hört mit Abscheu, dass die Moskauer Damen ihre Zofen in die Ausländervorstadt schicken, um dort alles über die neue Mode zu lernen. »Ich denke nicht daran«, sagt Darja zu Filippo, »mein Haar, meine Arme und meinen halb nackten Busen in ganz Moskau zur Schau zu stellen und jedem Hergelaufenen vorzuzeigen, was mein eigener Mann nur in den seltensten Fällen zu Gesicht bekommt. Soll das schöner aussehen? Mein Mann hat mich bereits erworben und den Preis für mich bezahlt, und ob ich nun schön oder hässlich bin, er wird mich ohnehin bis zu meinem Tod behalten müssen.« Auch sonst kümmert sich Darja wenig darum, was der Zar gerne sieht. In der Öffentlichkeit herumstolzieren wie

Der Zar bricht mit Alt-Russland und lässt seinen Bojaren die Bärte abschneiden.

eine Pariserin, sich auf Festen die Nächte um die Ohren schlagen und das alles aus politischen Gründen – nicht mit Darja Lukinischna Golizyna! Sie ignoriert die Einladungen des Zaren, wo immer es geht, und bei nachdrücklicher Aufforderung entschuldigt sie sich kühl mit Indisposition. Filippo dagegen begleitet Peter den Großen zu einem Fest nach dem anderen. Er tanzt mit Leidenschaft. Das ist eine Form der Erotik, gegen die selbst der Beichtvater nicht sehr viel einwenden kann.

Nach einem Fest im Haus des schottischen Generals Patrick Gordon – Filippo hat Hunderte von Menuetten getanzt und am Tisch des Zaren wieder einmal russische Verse auf italienische Noten gesungen –, bereitet die Heimfahrt Schwierigkeiten. Filippo will aufbrechen, aber sein Diener Kamar ist betrunken und das Pferd noch nicht im Geschirr. Weitere zwanzig Menuette, dann hat Filippo endgültig genug. Sein Schlitten ist nun fahrbereit, nur Kamar lässt sich nirgends blicken. Filippo ergreift die Zügel und macht sich allein auf den Weg.

Womit er nicht gerechnet hat, ist das Feuerwerk, das Mister Gordon zur Feier des Tages abbrennen lässt. Das Pferd, jener halb gezähmte Höllengaul, den sich Filippo aus Fürst Golizyns Stall ausgesucht hat, erschrickt vor einer Rakete, und weil der betrunkene Kamar vergessen hat, ihm das Mundstück richtig ins Maul zu geben, sieht sich Filippo außer Stande zu lenken. Das Pferd streckt den Hals durch und galoppiert in die Nacht. Filippo sitzt im Schlitten und schreit sich die Seele aus dem Leib.

Ich wäre allzu gerne abgesprungen,
doch habe ich in dieser kalten Nacht
ein Tuch um mich geknotet und geschlungen,
und leider ist's am Schlitten festgemacht.

Kopfüber kippt die ganze Exkursion,
ich werde mitgeschleift so manchen Schritt,
dann komm ich frei. Der Schlitten rast davon,
mitsamt dem Teufel, der den Zossen ritt.

Ich habe keine Ahnung, wo ich bin,
hier sitze ich, ganz voller Schnee, im Schnee,

weiß nicht, wo Häuser sind, weiß nicht wohin,
bei Tage käm' ich eher auf den Dreh.

Auf Schnee oder auf Sand sich fortbewegen,
wo man nicht weiterkommt, nur dauernd steckt,
ist schlimm. Es wäre schön, sich hinzulegen,
bis man verhungert oder sonst verreckt.

Zum Glück gibt Filippo diesem Bedürfnis nicht nach. Er kämpft sich in seinen Tanzschuhen durch den Schnee, weinend, betend, fluchend, das Pferd hat den umgestürzten Schlitten mitgeschleift und ist längst in der Dunkelheit verschwunden. Endlich hört er Pfiffe: Räuber, die ihre Schlittenpferde antreiben! Filippo legt sich bäuchlings in den Schnee und haspelt ein Vaterunser. Beim Näherkommen erweisen sich die Räuber jedoch als Tagelöhner, die Brennholz nach Moskau transportieren, er springt auf und schreit um Hilfe. Die Fremden wickeln den Verunglückten in Decken und bringen ihn zurück in ein Haus in der *sloboda*. Arme Leute wohnen dort, eine Wäscherin und ihr Mann, der mit der Pfeife zwischen den Zähnen einen Säugling wiegt, während sich Hund, Katze und zwei verfrorene Legehennen den Platz vor dem Ofen streitig machen.

Filippo bekommt Schnaps, Butter und Honig, man zieht ihn aus und reibt ihm Arme und Beine mit Schnee ein. Die Russen wissen, dass mit einer Unterkühlung nicht zu scherzen ist. Der Verunglückte schreit vor Schmerz, als er allmählich auftaut, aber schließlich hat er nur noch einen Wunsch: Zurück nach Moskau und in sein eigenes Bett, bevor die Golizyns bemerken, was ihm geschehen ist. Wenn Darja von seiner Tollkühnheit erfährt, wird sie ihm Hausarrest geben – und Filippo tanzt doch so gern! Er bietet den Holzhändlern eine hohe Belohnung, wenn sie Pferd und Schlitten einfangen und heimlich nach Moskau bringen, anschließend macht er sich mit ihnen auf den Heimweg. Er möchte die Morgendämmerung abwarten, denn er meint, bei Tageslicht könne er sich unbeobachtet ins Haus schleichen. Nachdem seine Retter belohnt und verabschiedet sind, kehrt Filippo in einem Laden ein, wo man Piroggen bäckt – und wo ein zerzauster Kavalier im Brokatrock kurz vor Sonnenaufgang großes Aufsehen erregt:

Der eine fasst, die Hand mit Fett verklebt,
mein Kleid an: ob von Gold solch schöne Dinger?
Der andre prüft, ob es auch gut gewebt,
und fummelt dran, auch nicht mit saub'rem Finger.

Umlagert von so manchen Widerlingen,
von Fleischern, Kutschern, Polizeivasallen,
die voller Freude die Piroggen schlingen,
fühl' ich mich wie Metall in Zangenkrallen.

Ich bin inkognito, bin auf der Hut,
werde zur Statue und spreche nicht,
ertrage alles (nicht ganz ohne Wut)
und warte sehnlichst auf das Tageslicht.

Voll gestopft mit Piroggen rennt er schließlich nach Hause und schlüpft in sein Zimmer. Natürlich kommen alle Finten zu spät. Kamar hat die Golizyns längst von dem Unfall in Kenntnis gesetzt, die halbe *sloboda* spricht davon, es kursieren die wildesten Gerüchte – Räuber hätten Filippuschka in Stücke gehackt, der Schlitten habe ihm den Hals gebrochen, man habe seine nackte Leiche im Schnee gefunden, ein Heiratsversprechen von Laura Guasconi in der steif gefrorenen Hand.

Das Pferd ist eingefangen, der zerborstene Schlitten geborgen. Filippo stöhnt. Jetzt wird ihn Madama nie mehr ausgehen lassen! Als aber ein Diener die Suppe aufträgt, denkt Filippo zunächst nicht mehr an Menuette. Er ist so unterkühlt und überfressen – das Diner von Patrick Gordon, die Honigbrote der armen Eheleute, dazu die Piroggen –, dass sich ihm beim Anblick der Suppenschüssel auf die schrecklichste Weise der Magen umdreht. »Sie werden gleich sagen, mein Freund, was ist denn das für ein schweinischer Chronist, aber ich begann, mit Verlaub, dermaßen zu kotzen, dass ich glaubte, Leber, Milz, Lunge und Gedärme würden gleich den Ausgang meines Schlundes verstopfen und dabei den Lebensfunken in meinem Inneren ersticken.«

Filippo wird schwer krank, man fürchtet um sein Leben. Nach einer Woche sinkt dann aber das Fieber, und nach weiteren drei Wochen ist er wieder auf den Beinen. Seine Befürchtungen erweisen sich als berechtigt. Die Golizyns und der Zar persönlich verbieten ihm in Zukunft jeden Besuch, mit Ausnahme des Hofes, der katholischen Kirche und des Hauses der Guasconis – und mit Ausnahme Annas, denn schließlich ist Filippo ihr Gesangslehrer. Sie kann schon viele italienische Arien und viele russische Lieder singen. Sogar die Moritat vom Koch und dem Küchenmädchen hat sie gelernt, über die Darja Golizyna nie zu schimpfen wagt, weil sie nicht zugeben will, dass sie die Zweideutigkeiten versteht. Anna hat ihrem Maestro eine Mütze mit Perlen bestickt und sie empfiehlt ihm, Laura Guasconi zu heiraten, denn die sei immerhin katholisch, vermögend und leidlich hübsch. Filippo verbeugt sich stumm. Er schwört, sich nie wieder zu verlieben, wohl wissend, dass er dieses Versprechen nicht halten können wird. Fürst Golizyn hat ihm das wilde Pferd weggenommen und durch den ältesten Gaul von ganz Moskau ersetzt, einen Methusalem unter den Pferden, zahnlos, halb blind und durch nichts aus der Ruhe zu bringen. Filippo hat sofort eine Theorie parat, was diesem alten Hengst die Kraft genommen hat: Er hat in seinem Leben viel zu viele Stuten gedeckt!

Tausendmal Vater, siebentausendmal,
doppelt und dreifach, x-mal Großpapa,
wenn der nicht flink ist, ist das ganz normal,
das stete Zeugen, das gibt Patina.

Man kennt kaum einen Zeiger an der Uhr,
der sich so langsam, unsichtbar bewegt,
der Jähzorn liegt ihm fern, er ist so stur,
ich peitsche viel, und wenig er sich regt.

Er glotzt, als wenn er sich Gedanken macht,
wie ein Senator, voll mit Staatsaffären,
auch wenn ein Blitz vom Himmel fährt und kracht,
ihn gar erschlägt: Er wird sich nicht drum scheren.

Eines Tages, fast beiläufig, eröffnet der Zar Filippo, seine Tage in Moskau seien nun gezählt, er müsse in die Toskana zurückkehren, denn so sei es mit Cosimo de' Medici vereinbart. Grund dafür scheint Filippos Vater. Dessen Podagra hat sich so sehr verschlimmert, dass er den Großherzog anflehte, seinen jüngeren Sohn heimzuholen, damit er ihn vor seinem Tod noch einmal sieht. Filippo ist darüber alles andere als erfreut. Er kann sich kaum noch an seinen Vater erinnern, und so sehr er sich auch dafür schämt, ist ihm Messer Balatris Podagra doch herzlich gleichgültig. Sich ein Leben in Pisa vorzustellen fällt Filippo schwer, und noch schwerer fällt es ihm, sich mit dem Gedanken an die lange Reise anzufreunden.

Als der Zar ihm die Einzelheiten des Planes mitteilt, fühlt er sich etwas getröstet. Peter Golizyn wird als erster russischer Gesandter der Weltgeschichte nach Wien reisen, Filippo hat ihn zu begleiten, und dann wird man weitersehen. Eine Reise mit dem geliebten Fürsten, der seinem Herzen so viel näher steht als der leibliche Vater, ist nicht ohne Reiz, wenn es Filippo auch vorgezogen hätte, in Moskau zu bleiben. Er weiß ohnehin, dass seine Wünsche nicht wirklich ins Gewicht fallen, also findet er sich, zweifelnd und besorgt, mit der Neuigkeit ab. Sein Erstaunen und seine Freude sind groß, als er erfährt, dass auch Darja Golizyna mitsamt ihren beiden Kindern den Fürsten nach Wien begleiten wird. Filippo kann es zunächst kaum glauben – Madama Darja, die kaum zweimal im Jahr das Haus verlässt, auf einer Reise ins Heilige Römische Reich? Doch dies geschieht auf den ausdrücklichen Wunsch des Zaren: Jeder Gesandte muss seine Familie mit ins Ausland nehmen, denn das trägt dazu bei, westliche Sitten in Russland zu etablieren. Darja ist zwar geübt darin, Befehle des Zaren zu umgehen, und wirklich sträubt sie sich anfänglich nach Kräften gegen dieses Ansinnen – welch absurde Idee, eine Einsiedlerin als Diplomatengattin zu verkleiden, welch sinnlose Geldverschwendung außerdem! Schließlich jedoch stimmt sie der Reise zu. Ob aus Gehorsam gegenüber dem Zaren oder aus Liebe zu ihrem Mann, bleibt ihr Geheimnis; Filippo vermutet das Letztere.

Bevor er die Neuigkeiten recht begriffen hat, sieht sich Filippo im Trubel der Reisevorbereitungen. Johanna, die schlesische Intrigantin, mit der Filippo inzwischen eine recht intensive Hassliebe verbindet, hat

Fürstin Darja so lange die Hände geküsst, bis man ihr erlaubte, die Gesandtschaft zu begleiten. Johanna will in Breslau ihren Vater treffen, außerdem möchte sie noch ein wenig länger mit Filippuschka zanken. Ihre spitzen Zungen, so Balatri, harmonierten allzu gut, als dass sie, bei aller Abneigung, voneinander hätten lassen können.

Kurz vor der Abreise wird Filippo Zeuge eines eigenartigen Spektakels am Zarenhof. Peter der Große möchte Cosimo de' Medici eine Freude machen. Immerhin hat er dem Großherzog die interessante Leihgabe Filippuschka zu verdanken, nun will er sich revanchieren. Wie man weiß, ist der fromme Cosimo nicht nur ein Freund exotischer Reiseberichte, sondern auch ein begeisterter Sammler von Wilden. Zwei Kalmückenkinder warten schon in Moskau auf ihren Versand in die Toskana, nun sind zwei weitere Exemplare für Cosimo eingetroffen, viel kostbarer noch als Kalmücken und viel schwerer zu bekommen: Samojeden, ein Männlein und ein Weiblein, ungefähr zwölf Jahre alt. Ein Tscherkessenfürst hat Peter dem Großen die Kinder geschenkt, nicht ohne darauf hinzuweisen, wie schwer sie zu fangen waren.

Die Samojeden – heute »Nenzen« – sind ein asiatisches Nomadenvolk, das die Halbinsel Yamal im Nordwesten Sibiriens bewohnt. Es ist ein sprechender Name: »Sam« bedeutet im Russischen »selbst«, »jest« heißt »essen«, also ist ein Samojede so etwas wie ein Menschenfresser. Natürlich werden die beiden Kannibalen am Zarenhof mit großem Interesse erforscht. Man trifft schließlich nicht alle Tage mit Leuten zusammen, »deren Sitte und Gebrauch es ist, einander zu verspeisen«, wie Filippo dies ausdrückt. Auf den ersten Blick ist außer einer »gewissen barbarischen Aura« nichts Auffallendes an den Kindern festzustellen. Die kleinen Wilden sind so verängstigt, dass sie reglos in einer Ecke kauern, sie reden nicht, sie weinen nicht, sie lachen nicht, nur manchmal verkrampfen sich ihre Gesichter zu einer stummen Grimasse des Entsetzens. Der Zarenhof hätte allzu gerne einer Vorführung in der hohen Kunst des Kannibalismus beigewohnt, nur: Wen sollten die Kinder hier fressen? Man sieht ihnen nach, dass sie sich nicht gegenseitig verschlingen, zumal es Geschwister sind, und dass sie ihre Zähne nicht in irgendeinen Höfling schlagen, ist auch verständlich. Der Zar beschließt also, mit einem bescheideneren Schauspiel vorlieb zu nehmen. Er lässt die Kinder zwei Tage lang hungern, dann bestellt er ein lebendiges Lamm. Die Zuschauer warten gierig darauf, dass die Samojeden das Tier in Stücke reißen. Sie werden enttäuscht. Sind Menschenfresser publikumsscheu? Man sperrt die Kinder mit dem Lamm in eine Kammer und bezieht hinter einem Vorhang Posten. Nach langem Zögern nähern sich die verstörten Samojeden dem Tier, die Hoffnung der Zuschauer wächst, aber dann tun die kleinen Kannibalen nichts anderes, als in ein »seltsames leises Geheul« auszubrechen und das Lamm schüchtern zu streicheln. Das Experiment wird mit Bedauern abgebrochen.

Das Samojedenmädchen erkrankt, sechs Tage später ist sie tot. Der Zar gibt den Befehl, ihren Bruder schnell auf den Weg zu bringen, damit wenigstens die Hälfte des Geschenks heil in Cosimos Wunderkammer ankommt. Filippo Balatri notiert das Geschehen in sein Tagebuch und schließt einige vermischte Betrachtungen über Geist und Instinkt an. Die Vernunft, erklärt er dabei, sei eine Gabe Gottes, die »den Menschen von einem Samojeden beziehungsweise einem Pferd unterscheidet«. Ob der Knabe aus Yamal den toskanischen Hof lebend erreicht hat, entzieht sich unserer Kenntnis.

Man schreibt das Jahr 1701, wahrscheinlich Februar oder März. Das Credential-Schreiben für den Gesandten »Dux Petrus Alexievitz Galicin«, datiert vom Januar, hat der Kaiserhof in Wien bereits erhalten. Filippo sagt Adieu: dem Zaren, den Guasconis, Anna. Dort verschlägt es ihm zu jedermanns Erstaunen die Sprache. Er blickt Anna ins Gesicht, dann läuft er aus dem Salon, versteckt sich in einem anderen Zimmer und lässt seinen Tränen freien Lauf. Bald jedoch kommt Annas Mutter, um ihn zu trösten. Weil sie unter einer feuchten Aussprache leidet, bringen die »Spuckespritzer im Gesicht« Filippo schnell zur Vernunft. Gefasst kehrt er in den Salon zurück und nimmt Abschied, mit Höflichkeiten und Scherzen, wie man es von ihm erwartet.

»Geh jetzt, mein Sohn«, sagt der Zar. Das wird Filippo nun nicht vermissen: Ganz Moskau nennt ihn »mein Sohn«. Golizyn und Peter der Große, Francesco Guasconi und Patrick Gordon, jeder Koch, Stallknecht oder Kammerdiener sagt »mein Sohn« zu Filippuschka. Er fühlt sich stets an ein toskanisches Schimpfwort erinnert: »Du Sohn von tausend Vätern und einer einzigen Mutter.« Und er denkt an seinen richtigen Vater, Messer Balatri mit seinem Podagra, das sich langsam zum Herzen bewegt, was auch immer dies bedeuten mag.

Plötzlich geht alles sehr schnell. Fürst Golizyn will aufbrechen, bevor der Schnee schmilzt. »Und schon war ich im Schlitten, schon unterwegs, schon vor den Stadtmauern, und dann musste ich sagen: Addio Moskau, meine liebe, geliebte Stadt!«

Es ist eine ansehnliche Reisegesellschaft: Das Fürstenpaar und seine Kinder, vier Witwen, vier Mädchen, vier Kammerherren, Johanna und Filippo, der Pope

Moskowitischer Reiseschlitten

Sergej, ein kalvinistischer Wundarzt, dazu Diener, Knechte, Köche und bewaffneter Geleitschutz. Die Witwen und die Kinder schlafen, die Mädchen jammern über Schmerzen in Kopf und Steiß, Filippo und Johanna zanken – nur Darja Golizyna lässt die Reise völlig kalt. Es ist kaum zu glauben, dass sie Moskaus Mauern noch nie von außen gesehen hat. Die Fürstin benimmt sich, als sei sie eine »Soldatenfrau, längst gewöhnt an die Schlacht«. Wenn es nach Darja ginge, bräuchte man nicht zu rasten. Zu jeder Einkehr muss sie ihr Mann überreden.

Man fährt zügig, bald erreicht man Smolensk. Ein warmer Wind führt zu einer unerwarteten Schneeschmelze, dann kommt der Frost zurück und bringt Glatteis mit sich, so dass die Pferde stolpern und die Kufen kaum die Spur halten können. In Warschau müssen die Reisenden wohl oder übel warten, bis die Schlitten in Kutschen umfunktioniert sind, ein Kunststück, das den polnischen Handwerkern schwer fällt. Zu Filippos Verblüffung sieht sich Darja die Stadt an. In einfacher Kleidung, begleitet von einem Kammerherrn, einem Mädchen und ihrem »Hausaffen« Filippuschka, macht sie sich neugierig auf den Weg. Sie besichtigt Kirchen, Plätze, Lokale, mit strenger Miene und festem Schritt. Die Leute blicken sich nach ihr um. Wer ist diese schöne Frau? Darja verzieht keine Miene. Sie besucht papistische Heiligtümer, obwohl sich ihr Pope den Bart rauft. Wenn Filippo sie fragt, wie es sich anfühle, nach all den Jahren zu Hause plötzlich in der Fremde zu sein, lächelt Darja stumm vor sich hin.

Als die Schlitten auf Räder montiert sind, setzt man die Reise fort. Auf halbem Weg zwischen Warschau und Breslau plötzlich ein lautes Krachen, Pferdewiehern, das Geräusch berstenden Holzes – die Kutsche der Fürstin ist umgekippt. Die Passagiere krabbeln betäubt auf die Straße. Darja kommt auf die Füße, noch bevor ihr einer die Hand reicht. Sie schwankt, sie runzelt die Stirn, aber sie steht. Während der Rest der Gesellschaft ein ohrenbetäubendes Geschrei veranstaltet – »die Kinder heulten zu den Sternen, die Witwen und die Mädchen kreischten, aber ich übertraf alle mit meinem Gejaule, abwechselnd im Alt und im Sopran« –, winkt Darja dem Wundarzt. Ich habe mir eben meinen Oberarm gebrochen, sagt die Fürstin. Es klingt, als bitte sie jemanden, ihr ein Taschentuch aufzuheben. Der Wundarzt renkt den Bruch ein. Darja lässt die Prozedur aufrecht stehend und unbewegt wie eine Statue über sich ergehen. Peinlich genau achtet sie darauf, dass der Arzt nicht mehr von ihrem Körper enthüllt als unbedingt nötig, und erst als man das nächste Dorf erreicht, gestattet die Verletzte, dass man sie zu Bett bringt. »Die Heldin! Ins Paradies soll sie kommen!«

Fünf Tage dauert es, bis der Wundarzt erlaubt, die Fürstin in die nächste Stadt zu transportieren. Filippo ist so erleichtert, Madama auf dem Weg der Besserung zu sehen, dass er sich die Zeit mit dummen Witzen vertreibt. Es gibt kaum einen Laib Brot in diesem schlesischen Kaff. »Deshalb fragte ich einen Bauern, ob es hier denn keine Kastraten gebe, die man vielleicht kochen und essen könnte. Was zum Teufel sind denn das für Tiere, erkundigte er sich, wie sind die gemacht? Wie Hammel, entgegnete ich; und ich sagte mir in meinem Herzen, komm du einmal nach Italien, du Trottel, dann kannst du selber sehen, was für Viehzeug das ist!«

Schließlich macht man sich auf den Weg in die nächste Kleinstadt. Die Fürstin wird von Bauern auf einer Bahre getragen, begleitet von ihrem Mann und allen anderen Männern des Gefolges, die neben ihr hergehen und mit ihr plaudern, um sie von ihren Schmerzen abzulenken. In der Stadt muss Darja einen ganzen Monat rasten. Sie schimpft, aber der Wundarzt bleibt bei seinem Verdikt. Endlich fahren sie weiter nach Breslau. Der Vater der zänkischen Johanna, ein würdevoller alter Schlesier mit guter Kutsche und livriertem Personal, kommt den Golizyns entgegen und fällt seiner wieder gefundenen Tochter weinend um den Hals. Das Hoffräulein Johanna beginnt sofort ihren Vater Anstand zu lehren. Er solle wenigstens erst den Fürsten seine Aufwartung machen, bevor er sich so gehen lasse! »Sie denken an Politik, Johanna«, stellt Darja fest, »Ihr Herr Vater denkt an Gefühle.« Filippo freut sich über diese Zurechtweisung, aber er freut sich ebenfalls, als vereinbart wird, dass Johanna die Gesandtschaft bis nach Wien begleiten und erst nachher zu ihrem Vater heimkehren soll. Johanna ist ein furchtbares Frauenzimmer, tückisch, gehässig, lutheranisch, kurz »die Pest aller Weiber«, aber Filippo hat sich so sehr an die tägliche Zankerei gewöhnt, dass er sie nur ungern ziehen ließe.

Während die Witwen in der Kutsche schnarchen, wärmt Johanna noch einmal alte Geschichten auf. Warum haben Sie nicht um Annas Hand angehalten? Anna hat sich die ganze Zeit nichts sehnlicher gewünscht! Der Zar hat gesagt, Ihnen fehle etwas zum Heiraten. Was soll das denn heißen? Warum hat der Zar dabei so herzlich gelacht? Filippo weigert sich, eine Auskunft zu geben, aber Johanna lässt nicht locker. Und schließlich erzählt er ihr die traurige Geschichte seines Mankos. In der Toskana werde nach dem Ältestenrecht verfahren, wonach dem älteren Bruder das familiäre Vermögen zustehe, der jüngere dagegen leer ausginge. Solle er heiraten und dann seine Frau und seine Kinder um Almosen betteln lassen? Johanna schüttelt betroffen den Kopf. Vielleicht glaubt sie Filippo, vielleicht auch nicht. Auf alle Fälle erspart sie ihm in Zukunft solche Fragen.

VI

Die Gesandtschaft erreicht Wien. Man nimmt vorläufig Quartier in einem Palais am Donauufer in der Leopoldstadt, später wird man in ein Haus in der Innenstadt ziehen, das nur wenige Schritte vom Stefansdom entfernt liegt. Kaiser Leopold I. empfängt Peter Golizyn mit allen Ehren, die einem hochrangigen Diplomaten zustehen. Nach der offiziellen Audienz folgt das Damenprogramm, und die Kaiserin Eleonora Magdalena bittet Fürstin Darja um ihren Besuch.

Madama Golizyna hat sich bereits auf der Reise mehr schlecht als recht daran gewöhnt, ein Mieder zu tragen, auch hat Johanna ihrer Zofe beigebracht, wie man die Haare im französischen Stil akkommodiert; das größte Problem, das noch zu bewältigen bleibt, ist das westliche Schuhwerk. Darja kennt keine Strümpfe, sie kennt keine Schuhbänder, und vor allem kennt sie keine hohen Absätze. Bald hat sie verstanden, dass man in russischen Pantöffelchen keinen französischen Hofknicks machen, geschweige denn ein Menuett tanzen kann. Sie weigert sich trotzdem, ihre Füße in diese unbequemen Lederfutterale zu zwängen. Außerdem rutschen die Strümpfe. Warum überhaupt Strümpfe? Wer bekommt denn ihre Waden zu sehen? Darja schimpft nach Kräften über die Unsitte, empfindlichen Damenfüßen einen solchen Tort anzutun, und weil sie schon einmal beim Schimpfen ist, empört sie sich auch über das Mieder. Es ist kein Wunder, sagt sie zu Filippo, dass du so wenig Hirn hast, wenn in deiner Heimat den Müttern die Eingeweide zerquetscht werden! Endlich entschließt sie sich zu einem Kompromiss. Sie geht in einem Schnürmieder und in den Pantoffeln aus der Heimat zur Kaiserin, Reverenz hin oder her.

Der Hof erstarrt bei Darjas Anblick in Bewunderung. Sie trägt reichen Schmuck, Smaragde und Rubine, dazu eine Robe aus zimtfarbenem Samt, deren Rock und Schleppe vollständig mit einem frei schwingenden Netz aus schneeweißen orientalischen Perlen bedeckt ist. An diesem Prachtstück haben Darjas Mädchen auf der Reise gearbeitet, von Moskau bis nach Wien. Fürstin Golizyna ist eine majestätische Erscheinung. Noch zwanzig Jahre später, als Balatri zum zweiten Mal nach Wien kommt, wird man sich dort an die schöne Gesandte erinnern. Mit festem Schritt – dank der bequemen Schuhe – und hoch erhobenen Hauptes durchquert sie die Antichambre, obwohl sie, wie sie Filippo nachher gesteht, vor Verlegenheit beinahe die Fassung verloren hätte, so rücksichtslos wird sie begafft. Sie begrüßt die Kaiserin »nach Art einer Nonne«, mit einer leichten Neigung des Kopfes, und entschuldigt sich, dass ihr die große Reverenz nicht geläufig ist. Die Kaiserin lächelt gnädig, als man ihr diese Worte übersetzt. Mit einer solchen Offenheit hat sie nicht gerechnet, und sie gefällt ihr gut. Die Fürstin solle nur oft zu Besuch kommen, Eleonora hat gegen gedolmetschte Plauderei nichts einzuwenden. Darja dankt. Sie verabschiedet sich bald. Die Hofdamen blicken ihr neidisch hinterher. Sei es das Mieder, die Kaiserin oder beides, Darja Golizyna wird in Zukunft nur noch in dringenden Fällen bei Hofe erscheinen, insgesamt nicht mehr als zweimal – zu den Geburtstagen von Leopold und Eleonora.

Bald erfährt man, warum Darja Golizyna das Schnürkorsett so sehr missfällt. Sie ist schwanger. Der Fürst und der ganze Haushalt sind über diese Nachricht entzückt. Acht Jahre ist es her, seit Madama ihr jüngstes Kind bekam, man hatte die Hoffnung schon fast aufgegeben. Filippo stellt seine eigenen Vermutungen an, warum Gott seiner Freundin diese Gnade erwiesen hat: Darja hat es sich in Wien angewöhnt, die katholische Kirche zu besuchen. »Lass mich bloß in Frieden, Herr Missionar ohne Bart«, schimpft die Fürstin, »mach erst einmal meinen Popen zum Papisten, bevor du es mit mir versuchst!« Dabei geht sie fast täglich in den Stefansdom, wo es ihr besonders ein wundertätiges Marienbild angetan hat. Kaiser Leopold ließ es erst vor kurzem nach Wien bringen, nachdem er erfahren hatte, dass die Statue Tränen vergoss. Die so genannte Maria Pötsch, von der heute eine Kopie im Stefansdom zu sehen ist, stammt aus einer griechisch-orthodoxen Kirche in Ungarn, was sicherlich auch ein Grund für Darjas Sympathie ist.

Die Wiener Gesellschaft tuschelt schon, die »schöne Barbarin« stehe kurz vor ihrem Übertritt zum Christentum; man vertritt hier nämlich die Überzeugung, Russen seien Mohammedaner. Darja kümmert sich wenig um das Gerede der Leute und auch nicht um das Gezeter ihres Popen. Die Madonna von Wien, entgegnet ihm Darja lächelnd, sei eine gute Freundin der Madonna von Moskau, und Väterchen Sergej möge sich keine Sorgen machen, dass die beiden Marien aufeinander eifersüchtig würden. Und obwohl der Pope angesichts dieses neuen Frevels puterrot anläuft, besucht die Fürstin mit Filippo die Fronleichnamsprozession und freut sich an dem prunkvollen Spektakel.

Peter Golizyn hat Cosimo de' Medici davon unterrichtet, dass Filippo heil in Wien eingetroffen sei und dort »so lange verwahrt werde, bis anderweitige Befehle kommen«. Der Großherzog antwortet, er sei sich mit Messer Balatri, dessen Podagra anscheinend auf halbem Weg zum Herzen angehalten hat, darüber einig, dass Filippo zunächst in Wien bleiben und dort seine musikalische Ausbildung fortsetzen solle, bis er ein guter Sänger geworden sei. »Ich gestehe, mein Freund«, schreibt Balatri, »ich habe über diese Antwort nicht geweint.«

Er bekommt einen hervorragenden Lehrer: den Bologneser Kastraten Gaetano Orsini, Hofmusikus des Kaisers. Auch wenn dieser älter als Filippo ist – sein genaues Geburtsdatum ist nicht bekannt, gestorben ist er 1750 in Wien –, steht er ebenfalls noch am Anfang seiner Karriere. Orsini hat eine ausgezeichnete und gut geführte Stimme, einen klaren, weichen Alt, der den Zuhörer tief berühren kann. Sowohl Franz Benda als auch Johann Joachim Quantz, die Orsini 1723 in Prag hörten, wissen nur das Beste über ihn zu berichten. Selbst seine Kollegin Faustina Bordoni, die nicht gerade bekannt dafür ist, andere Sänger zu loben, vermochte Orsinis Kunst zu begeistern.

Der Altist kümmert sich liebevoll um Filippos Stil und Stimme. Er korrigiert seine unsichere Intonation und zeigt ihm, wie er seinem scharfen Timbre ein wenig mehr »dolcezza« geben kann, ohne dabei an Kraft einzubüßen. Filippo profitiert sehr von Orsinis Unterricht und seiner eleganten und ruhigen Stimmführung. Die harten Triller, mit denen er einst die Kopfkratzer des Khans erschreckte, sind bald so süß und gefällig geworden, dass Orsini seinen Meisterschüler bei Hof vorstellt. Filippo singt eine Motette in der kaiserlichen Kapelle und dann eine Orchesterkantate bei Tisch. Fürst Golizyn hat ihm zu diesem Anlass einen Rock schneidern lassen, der seinesgleichen sucht. »Er war so bordiert, bestickt, betresst und beschnörkelt und mit so vielen Borten über den Stickereien und mit so vielen Tressen über den Schnörkeln besetzt, dass ich aussah wie ein vergoldeter Kelch und so schwer wog wie ein ganzer Laden voller Tafelsilber, weshalb ich schon vor dem Singen völlig durchgeschwitzt war.« Filippo ist jedoch so stolz auf seine prunkvolle Ausstattung, dass er ihr Gewicht beinahe vergisst. »Angetan mit diesem Rock betrachtete ich die Musiker um mich her wie ebenso viele kleine Nichtigkeiten, und ich war mir sicher, dass der große Siface oder Ciecolino, und all die anderen, deren Namen unsterblich sein würden, im Vergleich zu mir nur Radieschen seien; denn wenn jemand ein solches Gewand trägt, muss er doch unweigerlich singen wie ein Engel.« Sein Selbstbewusstsein kommt dem Debütanten sehr zustatten. Filippos Vortrag ist exzellent, der Kaiser applaudiert.

Darjas Schwangerschaft verläuft nicht problemlos. Lange vor dem Geburtstermin setzen die Wehen ein, sie braucht medizinische Hilfe. Der Hausarzt aus Moskau kennt sich in diesem Fachgebiet nicht aus, deshalb wird ein Wiener Spezialist hinzugezogen. Trotz aller Bemühungen fürchtet man um Mutter und Kind, Filippo liegt tagelang im Stefansdom auf den Knien und betet. Abends steht er neben Madamas Bett und versucht in ihrer reglosen Miene zu lesen, wie es um sie steht. Endlich bringt Darja ein gesundes Mädchen zur Welt. Man tauft es auf den Namen Irina. Filippo ist außer sich vor Freude, er jubelt und schreit, küsst Darjas Leintücher, »und es hätte nicht viel gefehlt, ich wäre drei- oder viermal über ihr Bett gesprungen, von einer

Seitenwand zur anderen«. Die Fürstin lächelt. Sie ist erleichtert, aber konvertieren will sie noch immer nicht. »Du bist mir ein feiner Heiliger«, sagt sie zu Filippo, »du mit deinen Liebeleien, deiner Gefräßigkeit und deinem losen Mundwerk!« Dann bestellt sie eine Sänfte und lässt sich in den Stefansdom tragen, um der Muttergottes für die glückliche Entbindung zu danken.

Darja Golizyna mag unbelehrbar sein; dennoch sind Filippos Gebete nicht in den Wind gesprochen. Viele Jahre später, sie ist längst mit einem Fürsten Dolgorukij verheiratet, wird Darjas Tochter Irina zu jedermanns Entsetzen in Moskau zum römisch-katholischen Glauben übertreten. Ein verspätetes Wunder der Maria Pötsch? Filippo hat die Geschichte von Irinas Seelenrettung leider wohl nie erfahren.

Vater Sergej wird der Aufenthalt in Wien nicht leicht gemacht. Nicht nur, dass Fürstin Darja mit papistischem Teufelszeug liebäugelt und der *busurman* Filippo ständig freche Bemerkungen macht. Zu Sergejs Entsetzen entdecken die Golizyns auch noch ihre Leidenschaft für das Theater. Filippo hat schon in Moskau so viel von der Commedia dell'Arte geschwärmt, dass Madama nun die Gelegenheit nutzen möchte, dieses sittenlose Vergnügen mit eigenen Augen zu sehen. Sie zieht ein Leibchen an, drapiert den Mantel geschickt darüber, dass es aussieht, als trüge sie ein Mieder, dann nimmt sie ihren Mann und ihren Sopranisten und geht mit ihnen in die Komödie. Sie sehen die Vorstellung einer italienischen Truppe, die mit wechselndem Programm die ganze Saison über in Wien gastiert. Spielort wird wahrscheinlich das Ballhaus in der Himmelpfortgasse gewesen sein, in dem immer wieder italienische Gastspiele stattfanden. Darja versteht kein Wort, aber sie ist begeistert. Später weigert sich der Pope das Tischgebet zu sprechen und murmelt Verwünschungen, die Fürstin kennt den ganzen Abend kein anderes Thema als den Arlecchino, und sie gibt bekannt, in Zukunft keine Aufführung versäumen zu wollen.

Das Gemaule des Popen zerrt derartig an Filippos Nerven, dass er Darja ein Angebot macht: Er wette fünfzig Taler, dass es ihm gelingt, Vater Sergej selbst in die Komödie zu locken. Die Fürstin schüttelt den Kopf. Man wettet doch nicht um einen Popen! Dann bietet sie Filippo den doppelten Einsatz als Gegenwette. Filippo mobilisiert all seine rhetorischen Fertigkeiten. Er erzählt, welch erhebendes Schauspiel als Nächstes auf dem Programm stehe: die Geschichte von Judith und Holofernes, das frömmste Theaterstück der Welt. Eine Klosterschwester könne es sehen, ohne zu erröten. Es sei lehrreicher und nützlicher für die Seele als eine erstklassige Predigt. Filippo redet und redet, Fürst Golizyn unterstützt ihn, und nach langem Hin und Her gelingt es in der Tat, den Popen zu überzeugen. Vater Sergej begleitet die Herrschaften ins Theater.

»Schon als sich der Vorhang über der hell beleuchteten Bühne hob, blieb dem Popen der Mund offen stehen, und als er dann die Szenenwechsel, die heroischen Gewänder, die Bühneneffekte und schließlich die Judith sah, erstarrte er völlig zu Eis, bis ihm der Speichel aus dem Mund tropfte und er ständig seinen dicken Bart putzen musste. Als er sah, wie man Holofernes den Kopf abschlug, schrie er auf, ›oh, ihr Elenden, was tut ihr denn da?‹, denn es war so natürlich in Szene gesetzt, dass er dachte, es geschehe wirklich.« Als der Vorhang fällt, ist Sergej so außer sich, dass er nur auf gutes Zureden die Loge wieder verlässt. Filippo gewinnt hundert Taler.

Der Pope möchte jetzt jeden Abend in die Komödie, und zwar nicht nur in die biblischen Schauspiele. Ein Stück namens »Le Astuzie di Coviello« (»Die Gerissenheit des Coviello«), in der ein einziger Schauspieler zehn Rollen spielt, stürzt Sergej in eine solche Verwirrung, dass Darja mehr über ihren eigenen Popen lacht als über Harlekin auf der Bühne. Wieder bekommt Vater Sergej fast eine Maulsperre, wieder »fällt der Tau aufs Gestrüpp«, und beim Auftritt der Rosettina wird sein Bart so nass, dass er bis zum Ende der Vorstellung nicht mehr trocknet. »Gott gab dem Menschen viele Talente, seine Gnade ist groß«, stammelt der Pope, und er schwört, fortan jeden Abend ins Theater zu gehen.

Darja Golizyna zieht es jedoch vor, sich für Sergejs Schimpftiraden zu rächen. Sie verbietet ihm die Komödie, mit Ausnahme der geistlichen Schauspiele, denn Maskeraden schicken sich nicht für einen Geistlichen. Filippo macht sich einen Spaß daraus, dem neidischen Popen unentwegt von neuen Wundern der Bühne vorzuschwärmen, wobei er heillos übertreibt. Ein echter Zwölfspänner sei durch die Kulissen gefahren, eine Frau habe auf offener Bühne vierundzwanzig Knaben zur Welt gebracht, welche sofort gestiefelt und gespornt eine Schlacht geschlagen hätten, mit Kriegsschiffen im Hintergrund, bestückt mit genau vierhundertsiebenundfünfzig Kanonen.

Eines Abends gehen die Italiener dann aber zu weit. Arlecchino küsst Colombines Dekolleté und macht dazu eine Bewegung, als sei er ein Hund, der das Bein hebt. Dadurch hat er es sich mit Darja Golizyna verscherzt. Sie lehnt sich empört in ihrer Loge zurück und blickt nicht mehr auf die Bühne, was auch immer die Unholde dort anstellen mögen. »Dies war das letzte Mal«, erklärt sie knapp, als die Vorstellung zu Ende ist, und dabei bleibt es. Filippo wird verwundert Zeuge, wie der Pope Darja zum Theaterbesuch überreden will, und Darja ihn empört zurechtweist, die Komödie sei ein Werk des Teufels. Kaiser Leopold hatte wohl schon einen Grund, als er 1703 in die Spielbewilligung für eine italienische Wandertruppe die Klausel aufnehmen ließ, »daß kheine Obscoena untermenget werden und auch sonsten alles mit gezimmenter Ehrbarkeit geschehe«.

Anfang 1703 kommt der schicksalhafte Augenblick: Filippo muss Wien verlassen. Ein Brief von Cosimo de' Medici, ein Brief von Messer Balatri – der Sänger sei nun genügend ausgebildet, er solle auf der Stelle nach Hause zurückkehren.

Ich les den Brief. Vom Fuße bis zum Scheitel
spür ich den Eisstrom durch mein Leben fließen,
ein solcher Kummer macht die Tränen eitel,
ich stehe stumm und kann sie nicht vergießen.

Gedanken kommen: Von Verlassenwerden,
von Niemalswiedersehn und Weitdavon,
und dass sie ihre Seligkeit gefährden,
die Russen mit der falschen Religion.

»Addio, Vater, du warst gut zu mir,
addio, Herr...« – nein, weiter komm ich nicht,
weil ich im Halse einen Knoten spür'
und mir vor Zittern meine Stimme bricht.

Der Abschied fällt schwer. Die Golizyns werden noch eine Weile in Wien bleiben. Das Abberufungsschreiben für Peter datiert vom 30. November 1704, abgereist ist die Gesandtschaft Anfang 1705. Natürlich hat Filippo seine Tränen bald wieder gefunden. Er weint so hemmungslos, dass Darja, die solche Ausbrüche verabscheut, zunächst nur gute Reise wünscht und das Haus verlässt. Später, nachdem sich Filippo halbwegs gefasst hat, unterhält sie sich lange mit ihm. Sie weiß, dass der junge Mann ein Leben vor sich hat, das ihn immer wieder auf die Probe stellen wird, und es scheint fast, als wolle sie ihm nun alle guten Ratschläge auf einmal geben, damit er für die kommenden Jahrzehnte aus ihrem Vorrat schöpfen kann. Sie warnt ihn vor den Gefahren der Welt und vor allem noch ein letztes Mal vor den Frauen. »Geh mit den Weibern um wie mit Panthern«, sagt Darja, »bewundere ihr schönes Fell, bewundere den Körperbau, die eleganten Bewegungen des Raubtiers – aber halte Abstand, die Bestie ist mörderisch. Eine Frau, die behauptet, dich zu lieben, ist keine gute Frau. Sie wird dich wie eine Blume pflücken und an dir schnuppern, bis du den Kopf hängen lässt, schließlich landest du auf dem Mist und hast dir mit einem einzigen Augenblick irdischen Genusses Millionen Jahre Höllenfeuer eingehandelt. In deinen Adern fließt Blut, kein Kwass: Es wird schwer für dich sein, aber flieh, flieh die Bagatellen, flieh die Verlockungen, flieh die so genannte Liebe.«

Filippo hat Mühe, der Fürstin zu folgen. Er stammelt »Mutter, liebste Mutter«, mehr bringt er nicht heraus. Darja steckt ihm einen Ring an den Finger. Er soll ihn immer an sie erinnern und ihn zur Ordnung rufen, wenn er in Versuchung kommt. Filippo weint tagelang. Bald ist der ganze Haushalt in Tränen aufgelöst, die Mädchen, die Diener, die zickige Johanna, selbst der Pope und die Witwen schluchzen, als verlören sie ihren eigenen Sohn. Nur Darjas Augen bleiben trocken, zumindest in Filippos Gegenwart. Wenn sie von ihren einsamen Ausflügen in den Prater zurückkehrt, rümpft sie die Nase über den Aufruhr in ihrem

Haus. Peter Golizyn überreicht seinem Schützling eine Geldbörse für den Vater, ein Geschenk des Zaren. Auch er spart nicht mit Ratschlägen: Filippo solle sein Geld zusammenhalten, Schmeichlern und Heuchlern misstrauen, Entscheidungen mit dem Kopf treffen und nicht mit dem Bauch. Filippo versucht mit dem Fürstenpaar zu scherzen, er singt viele Abschiedsarien, zwitschert die süßen Triller nach Gaetano Orsinis Methode, und singt auch wieder das russische Lied von der Elster mit dem weißen Bauch, die nicht tanzen darf.

Die Koffer sind längst gepackt. Eines Morgens hört Filippo im Stefansdom die Messe und wundert sich, als ihn ein Diener der Golizyns mit der Kutsche abholt. Das Haus ist kaum hundert Schritt entfernt – warum der Wagen? Befehl von oben, lautet die Auskunft. Filippo steigt ein. Als die Kutsche stadtauswärts fährt, begreift er. Er schreit und weint, aber der verschlafene Lakai bleibt davon ungerührt. Filippo kann so viel zetern wie er will, die Fahrt geht ungehindert zur Favorita, wo an der Poststation bereits sein Gepäck auf ihn wartet. Madama hat ihrem Filippuschka – und vielleicht auch sich selbst – den allerletzten Abschied erspart.

Ich schreie, was das Zeug hält, doch es glückt
mir nicht, dass er den Wagen wenden lässt.
Der blöde Diener ist halb eingenickt,
er lässt mich schreien und ich sitze fest.

Da ist die Post. Er gibt mir einen Stoß,
schon bin ich drinnen, ohne Abschiedsfeier,
»Addio«, sagt er, ich entgegne bloß:
»Geh schlafen, Mann, und zuckre dir die
Ei…ngeweide.«

Filippo weint und weint, doch irgendwann sind auch diese Tränen getrocknet. Die Postkutsche überquert die Alpen und erreicht Venedig. Filippo quartiert sich zunächst im Hotel ein, aber bald erscheint dort ein einheimischer Kaufmann, der Filippos Rechnungen begleicht und ihn mit in sein Haus nimmt. Peter Golizyn hat das von Wien aus organisiert, ein neuer Anlass, vor Rührung, Dankbarkeit und Abschiedsschmerz in Verzweiflung zu versinken. Filippo tut, was er immer tut, um sich zu trösten oder zur Ordnung zu rufen: Er greift zur Feder. Das Tagebuch, dann ein Brief an den Fürsten, lang wie ein kleiner Roman, dazu ein russisches Postskript für Madama – das Schreiben hilft ihm, seine Fassung wieder zu finden.

Wenige Tage später ist Filippo schon in Florenz. Er beantragt Audienz bei Cosimo de' Medici und muss warten. Verwöhnt vom Zaren – dort brauchte er nur an die Tür zu klopfen, wenn er ihn sprechen wollte –, fühlt sich der Heimgekehrte sofort schlecht behandelt. Florenz ist ihm fremd geworden. Cosimo de' Medici hat er noch nie gemocht. Endlich geruht der »alte Heilige« den Weltreisenden zu empfangen. Filippo überreicht Briefe, vom Zaren und von Peter Golizyn. Er berichtet von seinen Erlebnissen, und Cosimo de' Medici ist von den Anekdoten so angetan, dass er Filippo für den Sommer in die Villa Ambrogiana einlädt. Als die Kavaliere am großherzoglichen Hof sehen, wie sehr der Sänger in Gnade steht, heften sie sich an seine Fersen, überschütten ihn mit Fragen und Komplimenten. Filippo wird ihrer schnell leid. Nicht nur, dass sie ihre unsinnigen Vorurteile über Russland ausbreiten, sie werden auch sofort privat: Oh, wie sind Sie hübsch geworden, Signor Filippo! Haben Sie viel Schaden angerichtet in Liebesdingen? Haben Sie bezaubert? Haben Sie gar getötet, mit einem süßen Blick? Eingedenk der Ratschläge von Peter Golizyn reagiert Filippo nicht besonders freundlich auf die Lobhudelei. Bald haben die Höflinge genug davon, sie ziehen die Brauen hoch, tuscheln hinter Filippos Rücken und machen freche Bemerkungen. »Da hatte sich das Gold also prompt in Scheiße verwandelt«, seufzt der Autobiograph. Er begleicht seine Hotelrechnung und steigt in die Post Montelungo–Pisa.

Filippos Kutsche folgt dem Arno. Man schreibt das Jahr 1703, Filippo ist vor kurzem einundzwanzig geworden. Noch einmal hat er Zeit, seine Ermahnungen herzubeten, den Reiseschleier überm Gesicht, Darjas Ring fest am Finger. »Nimm dich zusammen, Sior Filippuschka! Das Theater ist geschlossen, die Lichter erloschen, der Traum ist aus, wach auf und übe dich in Bescheidenheit!« Der Anblick von Pisa übertrifft dann aber doch seine schlimmsten Erwartungen. Eine entvölkerte Stadt. Ist die große Pest von 1630 zurückgekommen? Der Reisende will schon anfangen, um seine Gesundheit zu fürchten, aber dann versteht er: Keine Epidemie hat hier die Passanten dezimiert, sondern die Pest namens Provinz. Filippo atmet tief durch und nennt dem Postillon die Adresse seiner Eltern, fest gewillt, sich zu freuen, was auch immer da kommen mag.

Alles ist beim Alten im Hause Balatri an der Piazza dei Cavalieri. Großbürgerliche Räumlichkeiten und eine kleinbürgerliche Wirtschaft. Bekannte Gesichter. Der schmuddelige Kammerdiener mit seiner Schnapsfahne, Magd Lucrezia in einer Wolke aus Frittierfett, sogar die alte Amme ist noch da, sie wirft sich dem Heimgekehrten laut heulend in die Arme und sticht ihm dabei mit dem Spinnrocken fast ein Auge aus. Vater und Mutter sind auch zu Hause, fremde Leute, die es zu lieben gilt, weil man nun einmal ihr Sohn ist.

Das Willkommen wird nach Vorschrift erledigt, tränenreich bei der Mutter, formell beim gichtbrüchigen Herrn Papa, Filippo empfängt kniend den väterlichen Segen und überreicht die Geldbörse des Zaren. Auch Ferrante, der große Bruder, fällt Filippo um den Hals. Wenig später schielt er schon nach seinem Koffer, nach Geschenken.

Irgendetwas ist im Argen mit Ferrante Balatri. Ein Nesthocker, unverheiratet, nicht gerade von Ehrgeiz geplagt. Hat Ferrante die geistlichen Weihen und nur nicht die passende Stelle dazu? Man weiß es nicht. Vielleicht schrieb es Filippo in den siebenten Band von »Vita e Viaggi«, der verloren ging. Ferrante arbeitet für einen Notar, ohne dort viel zu verdienen, und auch nur dank Vaters gutem Ruf beim Großherzog. Ein wenig von Musik versteht Ferrante ebenfalls, er hat einen angenehmen Tenor, aber wer braucht schon Tenöre? Filippo wird sich ein Leben lang um seinen großen Bruder kümmern müssen, und er wird lernen, ihn trotzdem, oder gerade deshalb, von Herzen zu lieben. Zunächst muss der Heimgekehrte aber einen Kulturschock überwinden, und das wird ihm nicht leicht gemacht.

Fern ist der Zarenhof, fern der Palazzo Golizyn mit Madama und ihren Jungfern in den Maroquin-Pantöffelchen. Dies hier ist Pisa, und Familie Balatri spart an allem: am Licht, am Personal, am Essen. Zum Frühstück trinkt man Brühe von gestern, in den Eiern lauern schon die Küken, und wenn man frisches Obst möchte, kostet das extra. Nicht einmal ein Kartenspiel gibt es in diesem Haushalt, vielleicht aus Sparsamkeit, vielleicht aus Gottesfurcht. Kaum ist der verlorene Sohn zu Hause eingetroffen, lädt die Mutter Gäste ein, zwei redselige Freundinnen mit ihren schweigsamen und recht betagten Gatten. Schreckliche Weiber! Nie ein Buch gelesen, Pisas Stadtmauern nie von außen

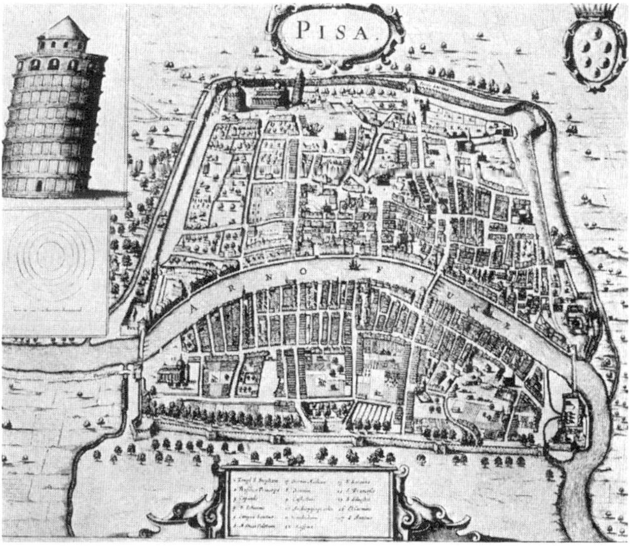

»Nichts als ein schiefer Turm«: Touristenkarte von Pisa, 18. Jh.

gesehen, und dann plappern ohne Luft zu holen, und fragen, fragen, fragen. Ist die Zarin hübsch? Ist der Zar ein Stefansritter? Gibt es in Russland auch Glocken? Auch Bettler? Auch Flöhe? Können die Russen Suppe kochen? Müssen sie manchmal furzen? Schließlich mischt sich auch noch die alte Amme ein und erkundigt sich standhaft nach Frau Moskwas Kopfputz und Oberweite. Irgendwann läuten die Morgenglocken. Man bekreuzigt sich. Die Gäste gehen. Filippo darf ins Bett.

Außer einem schiefen Turm, einem einzigen Kaffeehaus für den Tratsch über die Nachbarn und genügend Kirchen, um alle Sünden der Welt wegzubeten, hat Pisa nichts Unterhaltsames zu bieten. Filippo versucht sich zwar einzureden, ein solches Dasein sei nur gut für sein Seelenheil, aber es gelingt ihm nicht. Er singt Solfeggien, er hört die Messe, er liest ein Buch nach dem anderen, er bestickt ellenweise Stoff mit den Ornamenten aus dem geliebten Moskowiterland, aber allmählich packt ihn die schwarze Melancholie. Zumal die Stimmung im väterlichen Haus nicht die beste ist. Die Bediensteten jammern über ihren schlechten Lohn, Ferrante jammert über sein langweiliges Leben, und Vater predigt penetrant die Demut und das bürgerliche Wohlbetragen. Er lässt seinen Sohn nicht auf die Straße, bevor er nicht völlig neu eingekleidet ist. Glaubst du, du kannst hier herumlaufen wie der Herr Graf persönlich? Was sollen denn die Nachbarn denken? Filippo gehorcht natürlich – schließlich ist der Hochmut die erste Todsünde –, aber die Laune verdirbt es ihm trotzdem. Nach einem Monat in Pisa gewinnt die Langeweile die Oberhand über alle guten Vorsätze, Filippo sitzt am Stickrahmen, starrt in die Luft und träumt, wieder einmal, von der Liebe.

Es reicht nicht, wenn sie schön und fein und reich ist
und wie gedrechselt; nein, ich muss mir suchen
ein Mädchen, dessen Sinn dem meinen gleich ist,
denn andernfalls: Addio Eierkuchen!

Sie soll ganz still und heimlich nach mir schmachten,
verborgen sei die Liebe. Sie soll witzeln,
wenn ich es tue, doch nicht danach trachten,
den bösen Adam aus mir rauszukitzeln.

Sie zügle mich durch ihre Sittsamkeit,
wenn Satan mich zu Unfug inspiriert,
sie jage mich zum Teufel, wenn zu weit
mein allzu munteres Gerede führt.

Wo ist diese Traumfrau zu finden? Als er ihr tatsächlich begegnet, könnte es passender nicht sein: Filippo verliebt sich in eine Nonne.

Er verschweigt ihren Namen. Auch wissen wir nicht, ob sie Pensionärin ist oder Braut Christi auf Lebenszeit. Ein Bekannter, der die Musik liebt, hat Filippo von den öffentlichen Konzerten im Konvent San Rocco erzählt, und nimmt ihn dorthin mit, damit er selbst ein paar Arien zum Besten gibt. Erst singen die Schwestern, dann singt Filippo, Sopran unter Sopranen, nur eben ein Mann, oder so etwas Ähnliches. Er gefällt. Ihm gefällt seinerseits eine junge Nonne. Ein Blickwechsel, die Sympathie beruht auf Gegenseitigkeit. Wenig später macht Filippo seine Aufwartung im Sprechzimmer, und bald kommt er jeden Tag, mit »juckendem Herzen und juckenden Gedanken«. Einen kurzen glücklichen Moment lang ist er der Überzeugung, seine Höllenfurcht würde ihm diesmal keinen Strich durch die Rechnung machen.

Eins ist: zu einer Frau sich zu begeben,
die schon die böse Welt verdorben hat.
Das andre: sitzen hinter Gitterstäben,
geschützt und sittsam, jeder separat.

Die Sprechzimmer der italienischen Nonnenklöster sind eine angenehme Einrichtung. Man plaudert, man trinkt Schokolade und Likör, und die Gitter zwischen den Mädchen und ihren Besuchern sind oft so hübsch verziert, dass sie nicht einmal von ferne an ein Gefängnis erinnern. Auf dem berühmten Gemälde von Francesco Guardi ist die tändelnde und unschuldig unheilige Stimmung dieser Besuchszimmer sehr anschaulich dargestellt, und auch in Casanovas Memoiren sind sie wiederholt beschrieben – nur geht die Geschichte dort meistens anders aus. »Allzu munteres Gerede«: Das ist das Einzige, was sich Filippo und sein »Juwel« erlauben.

Den aufmerksamen Blicken der Nachbarn bleibt jedoch nichts verborgen. Überliefert ist der Brief eines Signor Antinori an Messer Balatri, in welchem Filippos Vater darauf hingewiesen wird, dass sein Sohn mit einer Bewohnerin von San Rocco angebändelt habe; dieser Unfug sei zu unterbinden, »bevor die Obrigkeit davon erfährt«. Es bedarf allerdings keiner Denunzianten, um Filippo den Spaß zu verderben. Sein Glück dauert zwei Monate, dann holt ihn das schlechte Gewissen ein, abrupt diesmal, fast wie eine Halluzination. Eine Stimme ruft aus dem Himmel, Gott persönlich, und durchaus kein lieber Gott. Wie kannst du es wagen? Eine Nonne! Filippo flieht in die Kirche und fällt dem Beichtvater zu Füßen, als leckte das Höllenfeuer schon an seinen Rockschößen.

Die Sünde ist lässlich. Eine Novene zu Ehren der Maria Immacolata, Beichte, Gebet und nochmals Beichte, dann wird Gott den Fehltritt verzeihen. Filippo meldet sich krank bei der Konzertmeisterin des Konvents, er singt dort nicht mehr und kommt auch nicht mehr zu Besuch. Als seine Freundin einen empörten Brief schreibt, erhält sie eine klare Antwort: »Kurz sind unsere Tage, ich denke an den Tod.« Filippo verbringt seine Zeit mit Gott, tagaus, tagein, ein Büßer ohne Sünde. Die Nachbarn machen sich lustig. Was fehlt dem Herrn Castrato? Wartet er auf seine Heiligsprechung? Will er dem bigotten Großherzog gefallen? Filippo lässt sich nicht beirren. Er betet Rosenkranz um Rosenkranz gegen die Angst, dazwischen gräbt er den mütterlichen Gemüsegarten um, und wenn er über den Zaun schaut, ist dahinter gleich die Kirche San Sisto.

Die Tragödie von der namenlosen Nonne ist die letzte Liebesgeschichte, die Balatri in seinen Memoiren

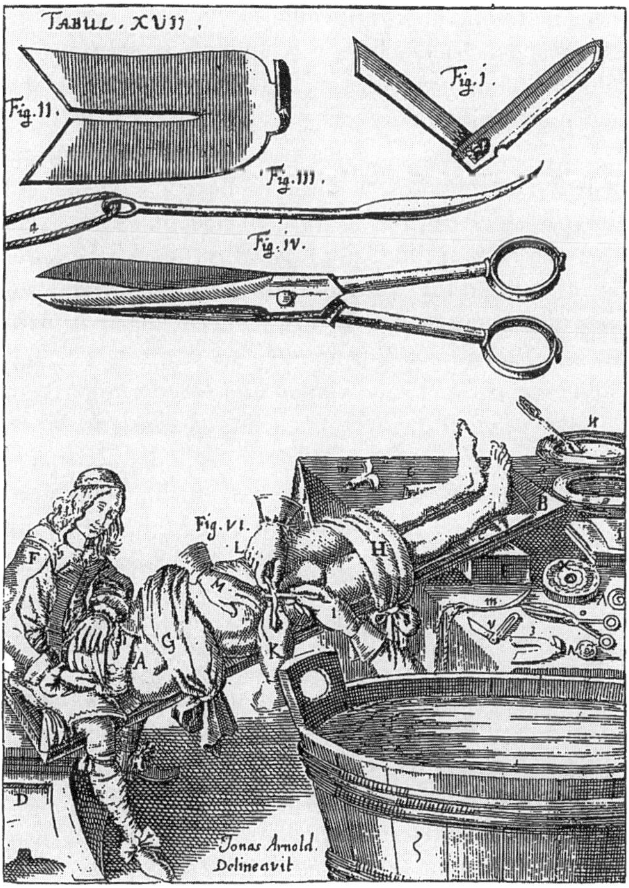

»Die Kastrierung oder Hoden-außschneidung«, 1666

erwähnt. Dies bedeutet jedoch nicht, dass er sich zu solchen verbotenen Gefühlen nie mehr hinreißen ließ. »Wenn ich alle Frauen, die ich in meinem Leben begehrt habe, mit nach Hause genommen hätte«, schreibt er, »so hätte ich einen Palast für sie bauen müssen, größer als die Stadt Kairo.« Und er spricht hier nicht von keuscher Sympathie. Auch wenn er solche Freuden vielleicht nur vom Hörensagen kennt, Filippo Balatri weiß genau, was er sich wünscht und sich nicht wünschen darf.

Die Befähigung der Kastraten zur körperlichen Liebe ist bis heute und war schon im Barock eine viel und gern diskutierte Frage. Von einem entschlossenen Nein über die Behauptung, die Kastration im Knabenalter beeinträchtige die Manneskraft in keiner Weise, reichen die Theorien bis zu der merkwürdigen Annahme, die Potenz von Entmannten sei von schier Schrecken erregender Kraft, Dauer und Wiederholbarkeit. Die Betroffenen meldeten sich hierzu kaum zu Wort, ebenso wenig wie ihre Partnerinnen oder Partner – zumindest sind ihre Bekenntnisse nicht überliefert. Vermutlich hatte die Operation von Mann zu Mann verschiedene Auswirkungen. Die Gleichung Kastration–Impotenz ist sicherlich ebenso falsch wie die Hoffnung, dass die Entfernung der Hoden keinerlei Einfluss auf die sexuelle Leistungsfähigkeit hat: Viele stimmbegabte Knaben wurden mit diesem Versprechen zum Stillhalten bewogen.

Natürlich hat die Liebeskunst viele Facetten, und gerade das 18. Jahrhundert ist hier bekannt für seine Phantasie. Nicht einmal bei dem wilden Caffarelli, dessen Qualitäten als *latin lover* in ganz Europa berühmt und berüchtigt waren, lässt sich von seinem unkeuschen Lebenswandel auf die Funktionsfähigkeit seiner Genitalien schließen. Und wenn die tapfere junge Sächsin, die 1685 den Kastraten Bartolomeo de Sorlisi heiratete, in dem folgenden Skandalprozess immer wieder aussagte, ihr Mann »könne ihr sattsame Satisfaction leisten«, so weiß man noch lange nicht, was Frau de Sorlisi glücklich machte.

Da die Stichprobe fehlt, sind wissenschaftliche

Untersuchungen über dieses Thema heute nicht mehr möglich. Wo es noch Eunuchen gibt, sind sie – anders als die Sänger – meistens »schwarz kastriert«, das heißt Hoden und Penis amputiert. Seit dem Tod von Professor Alessandro Moreschi (1858–1922), dem letzten Sopranisten des päpstlichen Chores in Rom, sind die Sängerkastraten ausgestorben. Trotz der guten Quellenlage wird man sich damit abfinden müssen, dass sie wesentliche Geheimnisse mit ins Grab nahmen. Man wird nie wissen, wie ihre Stimmen klangen, und man wird auch vergebens rätseln, was sie taten oder nicht taten, um ihren Geliebten »Satisfaction zu leisten«. Die abscheulichen Wachswalzen-Aufnahmen, die von Alessandro Moreschis Gesang überliefert sind, können daran ebenso wenig ändern wie das Geschwätz sächsischer Sachverständiger über die Privatangelegenheiten des Ehepaares de Sorlisi.

Auch Filippos Stimme werden wir nie hören können. In Hinsicht auf seine Manneskraft wird unsere Neugier jedoch befriedigt. Wie in so manch anderem ist Balatri auch hier ein Einzelfall, denn kein anderer Kastrat hat sich schriftlich zu diesem Thema geäußert. In der Reimfassung der Memoiren hält es Filippo knapp: »Questo non posso« (»das kann ich nicht«). Ausführlicher wird er in »Vita e Viaggi«, wo er in einem fiktiven Gespräch mit seinem Beichtvater auf die Frage, ob er je im Konkubinat gelebt habe, folgende Antwort gibt: »Oh, lieber Freund, da haben Sie mich auf ein schönes Thema gebracht. Ich bitte Sie, mit Verlaub, hier nicht herumzustochern, wenn Sie nicht all mein Elend erfahren wollen. Ich sage Ihnen ehrlich: Wenn ich ein Mann wäre, ein richtiger Mann – ich hätte viele Geliebte gehabt! Aber man hat ja, dank der Gnade des Herrn, diesen Hund rechtzeitig an die Kette gelegt. Bellen kann ich wohl, beißen aber nicht.«

VII

Im Sommer 1703 wird Filippo in die Villa Ambrogiana zitiert. Der Großherzog verlangt nach Geschichten über Russen und Kalmücken. Als er diese Aufgabe erledigt hat, kehrt der Sänger zurück nach Pisa. Zweihundert Scudi jährlich hat ihm Cosimo de' Medici als Pension ausgesetzt. Filippo weiß, dass das knauserig ist, und redet sich ein, ihm widerfahre große Gnade. Er kennt Cosimo. Die weltliche Musik ist ihm zuwider. Ein einziges Mal hat der Großherzog seinem Sohn zuliebe eine Oper besucht, nicht ohne ständig zu fragen, wann das unheilige Elend endlich überstanden sei, und nicht ohne die Augen zuzukneifen, sobald eine Frau die Bühne betrat. »Der Großherzog hätte lieber einer Grille, die ihn in Schlaf singt, ein Blatt Salat zugesteckt als auch nur einen Heller für Sifaces schönste Arie auszugeben. Er war ein Mann von frommem Lebenswandel und strengen Sitten und legte keinen gesteigerten Wert darauf, dass sein Hauskapaun fett wurde.« Filippos Platz ist in der Kirche des Stefansordens. Ob seine geläufige Kehle dort einrostet, interessiert Cosimo nicht, Hauptsache, der Gesang dient dem Herrn.

Filippo wohnt bei den Eltern. Vater hat Podagra. Mutter schweigt. Ferrante jammert. Magd Lucrezia scheucht täglich zwanzigmal die Katze aus dem Ofen.

Die Villa Ambrogiana

Längst eingemottet ist das Galagewand aus dem Stoff des Khans, die Jahre gehen ins Land, Filippo betet, stickt, liest und wartet auf das Paradies.

In den Memoiren – wobei man sich hier auf »Frutti del Mondo« verlassen muss, denn der entsprechende Band von »Vita e Viaggi« ist verloren – klingt es fast so, als habe Filippo vergessen, dass er ein Sänger ist. In den Akten des Stefansordens, die heute noch in Pisa verwahrt werden, wird er ab 1703 als Sopranist der Chiesa dei Cavalieri geführt. Ob dies eine ernst zu nehmende Beschäftigung für einen Virtuosen von Rang und Namen ist, darf bezweifelt werden, zumal auch Bruder Ferrante als Tenor auf der Liste steht, ohne dass er ein professioneller Sänger wäre.

Als Filippos klösterliches Leben in Pisa eines Tages ein jähes Ende findet, geht es ebenfalls nicht um Musik. 1711 ruft der Großherzog Filippo nach Florenz. Ein russischer Gesandter ist angekommen, und da niemand ihn versteht, wird ein Dolmetscher gebraucht, und zwar sofort. Filippo bleibt fast das Herz stehen, als er diese Nachricht erhält. Die Eltern, der Bruder, der Gemüsegarten sind vergessen, vielleicht sogar einen Augenblick lang die Maria Immacolata – gegen alle Wahrscheinlichkeit glaubt Filippo, der Gesandte müsse Fürst Golizyn sein, zurückgekehrt nach Italien zu seinem verlassenen Filippuschka. Es ist dann leider doch nicht Golizyn, sondern ein Naryschkin, ein Verwandter des Zaren. Doch auch darüber ist Filippo so glücklich, als dürfe er nach dem Pisaner Exil endlich wieder nach Hause in seine alte Heimat Moskau.

Fürst Naryschkin wird mit seiner Entourage im Palazzo Strozzi einquartiert. Filippos Aufgabe stellt sich als ebenso zeitaufwendig wie verantwortungsvoll heraus. Ohne seine Hilfe können die Moskowiter und ihre italienischen Gastgeber einander nur wortlos anstarren – das behauptet zumindest Filippo. Ein paar Zweifel sind hier wahrscheinlich angebracht. Selbst wenn der Zar Filippo ausdrücklich empfohlen hätte, wäre es doch recht unwahrscheinlich, dass eine derart illustre Gesandtschaft ohne jede Sprachkenntnis auf gut Glück nach Italien reist und sich dort bei allen Verhandlungen treuherzig in die Hände eines russisch sprechenden Sopranisten gibt. Zumal Filippo Balatri die Aufgabe eines Dolmetschers verdächtig weit fasst. Cosimo de' Medici ist zimperlich, Naryschkin ist ein Hitzkopf, also übersetzt er sicherheitshalber alles ein wenig »verdünnt«. Auch schriftlich – Filippo scheint die gesamte Korrespondenz zu erledigen – erlaubt er sich gelegentliche Freiheiten. Wer verbietet ihm, hier und da ein paar schöne Worte über Peter Golizyn einzuflechten, die in der Originalsprache fehlen? Es ist alles gut gemeint, aber Filippo genießt doch auch das Gefühl, die Macht ausnahmsweise auf seiner Seite zu wissen.

Er verbringt anscheinend fast ein ganzes Jahr an

Naryschkins Seite. Sie freunden sich gut an, der Moskowiter mit dem heißen Kopf und der Pisaner mit der großen Klappe; und jeder, vom Fürsten bis zum Pferdeknecht, bedient sich Tag und Nacht Filippos russisch-italienischer »Posaune«. Er kommt nicht zum Schlafen und nicht zum Beten, er fürchtet um seine Seele und um seinen wertvollen Kehlkopf, aber er scheint diese Zeit trotzdem sehr zu genießen. Nachdem er sich sieben Monate mit Wirtschaft und Politik beschäftigt hat, will Naryschkin das Land sehen. Der Gesandte wird zum Touristen und Filippo zu seinem Cicerone. Auf der Durchreise nach Livorno quartiert er seinen hohen Gast nach einigen Ziererereien sogar im eigenen Haus in Pisa ein. Filippo erzählt keine Einzelheiten über diesen Besuch, aber man kann doch annehmen, dass ihm die Predigten des Vaters über bürgerliche Bescheidenheit dieses Mal erspart geblieben sind. Filippo lebt mit Naryschkin beinahe wie damals in Moskau, eine ehrenvolle, glanzvolle, anstrengende Zeit. Er macht hier auch die Bekanntschaft eines jungen deutschen Grafen, Johann Philipp Franz von Schönborn. Dieser ist Domprobst von Würzburg, was sich aus seinem Benehmen allerdings nicht unbedingt erschließen lässt, denn er jagt und tanzt mit Begeisterung und ist eine ebensolche Plaudertasche wie Fürst Naryschkin oder Filippo Balatri.

Plötzlich ist das wilde Leben vorbei. Naryschkin ist fort, Schönborn reist weiter nach Rom, und Filippo will schon anfangen, sich wieder einmal die Pisaner Fadesse schönzureden, als Cosimo seinem Sänger eine neue Sonderaufgabe zuteilt. Und diese ist nun wirklich eine Zumutung.

Es geht um ein Gastgeschenk, das Fürst Naryschkin mitgebracht hat, eine jener Aufmerksamkeiten des Zaren für Cosimo: zwei elfjährige Kalmückenknaben, lebendig, für das Florentiner Kuriositätenkabinett. Was aus den anderen Kalmücken geworden ist, die kurz vor Filippos Abreise aus Moskau auf ihre Verschickung nach Italien warteten, weiß man nicht. Auch über den Verbleib des traurigen jungen Samojeden schweigt sich der Chronist aus.

Während Cosimo für die Musik keinen Heller ausgeben will, scheut er für seine Menagerie keine Kosten. Sie scheint fast das einzige irdische Vergnügen zu sein, das sich der heilige Großherzog gönnt: »Bei Tisch eine Vielfalt verschiedener Gesichter zu betrachten, junge Barbaren, als da sind Mohren, Tataren, Inder, Kalmücken, Kosaken, Tscherkessen und Türken.« Der Neuzugang für diese Völkerschau ist am Zarenhof in Moskau bereits ein wenig akklimatisiert worden. Die Knaben sprechen ein paar Worte russisch und haben pro forma auch schon italienische Namen bekommen – Zelante der eine, der andere Cosmo, wie der Großherzog selbst –, das Wichtigste allerdings fehlt noch: die heiligen Sakramente. Heidnische Ausstellungsstücke haben keinen Platz in Cosimos Museum, deshalb sind ihnen nun rasch die Grundzüge des katholischen Glaubens beizubringen, damit sie ordnungsgemäß getauft werden können. Der Großherzog bestimmt Filippo Balatri zum Religionslehrer. Es ist eine schwierige Aufgabe, zwei kleinen Kalmücken die Mysterien des Christentums zu erklären, und außerdem scheint die Pädagogik, zumindest was die Religion angeht, nicht gerade zu Filippos größten Talenten zu zählen.

»In wie viel Formen«, fang ich an zu fragen,
»ist Gott verkörpert?« Sie sind erst verstört
und stumm, um mir dann schließlich vorzuschlagen:
»sechs«, »achtzehn«, »neun« … niemals, was sich gehört.

Schrei ich sie an, so senken sie die Stirn
und schweigen eisern. Sollte ich mal wagen,
sie nur mit einem Finger anzurühr'n,
so jaulen sie, als würden sie erschlagen.

Sie kennen keinen hier, sind ganz allein,
es sind noch Kinder, und es sind Kalmücken,
sie haben Angst, sie stehen starr wie Stein,
gern würden sie sich schnell im Wald verdrücken.

Schwer von Begriff, das sind sie sondergleichen,
nur unter Qualen haben sie gelernt,
die Butter richtig auf ihr Brot zu streichen,
und wie man Knochen aus dem Fleisch entfernt.

Der Unterricht ist wirklich kein Entzücken,
fast wünsch' ich mir, dass ich der Heide wär'.
Sie machen mich noch eher zum Kalmücken,
als dass ich sie den Katechismus lehr'!

Acht Wochen lang redet Filippo auf Cosmo und Zelante ein, ohne dass sie auch nur begreifen, warum der Herr Lehrer so ungehalten ist. Sein Mitleid mit den verschreckten Knaben hält sich in Grenzen, und nicht einmal das, was man gemeinhin mit Wilden tut, wenn sie nicht gehorchen, ist hier erlaubt.

Oh, mit der Peitsche möcht' ich sie dressieren!
Der Großherzog verbietet's prinzipiell,
er fürchtet nämlich, dass sie sonst krepieren,
bevor man sie geführt zum heil'gen Quell.

Nichts zeugt davon, dass Filippo Balatri eine Parallele gesehen hätte zwischen dem Schicksal von Cosmo und Zelante und seinem eigenen, damals, als man ihn nach Russland schickte. Es scheint ihm auch nicht weiter aufzufallen, dass der Zar und der Großherzog kuriose Knaben tauschen wie andere Sammler Kunstgegenstände – Kalmücke gegen Kastrat. Die Kluft ist unüberwindbar, eine Identifikation außerhalb jeder Denkmöglichkeit. Barbar bleibt Barbar, eine Art sonderbares Tier. Warum nicht die Peitsche, wenn es nicht pariert? So oft einen der Autobiograph vergessen macht, wie fern er uns in Wirklichkeit steht: An dieser Stelle wird deutlich, wie lange Filippos Geschichte zurückliegt. Schließlich lässt sich der Großherzog durch seine Klagen erweichen, die Kalmücken werden getauft, ohne zu verstehen, was das bedeutet, sie bekommen einen Ehrenplatz in Cosimos Sammlung, und Filippo Balatri fährt heim zu den Eltern.

Aus seinen Memoiren und aus den Akten in Pisa kann man schließen, dass Filippo fast ein Jahrzehnt in sei-

Kalmückische Trachten nach einer italienischen Darstellung des späten 18. Jahrhunderts

ner Heimatstadt verbringt, von 1703 bis 1713. In »Frutti del Mondo« füllen viele Jahre nur wenige Strophen. Stets abrufbereit, wenn der Großherzog nach ihm verlangt, weit unter Niveau in einem Kirchenchor angestellt, gebunden durch Vasallentreue und lächerliche zweihundert Scudi, vertreibt sich Filippo irgendwie die Zeit. Es gibt noch immer kein zweites Kaffeehaus, und die Damen der Provinz machen nur dumme Gesichter, wenn man in aller Unschuld ein paar »mysteriöse Bemerkungen« fallen lässt. Eine Veränderung ist längst überfällig.

Schließlich hat das Podagra doch Messer Balatris Herz erreicht, er stirbt. Der Autobiograph ist kein guter Heuchler. Die schönsten Reime und Allegorien können nicht davon ablenken, dass sich seine Betrübnis in Grenzen hält.

Doch ach! Der Vater stirbt, welch großer Jammer,
die Parze kappt den Faden, da entschlief er,
sein Tod leert leider meine Vorratskammer,
und das macht meinen Schmerz erheblich tiefer.

Mit dem Tod von Messer Balatri erlischt auch der Anspruch der Familie auf die Pension, die ihm der Großherzog zugestanden hat, fünfhundert Scudi jährlich auf Lebenszeit. Es bleiben Filippos zweihundert Scudi und ein bescheidenes Erbe, um sechs Personen zu ernähren: ihn selbst, die Mutter, das Dienerpaar, die alte Amme und den nutzlosen Ferrante. Einen Moment lang gibt es Grund zur Hoffnung, aus Ferrante könne doch noch etwas werden. Sein Arbeitgeber stirbt, und es heißt, Ferrante bekäme wohl dessen Stelle. Dann aber wird trotz aller Bitten beim Großherzog ein anderer zum Nachfolger bestellt. Filippo führt dies zwar standhaft auf allerlei Hofintrigen zurück, aber vielleicht ist Ferrante auch einfach nicht der richtige Kandidat. Er bezieht jetzt kein Einkommen mehr, er unternimmt nichts, um das zu ändern, klagt über die Welt und verlässt sich im Übrigen auf den praktischen Sinn seines kleinen Bruders.

Filippo fährt wieder und wieder nach Florenz. Er schildert Cosimo seine Lage, er fällt auf die Knie, er küsst den herzoglichen Rocksaum. Cosimo hört sich die Bitten an, nickt gnädig und schickt Filippo wieder nach Hause. Bald stirbt die Mutter. Auch dieses Ereignis füllt nicht mehr als drei Zeilen in »Frutti del Mondo«. Filippo pilgert nach Florenz, fleht, kniet, küsst – er bekommt den Segen, aber keinen einzigen Scudo. Eines Tages ist seine Geduld erschöpft. Er erinnert sich, dass er einen Beruf hat, mit dem man gutes Geld verdienen kann, und beschließt, Italien zu verlassen.

Die Gelegenheit bietet sich, als Filippo einen englischen Diplomaten kennen lernt, der einige Zeit in Florenz gelebt hat und sich nun auf seine Heimreise vorbereitet. Da der entsprechende Band von »Vita e Viaggi« fehlt und »Frutti del Mondo« ohnehin mit Namen geizt, wird sich nicht rekonstruieren lassen, um wen es sich bei diesem »Milord« handelt. Auf jeden Fall ist er ein großer Freund der Musik, verfügt über eine schöne Tenorstimme und scheint von einer Bekanntschaft mit dem ehemaligen Hofkastraten des Zaren sehr angetan. Filippo erfährt, mit welcher Hingabe das englische Königreich die italienische Tonkunst liebt. Nirgends sonst auf Erden habe ein Sopranist so gute Aussichten, sein Glück zu machen, selbst wenn er, wie Filippo, nie auf der Opernbühne stand und eine solche Karriere auch für die Zukunft nicht anstrebt. Milord lädt Filippo ein, mit ihm über Paris nach London zu reisen. Da ihm der Engländer sehr sympathisch und die Situation in Pisa längst unerträglich ist, sagt Filippo zu. Zuvor jedoch muss Cosimo de' Medici seinem Vasallen Urlaub geben.

Das Gespräch mit dem Großherzog verläuft unangenehm. Obwohl er sich keineswegs wie ein Vater um ihn kümmert, spielt sich Cosimo doch als ein solcher auf, sobald es um Filippos Seelenheil geht.

Er hört mir zu, doch es gefällt ihm schlecht,
er zieht die Brauen hoch und sagt: »Ich glaube,
die neuen Reisepläne sind nicht recht,
ich fürchte, Sohn, dass ich das nicht erlaube.

Ein Volk zum Fürchten sind die Angelsachsen,
dem unerfahr'nen Jüngling wird daraus
mit Sicherheit Gefahr genug erwachsen,
die Seele braucht stets Hilfe – sonst ist's aus.

England ist unfromm, gottlos und gemein,
von freien Sitten – du wirst dort verdorben!
Auf deine Bitte sag ich deshalb nein,
sprich anderes: Das Thema ist gestorben.«

Filippo lässt nicht locker. Er hat ein schlagkräftiges Argument. Der Großherzog schickte ihn damals höchstpersönlich in die barbarischen Gefilde moskowitischer Häresie, und Filippo hat auch das als guter Katholik überstanden! Nach vielen Audienzen und langatmigen Belehrungen gibt Cosimo schließlich nach. Filippo erhält Urlaub, um drei Jahre in London zu leben.

Das nächste Problem heißt Ferrante. Filippo fühlt sich für ihn verantwortlich und weiß nicht, was er mit ihm machen soll. Ferrante will in Pisa bleiben, aber in Pisa kann ihn Filippo nicht ernähren. Sich selbst ernähren kann Ferrante auch nicht. Soll ihn Filippo mit nach

London nehmen? Ferrante will nicht nach London. Soll Filippo in Pisa bleiben, weil Ferrante das möchte? Die finanziellen Schwierigkeiten sind damit nicht behoben. Endlich hat Ferrante eine Idee. Vater Balatri unterhielt zu Lebzeiten eine »gelehrte Korrespondenz« mit dem bedeutenden Theologen Enrico Noris, der bis 1692 eine Professur für Kirchengeschichte in Pisa innehatte und später Kardinal in Rom und Leiter der Vatikanischen Bibliothek wurde. Ferrante vermutet, dass ihm Kardinal Noris Protektion gewähren und ihn als Assistenten oder Schreiber in seinen Dienst nehmen würde, und er beschließt, kurzerhand nach Rom zu ziehen. Filippo fällt ein Stein vom Herzen. Auf den Gedanken, dem Kardinal zunächst einen Brief zu schreiben, verfallen die Brüder Balatri leider nicht.

Sie nehmen Abschied von allen Bekannten, von den Hausangestellten, dann voneinander. Die Trennung fällt ihnen schwer. »Wir sahen uns nur stumm an und hielten die Tränen zurück. Hätte uns jemand beobachtet, der nicht wusste, wie sehr wir uns liebten, er hätte denken können, wir würden einander überhaupt nicht kennen.« Filippo macht sich mit dem Engländer auf den Weg nach Genua – und Ferrante fährt hoffnungsvoll nach Rom, zu einem Kardinal Noris, der schon vor mehr als sechs Jahren gestorben ist.

In Genua werden Milord und Filippo von einem Kaufmann in Empfang genommen, der sich im Auftrag von Cosimo de' Medici um die Reisenden kümmert. Ein Monat vergeht wie im Flug, mit Besichtigungen und Besuchen. Die Genueser Gesellschaft erfährt von den Sitten des Zaren und des Großen Khans und freut sich an Filippos schöner Stimme.

Im Hafen von Genua liegt ein Kriegsschiff vor Anker, das von einem »Milord di Petterburg« befehligt wird. Wahrscheinlich handelt es sich um den englischen Admiral Charles Mordaunt, Earl of Peterborough and Monmouth. Filippos englischer Freund bittet seinen Landsmann, die Reisenden nach Marseille mitzunehmen, was gerne gewährt wird. Sie schiffen sich ein, bei gutem Wind und klarem Himmel, und selbst Filippo, der die See wie den Teufel fürchtet, fühlt sich auf diesem »starken Stück Holz« gut aufgehoben. »Der Himmel lacht, die Wogen scherzen«, schreibt der Autobiograph, eine Textzeile, die er mit Sicherheit bereits hunderte von Malen gesungen hat. Schon will er all seine Vorurteile gegen die Seefahrt über Bord werfen, als sich bei der Île d'Hyères plötzlich der Wind dreht. Bevor er überhaupt versteht, wie ihm geschieht, findet sich Filippo in einem Sturm. Die Wellen schlagen über die Reling, das Schiff verliert den Kurs, die Matrosen rennen kopflos hin und her und sehen nicht so aus, als wüssten sie, was hier zu tun ist. Filippo schließt sich zitternd in seiner Kajüte ein.

Ich sitze, auf den Bettsack hingekauert,
und warte auf mein baldiges Ersaufen,
Sior Filippo, hast du drauf gelauert,
so schnell in deinen Untergang zu laufen?

Im Morgengrauen lässt der Sturm endlich nach. Das Meer bleibt unruhig, das Deck ist nass und die Besatzung seekrank, aber die Gefahr ist gebannt. Zu Filippos Erleichterung beschließt Milord, in Toulon an Land zu gehen. In der Herberge sinkt Filippo ohne Abendessen ins Bett, aber an Schlaf ist nicht zu denken. Das Zimmer schwankt, Filippo klammert sich an die Matratze, um nicht aus dem Bett zu fallen. Dem Engländer scheint es nicht viel besser ergangen zu sein, denn als ihn Filippo am nächsten Morgen beim Frühstück trifft, sieht er aus, »als habe man ihn soeben aus dem Bauch einer Pesttoten gezogen«. Sie sind sich schnell einig, die Reise auf dem Landweg fortzusetzen, auch wenn der Wirt ihnen nachdrücklich davon abrät.

Als sie am nächsten Tag die bereit gestellten Fahrzeuge sehen, wissen sie, was der Wirt meinte. »Wir bekamen zwei Kalesch... nein, zwei Kutsch..., nein, zwei Kaross..., nein, ich drücke mich nicht gut aus, wir bekamen nicht zwei Kaleschen, nicht zwei Kutschen und nicht zwei Karossen, sondern zwei Dinger, die nur wenig Ähnlichkeit mit allem oben Genannten hatten, und über die ich nichts anderes sagen kann, als dass sie aussahen, als habe sie der Teufel persönlich erfunden. Die zerfledderten Karren wurden von Maultieren gezogen und von Kutschern gelenkt, die auch wie Maultiere aussahen, und bald fädelten wir uns mit diesen fahrbaren Schneckenhäusern in ein Gebirge ein, so felsig und entsetzlich, dass es sogar der Leibhaftige wohl nur ungern durchquert hätte, selbst um die Seele von Judas zu holen.«

Die Wirtshäuser zwischen Toulon und Marseille entsprechen aufs Vortrefflichste den hierzulande gebräuchlichen Fahrzeugen: Maultiertreiberherbergen mit schlechten Betten, schalem Wasser, saurem Wein und versteinertem Käse, dafür so teuer wie das erste Hotel am Platz. Man erreicht Marseille und fährt weiter nach Lyon. Dort kommt Filippo zum ersten Mal in den Genuss der weltberühmten französischen Küche. Er überfrisst sich so hoffnungslos, dass er krank wird und ein paar Tage das Bett hüten muss. Es gebe kaum einen Reisenden, entschuldigt er sich, der auf die erste Begegnung mit der »courage« der französischen Kochkunst anders reagiere als mit Durchfall, Fieber und Erbrechen. Zwar schiebe es jeder auf eine bestimmte Ursache – eine unreife

Französin am Cembalo, 17. Jahrhundert

Frucht, heißes Wetter oder ein Würmchen im Salat –, aber im Grunde wisse man genau, der einzige Fehler sei die haltlose Völlerei. Filippo hält sich forthin an die Suppe, dazu ein wenig Braten und Ragout. Die allzu abwechslungsreiche Weinkarte meidet er. Schließlich füttere man auch keinen Säugling mit Aquavit.

Milord hat in Lyon Freunde aus der Heimat getroffen, deshalb beschließt er eine Weile dort zu bleiben. Als Filippo die Sehenswürdigkeiten abgeklappert hat, beginnt er sich zu langweilen. Er verbringt viele Stunden in einem Geschäft in der Innenstadt, um den Passanten zuzusehen, die draußen vorbeigehen. Die Besitzerin des Ladens ist freundlich, klug und ziemlich alt: keine Gefahr für sein Seelenheil. Die Konversation gestaltet sich schwierig. Filippo spricht kein Französisch, die Ladenbesitzerin spricht »ein halbes Italienisch, von dem ich ein Viertel verstand, oder, wenn sie schnell sprach, überhaupt nichts«. Trotzdem freunden sie sich an, besonders auch deshalb, weil Madame die Musik liebt und glücklich ist, einen Sänger kennen zu lernen. Nach einiger Zeit lädt sie Filippo zu einem Diner mit Hausmusik ein, denn sie möchte den ausländischen Virtuosen gerne ihren Bekannten und Verwandten vorstellen.

Obwohl das Fest nur in privatem Rahmen stattfindet, bereitet sich Filippo sorgfältig auf diesen Abend vor. Schließlich wird es sein erster Auftritt in Frankreich sein. Er zieht ein festliches Gewand an, lässt sich stundenlang die Haare kräuseln, dann isst er »vier Pfund Eingemachtes«, weil das die Stimme schmiert, und begibt sich zu Madame. Er findet dort zu seinem Erstaunen eine Gesellschaft von fast sechzig Personen vor, und zu seinem noch größeren Erstaunen handelt es sich dabei um eine Art Panoptikum. Mit Ausnahme von ein paar unscheinbaren jungen Mädchen sind hier nur Bucklige, Einäugige und weibliche Waldschrate zu Gast, einer hat Pockenkrater im Gesicht, ein anderer nur drei Zähne im Mund, der dritte ein langes und ein kurzes Bein – und die, denen nichts Ernsteres fehlt, sind zumindest ausgesprochen betagt. Filippo macht gute Miene zum bösen Spiel. Er freut sich, dass vor Tisch getanzt wird, denn Tanzen ist noch immer seine Leidenschaft, selbst wenn die Damen Waldschrate und die Herren Mummelgreise sind. Man tanzt, man isst, dann beginnt die »Accademia«: Musikalische Darbietungen der Gäste.

Zunächst setzt sich ein Fräulein ans Cembalo und spielt ein paar Sonaten, geläufig, sauber und mit gutem Geschmack. Filippo ist sehr angetan von dieser Ouvertüre und lässt sich nicht lange bitten, als Zweiter aufzutreten.

Direkt zum Cembalo führt mich mein Weg,
ich huste, spucke aus und suche still
herum in meiner Hirn-Bibliothek,
nach dem, womit ich jetzt beginnen will.

Grimassen mache ich, um sie zu zwingen,
mit ganzem Herzen meinem Tun zu lauschen,
die schönste Arie fang ich an zu singen,
dass die Passagen nur so niederrauschen.

Kaum hab ich mein »Ah-ah-ah« schnell und sicher
vier Schläge lang kunstfertigst ausgebaut,
da höre ich – ein brodelndes Gekicher!
Das ganze Blut strömt mir in meine Haut!

Filippo hält entgeistert inne. Halluziniert er – oder wird er hier tatsächlich ausgelacht? Es ist die grausame Wahrheit: Die alten Damen verrenken sich, um nicht laut loszuprusten, die Mädchen kichern ungeniert, und die Herren lachen so herzhaft, dass »überall die Spucke spritzt«. Filippo sitzt konsterniert am Cembalo, die Finger über den Tasten, und atmet tief aus. Hat Madame lauter Tollhäusler eingeladen, oder ist Frankreich insgesamt ein Tollhaus? Eine solche

Unverschämtheit ist ihm in seiner ganzen Laufbahn noch nicht vorgekommen.

Die Gastgeberin eilt herbei, um sich zu entschuldigen. Die Zuhörer hätten angesichts des lustigen »Ah-ah-ah« geglaubt, Filippo erlaube sich einen Scherz, weshalb es ihnen angemessen erschienen sei, über diese komödiantische Einlage zu lachen. Madame druckst herum, dann fragt sie vorsichtig, ob der italienische Gesang etwa immer so klinge. Filippo ist zutiefst beleidigt. Er erkundigt sich kühl, wie man denn in Frankreich eine Arie vorzutragen beliebe; er sei mit der französischen Sangeskunst ebenso wenig vertraut wie die Lyoneser Gäste mit der italienischen. Seiner Unkenntnis ist schnell abzuhelfen. Madame bittet ein Mädchen ans Cembalo, und Filippo Balatri erhält seine erste Lektion in französischem Geschmack.

»Die Arie begann ›vous plorez, belle Iris‹, und sieh an, das Fräulein veranstaltete auf jenem ›Vous‹ ein derart hohes, durchdringendes Geheule, mit so langem Atem und einem solchen Druck auf der Gurgel, dass mir fast schwindelig wurde. Bah, grundgütiger Himmel, das war vielleicht ein ›Uuuh‹! Dann kam sie zum Wort ›Iris‹, und dort durchbohrte sie mir in einer Weise den Schädel, dass ich meinte, der Blitz hätte mich getroffen. Die Arie war so dicht gespickt mit Iiih's und Uuuh's, dass ich mich wirklich fragte, wo der Teufel von einem Komponisten diese alle ausgegraben hatte. Der Triller klang wie eine Tür, die man seit fünfzig Jahren nicht geölt und seit einer Woche nicht bewegt hat, und zwischen den Bebungen blieb so viel Platz, dass ein Heuwagen hindurchgepasst hätte. All diese schneidende Jaulerei, die dem gepeinigten Mund der Sängerin in einem fort entfloh, machte mich glauben, ich sei schon im Fegefeuer, und ich weiß nicht, ob sich das arme Ding dabei keinen eitrigen Halskatarrh zuzog.«

Nach dieser Vorführung, an die sich zu seinem Schrecken noch mehrere ähnliche Darbietungen anschließen, ist Filippo nicht mehr empfänglich für musikalische Theorie. Ein Herr, der sich peinlicherweise als Kapellmeister von Lyon und als Gesangslehrer all jener jaulenden Mädchen herausstellt, erklärt ihm geduldig die Vorzüge der französischen Methode vor der italienischen.

Filippo lernt, dass der französische Gesang den dramatischen Ausdruck und das Textverständnis an die oberste Stelle setze, dass ein Zerhacken der Wörter durch lange Passagen verpönt sei, ein schnell geschlagener Triller als kalt und maschinell gelte und es insgesamt nichts Schlimmeres gebe als das ständige »Ah-ah-ah«, womit die italienischen Virtuosen jedem ernsthaften Gefühl den Garaus machten. Warum sich allerdings die Vokale I und U hierzulande so großer Beliebtheit erfreuen, darüber schweigt sich der Herr Kapellmeister aus. Liegt dies vielleicht an der französischen Sprache? Filippo möchte es im Grunde gar nicht wissen. Er möchte sich auch nicht vertragen mit diesen Banausen. Der Wunsch nach dem »vermischten Geschmack«, unter welchem Oberbegriff die deutschen Tonkünstler ein paar Jahrzehnte später die Vorteile des französischen und des italienischen Stils miteinander zu vereinen suchen, liegt Filippo fern. Sein französisches Blut – immerhin hat er eine französische Mutter – hilft ihm keinesfalls, sich mit solchen Musikvorlieben anzufreunden.

Filippo Balatri ist nicht der einzige italienische Sänger, dem Franzosen die Laune verdorben haben. Sein jüngerer Kollege Caffarelli wollte das geliebte »Ah-ah-ah« sofort mit der Waffe verteidigen, als ein Monsieur

Ballot in Paris über die italienische Musik zu spotten wagte; man sollte allerdings hinzufügen, dass der Degen des Sopranisten Caffarelli recht locker saß.

Die Auseinandersetzung, ob Frankreich oder Italien den besseren Geschmack habe, ist eine der zentralen musikalischen Streitfragen des 18. Jahrhunderts. Oft wurde sie – vor allem von unbeteiligten Dritten – mit kühler Vernunft diskutiert, wobei die meisten Nicht-Franzosen, zumindest was die Vokalmusik angeht, ganz auf Balatris Seite standen. In Frankreich selbst wuchs sich diese Kontroverse dann jedoch zu einem der schlimmsten musikalischen Kriege aus, welche die Welt je gesehen hat, vergleichbar höchstens mit der mittelalterlichen Auseinandersetzung um die Gottgefälligkeit der Polyphonie: der oft erzählten Balgerei zwischen den konservativen »Lullyisten« und den »Bouffonisten«, den Freunden der italienischen Oper.

»Bei allen Nationen«, schreibt der Enzyklopädist d'Alembert, »gibt es zwei Dinge, gegen die man Ehrerbietung haben muss: die Religion und die Regierung. Man könnte hinzusetzen, es sei in Frankreich noch ein drittes: die Nationalmusik. Die italienischen Sänger, mit denen man die Unvorsichtigkeit beging, dass man sie auf dem Theater der Pariser Oper öffentlich auftreten ließ, sind die Ursache eines heftigen bürgerlichen Krieges gewesen; ein Jahr und länger haben unsere Schriften nur von dieser Materie gehandelt, und unser geteiltes Parterre sah zwei einander im Gesicht stehenden Armeen ähnlich, die bereit sind, einander in die Haare zu geraten.« Balatris Erlebnis in Lyon gibt nur einen kleinen Vorgeschmack auf diesen Fanatismus. 1753, als der Lullyisten-Krieg in Paris seinen Anfang nahm, war Filippo schon ein alter Mann und verbrachte, fern von bösen Franzosen, seinen Lebensabend in einem bayerischen Kloster.

Es sind keinesfalls nur die elaborierten Koloraturen, welche die Pariser Lullyisten und ihre Lyoneser Gesinnungsgenossen gegen die italienischen Sänger aufbringen. Sie hegen auch eine tief verwurzelte Abneigung gegen den männlichen Sopran. Während England und Deutschland zwar ebenfalls die eigenen Söhne vor dem entsprechenden Eingriff bewahrt, dabei aber durchaus Geld und Sympathie für die italienischen Kastraten übrig hat, haben sie in Frankreich keinen leichten Stand. Die Pamphlete der Lullyisten sind voll von Schmähreden gegen die »verweichlichten Nicht-Männer«. Filippo kann von Glück sagen, dass sich der Lyoneser Kapellmeister nur über sein »Ah-ah-ah« im Allgemeinen ereiferte.

Trotzdem hätte er das Fest, die Stadt Lyon und ganz Frankreich am liebsten sofort und auf Nimmerwiedersehen verlassen. Der Kapellmeister möchte die Diskussion jedoch nicht so schnell beenden. Schließlich erklärt sich Filippo bereit, seinen Abscheu vor dem Geheul der französischen Sängerinnen an einem Exempel zu veranschaulichen. Er holt tief Luft und parodiert eine Arie im französischen Stil.

Ich setze mich ans Cembalo und dort
erfinde ich den Text für die Kanzone,
die ihre Ohren quälen soll. Das Wort
sei angepasst dem ekelhaften Tone.

Ich beginne:
»Giuro al ciel e a Filli mia
più da cruda gelosia
non voler trafitto il sen.« *

* »Ich schwöre dem Himmel und meiner Phyllis / dass ich nicht will, dass die grausame Eifersucht / weiterhin meine Brust durchbohrt.«

Ich singe »giuuuuro«, riesiges Gejaule,
es schmerzen meine eignen beiden Ohren,
auf »Fiiiilli« folgt noch größeres Gejaule,
nachdem das »Uuuuh« an Kraft verloren.

Mehr Jaulen kommt beim schönen Worte »miiiia«,
und wieder eines auf dem Wörtchen »cruuuuda«,
besonders gut gefällt mir »gelosiiiiiiiiia« –
und jener Triller von Lyon bis Buda.

Bei dem »trafiiiitto« überläuft es mich
mit einer Gänsehaut von Kopf bis Zeh,
das sei genug. Und endlich schweige ich,
denn Hirn und Hals tun mir schon ziemlich weh.

Die Lyoneser sind entzückt. Etwas mehr Gefälligkeit, etwas weniger Druck, und Filippo wäre der perfekte Sänger für die Pariser Oper! Der Kapellmeister empfiehlt ihm nachdrücklich, Unterricht in der französischen Manier zu nehmen, und vor allem auch die schöne Sprache zu lernen; wie schade, wenn sich ein solch ausdrucksstarkes Talent mit lebenslangem italienischem Gezwitscher zufrieden gäbe! Filippo verbeißt sich das Lachen und kontert knapp. In Florenz, wo er herkomme, und in London, wo er hinwolle, müsse er mit Sicherheit verhungern oder noch Schlimmeres erleiden, wenn er dem Publikum einen solchen Gesang zumute. Die »Accademia« ist beendet. Man beginnt abermals zu tanzen. Sofort fühlt sich Filippo wieder wohl. Gegen französische Menuette und Sarabanden hat er nicht das Geringste einzuwenden.

VIII

Auf der Weiterfahrt nach Paris legen Milord und Filippo Rast in Orleans ein. Zum Entsetzen des Engländers, der für diese Hexe keinerlei Sympathie aufbringen kann, freundet sich Filippo mit dem Standbild der Jeanne d'Arc an, einem großen Bronzedenkmal am Loire-Ufer. Die kriegerische Jungfrau, die damals noch lange keine Heilige war, fasziniert ihn auf Anhieb. Er macht sich kundig über ihre Geschichte und schreibt sie nieder – seltsamerweise ist die Biographie der Jeanne d'Arc die einzige Passage in »Vita e Viaggi«, in welcher der Autor die Ereignisse datiert. Lange steht er vor Jeannes metallenem Konterfei, einem Mädchen in Ritterrüstung, das mit blankem Schwert vor dem Kreuz Christi kniet. Filippo ist tief angerührt von diesem Zwitterwesen, ohne recht zu wissen, warum. Er möchte beten, nur weiß er nicht, soll er für Jeanne beten oder zu ihr? Er hätte die bewaffnete Jungfrau ein Jahr lang anstarren können, schreibt der Autobiograph. Milord drängt jedoch zum Aufbruch, und sie reisen weiter nach Paris.

Die französische Hauptstadt ist Filippo vom ersten Augenblick an zuwider. Kaum hat er das Stadttor durchquert, bekommt er Migräne, und das vornehme Hôtel d'Espagne, in dem er mit Milord Quartier nimmt, erweist sich als Neppherberge ersten Ranges. Die Wirtin, eine »große und fette Maschine«, beherrscht die hohe Kunst der Schöntuerei virtuos. Paris, so Balatri, stehe hierin eindeutig an der Spitze und harmlose Touristen seien die besten Opfer. Um den Wunsch des schmerzgeplagten Sopranisten nach Brot, Milch und Erdbeeren zu erfüllen, bedarf es im Hôtel d'Espagne einer Prozession von vier Zimmermädchen, die unter lasziven Augenaufschlägen, hübschen kleinen Knicksen und reizendem Grimassenschneiden mit einer Unmenge von Servietten, Tellerchen und Löffelchen ins Zimmer getrippelt kommen, während die fette Wirtin daneben steht und ununterbrochen auf ihren Gast einredet. Haben wir nicht gutes Obst in Paris? Solche schönen Erdbeeren! Und erst die Birnen! Und die Pfirsiche! Sag, Isabeau, sag doch selbst, sieht der Herr Italiener nicht dem Fürsten Soundso zum Verwechseln ähnlich? Oh, wie liebe ich die Italiener! So eine freundliche, höfliche, schöne Nation! Sag, Isabeau, ist das nicht ein wunderschöner Mann, unser italienischer Gast? Und so eine gesunde Gesichtsfarbe! Als das Zimmermädchen Isabeau Filippo einen Spiegel reicht, sieht er darin zwar gelb aus wie ein Eierkuchen, aber die Wirtin lässt sich nicht beirren. Brauchen Sie eine Kutsche, Monsieur? Gefällt Ihnen die Aussicht? Sag, Isabeau, ist das nicht eine Ehre, dass der wunderschöne Herr Italiener bei uns logiert?

Filippos Kopfschmerzen werden immer unerträglicher. Er bittet um die Rechnung. Einen kleinen Louisdor, Monsieur, und Ihre gnädige Zufriedenheit … Filippo denkt, er habe sich verhört. Er bezahlt, aber er bezahlt keinesfalls einen ganzen Louisdor für Milch, Brot und ein Schälchen Erdbeeren. Auf einen Schlag sind die Zimmermädchen verschwunden, und ebenso schnell lässt die Wirtin die Maske fallen. Eben noch hat sie Komplimente geflötet, nun stapft sie im Zimmer auf und ab, die Hände tief in den Schürzentaschen vergraben, und murmelt: »Fi donc, fi donc, fi donc.« Nein, Filippo kann Paris nicht leiden.

Trotzdem besichtigt er tapfer die Sehenswürdigkeiten, obwohl auch die Mietkutsche einen ganzen Louis kostet – alles kostet hier einen Louis, wahrscheinlich ist das auch der Preis für einmal Ausspucken. Er besucht Notre-Dame und die Tuilerien. Er macht dem toskanischen Botschafter seine Aufwartung, der ihm eine Privatunterkunft bei einem Kaufmann empfiehlt. Filippo ist glücklich, als er das Hôtel d'Espagne verlassen kann. Er zieht um, Milord bleibt bei der fetten Wirtin.

Im Café Royal findet Filippo seine Vorurteile über die Franzosen noch einmal bestätigt. Die jungen Herren, die hier den Großteil ihres müßigen Lebens verbringen, sind eine Sehenswürdigkeit für sich. In der Toskana, so Balatri, nenne man solche Figuren »Windköpfe«, in Paris heißen sie »Petits Maîtres«. Er beobachtet fassungslos, wie diese fehlgeleitete Jugend auf hohen Absätzen und mit zierlichen Ballettschrittchen von Spiegel zu Spiegel tänzelt, an ihren Perücken zupft und auf die denkbar affektierteste Weise Platitüden schnattert: »Oh, der Herr Marquis, oh, die Frau Comtesse« – ein Singspiel über die schöne Kunst der üblen Nachrede.

Filippo hält sich an seinem Schokoladetässchen fest und bemüht sich, nicht aufzufallen. Die Petits Maîtres kichern hysterisch, fallen einander grundlos um den Hals, und sie zählen auch ständig ihre Mädchen her, Margotton, Babiscon, Nannon, Louison, es klingt, als lobten sie ihre Jagdhunde. Allein diese Namen! Filippo dankt dem lieben Gott, dass er nicht als französisches Mädchen auf die Welt gekommen ist und etwa mit dem Namen Babiscon durchs Leben gehen muss. Der Kopf schwirrt ihm in dem Hühnerstall namens Café Royal, ein Grund, den Treffpunkt der beau monde zu meiden, ist das jedoch nicht.

Als der Italiener eines Morgens in seinem kalmückischen Pfauenaugengewand dort erscheint, ist es um sein Inkognito geschehen. Die affigen Herrchen stürzen sich auf ihn wie Falken auf eine Taube. So ein schöner Stoff! Wo ist der her? Wie viel kostet die Elle? Sie waren wo? In *Russland*? Filippo antwortet knapp und macht ein verächtliches Gesicht. Er lehnt alle Einladungen ab. Auch die Aussicht, eine berühmte Sängerin zu hören, kann ihn keinesfalls locken. Nie wieder eine »Accademia«! Das Desaster von Lyon sitzt ihm noch in den Knochen, er hat große Angst davor, jemand könne ihn um eine Arie bitten.

Die Pariser Oper möchte er dann aber doch nicht versäumen. Zunächst erlebt er eine positive Überraschung. Das Orchester spielt hervorragend, besser als alles, was er bisher gehört hat. Die Besetzung ist beeindruckend – Balatri spricht von dreißig Streichern –, der Zusammenklang perfekt, und ein Vorteil gegenüber Italien besteht darin, dass sich kein Musiker durch extravagante Soli hervortun will, sondern jeder seine Kunst der allgemeinen Harmonie unterordnet. Die Sänger klingen jedoch verdächtig nach Lyon. Wieder das bekannte Gejaule auf dem I und auf dem U – Filippo fragt sich allmählich, ob es in ganz Frankreich nur einen einzigen Gesangslehrer gebe, der für all dieses Unglück verantwortlich sei. Zudem ist die Komposition langweilig. Es geht so dahin, alles im Rezitativ, Arien gibt es keine und Verzierungen auch nicht, eine zähe Deklamation, untermalt von reichlich angestrengten Gesten. Das Ballett ist schön und die Kostüme auch, aber Filippo atmet dennoch auf, als er die Vorstellung nach vielen Stunden endlich überstanden hat.

Balatris Urteil entspricht ziemlich genau der gängigen Meinung – außerhalb Frankreichs, versteht sich. Johann Joachim Quantz, einer der großen Befürworter des »vermischten Geschmacks«, kommt zu demselben Ergebnis. Die französische Instrumentalmusik, »sklavisch doch modest, deutlich, nett und reinlich im Vortrage«, sei der italienischen vorzuziehen, die so »ausschweifend, gekünstelt, dunkel, auch öfters frech und bizarr« sei, dass sie »bey den Unwissenden mehr Verwunderung als Gefallen erwecket«. Anders beim Gesang: Dieser sei in Frankreich so arm, eintönig und dabei »im Ausdrucke der Leidenschaften übertrieben«, dass man durchaus empfehlen könne, ihn zugunsten der italienischen Manier ein für allemal abzuschaffen.

Filippo begleitet Milord nach Versailles, in der Hoffnung, dort einen Blick auf den König zu erhaschen. Da zunächst nichts von Louis XIV zu sehen ist, machen sie einen Abstecher nach Marly und besichtigen die Maschine, die dort mittels kompliziertester Pumpen und Hebel Flusswasser über einen Hügel befördert, damit den Wasserspielen von Versailles nicht der Nachschub ausgeht. Filippo versteht nicht, wie dieses großartige Gerät funktioniert, und er möchte es nicht länger bewundern müssen. Frankreichs Künste haben bei dem noch immer gekränkten Sänger grundsätzlich keinen leichten Stand.

Das übliche Spiel in Versailles: Man steht in der Antichambre und wartet auf den König. Einmal geht er vorbei, auf dem Weg zur Kirche, und er erkundigt sich, wer die beiden Ausländer seien. Der Stoff des Großen Khans verfehlt auch beim großen Louis nicht seine Wirkung. Nachdem der König geruht hat,

Milord und Filippo zu bemerken, stürzen sich natürlich alle anwesenden Kavaliere auf die Reisenden und stellen die üblichen Fragen. Filippo hat sich in Frankreich eine reichlich trockene Art angewöhnt, seine Antworten sind einsilbig: »Der Stoff ist aus China, ich habe ihn vom Khan, den traf ich in einem Zelt, dorthin kam ich auf dem Landweg, von Florenz über Moskau immer geradeaus.« Die Antichambre verdächtigt ihn, ein entsprungener Tollhäusler zu sein. Die Geschichte kommt Louis XIV zu Ohren, und er möchte den verrückten Herrn aus der Tatarei nun persönlich kennen lernen.

Filippo wird eine lange Audienz gewährt, fast eine ganze Stunde. Der König versteht Italienisch, und Filippo erzählt ihm vom Zaren und vom Khan. Zum Dank erhält er ein gnädiges Lächeln und eine goldene Tabatiere, und für eine Weile ist er der Star der Antichambre. Ein Kavalier setzt ihm so lange zu, bis er endlich seine Einladung annimmt; Filippo erscheint zum Souper, und wirklich, er singt. Niemand lacht ihn aus. Der Beifall ist groß. Der Kavalier verrät ihm, der italienische Stil sei ihm und seinen Gästen vertraut, ganz Paris liebäugle seit einer Weile mit diesem so gänzlich anderen Gesang, und man denke sogar daran, einen musikalischen Zirkel zu gründen, nur um italienischen Virtuosen eine Auftrittsmöglichkeit zu schaffen. Filippo nickt höflich. Er glaubt nicht an ein friedliches Nebeneinander der beiden Stile, aber er behält das für sich.

Die Reise von Paris nach Calais ist anstrengend. In den Hotelbetten sitzen die Wanzen, und in den Wäldern lauern die Räuber. »Milord reiste mit gespannten Pistolen und ich mit gesträubten Haaren.« Sie erreichen jedoch sicher den Hafen, und von dort aus, Filippo kann es kaum glauben, fahren sie mit dem

Schiff nach Dover, ohne dass sie unterwegs ertrunken wären.

Drei Dinge fallen ihm in England sofort auf. Erstens: Die Leute sind von einer schier unglaublichen Höflichkeit. Zweitens: Man isst blutiges Fleisch. Drittens: Die meisten Damen tragen Masken, als sei Karneval. Milord erklärt ihm, dass diese Vermummung den Frauen größte Freiheiten erlaube, sie könnten tun, wonach ihnen der Sinn stehe, ohne um ihren Ruf fürchten zu müssen.

Man fährt mit der Postkutsche über Canterbury nach London. Es gibt in England keine Sehenswürdigkeiten, ein Haus sieht aus wie das andere, dafür sind die Wirtshäuser erstklassig, und selbst die Räuber von britischer Höflichkeit. Filippo bekommt keine Gelegenheit, das selbst zu überprüfen, aber er glaubt Milord aufs Wort, wenn er erklärt, in England würde geraubt, ohne zu morden. Zwar macht das wenig Sinn – jeder einfache Dieb endet hier am Galgen, weshalb es eigentlich nicht darauf ankommt –, aber Filippo hat keinen Grund, daran zu zweifeln, dass der Raubmord hier »einfach nicht Sitte« ist. Dafür hat er die feine englische Art schon zu gut kennen gelernt.

Sie erreichen London bei Sonnenuntergang, eine gigantische Stadt ohne Anfang und Ende, eingehüllt in dicken rotschwarzen Nebel. Milord besteht darauf, dass Filippo bei ihm wohnt, und Filippo nimmt das Angebot gerne an. Er lernt Milords Familie kennen, einen gebildeten und freundlichen Vater, der erst vor kurzem in den Adelsstand erhoben wurde, eine ebenso freundliche alte Mutter und Milords Bruder, der Filippo seinerseits mit der hier üblichen liebenswürdigen Zurückhaltung begrüßt. Stehen diese namenlosen Personen in Zusammenhang mit der Familie North Guilford, deren Exlibris in »Vita e Viaggi« eingeklebt sind? Filippos Angaben reichen nicht aus, um die gastfreundlichen Londoner zu identifizieren. Sie leben in einem angenehmen Palais im Stadtzentrum, kaum hundert Schritt von der katholischen Kirche entfernt, die zum Haushalt des venezianischen Gesandten gehört und öffentlich zugänglich ist. Dies alles gefällt Filippo so sehr, dass er beschließt, die Landessprache zu lernen: Französisch. Außer den Ärmsten der Armen, dem so genannten »Mabb« – Balatris englische Transkriptionen sind noch ein wenig eigenwilliger als die russischen –, sprechen die Engländer überall Französisch. Nach einem Jahr in London beherrscht Filippo diese Sprache fließend.

Kaum hat man erfahren, dass ein neuer Kastrat in London angekommen ist, steht schon der erste Opernimpresario vor der Tür. Er möchte Filippo gleich für drei Jahre verpflichten und bietet ihm ein gutes Gehalt, ohne ihn überhaupt zu einem Vorsingen einzuladen. Filippo lehnt dankend ab: Er singe grundsätzlich nicht auf der Bühne.

Das nächste Angebot lässt nicht lange auf sich warten. Es kommt von einer engen Vertrauten der Königin, der Gattin des bedeutenden Musikliebhabers und Mäzens Richard Boyle Earl of Burlington. Ihr idyllisches Landhaus in Piccadilly, damals noch eine gute Adresse für Waldeinsamkeit und beschauliche Natur, hat schon viele Musiker des Kontinents beherbergt. Das Gefallen der Burlingtons ist eine gute Empfehlung und nahezu gleichbedeutend mit einem Entréebillet zu Queen Anne. Lady Burlington lädt Filippo ein, seine Kunst gefällt, und sie bittet ihn, sich auf einen Ruf nach Kensington gefasst zu machen, wo die Königin derzeit Hof hält.

Filippos Gastgeber freuen sich mit nahezu unbritischer Leidenschaft. Wieder und wieder muss er das

Programm für die Königin vorsingen, er bekommt hundert gute Ratschläge über die Reihenfolge der Arien, das Benehmen bei Hofe und die geeignete stimmfreundliche Diät für die Tage davor. Filippo erkennt seine diskreten Freunde kaum wieder und fühlt sich schier »zu Tode liebkost«.

Am 26. Juli 1714 schickt Lady Burlington eine Kutsche, die Filippo nach Kensington bringen soll. Er ist nicht der einzige Passagier. Ein anderer Musiker, seit einer Weile Logiergast in Burlington House, sitzt schon im Wagen, als Filippo zusteigt. Er ist ein berühmter sächsischer Cembalist, sein Name lautet »Giorgio Endel«. Vielleicht soll er Filippo begleiten, vielleicht soll er auch selbstständig etwas zum Besten geben – es scheint nicht so, als hätten sich Filippo Balatri und der Mann namens Endel besonders füreinander interessiert. Vier Tage lang laufen ihre Lebenswege gezwungenermaßen parallel: Balatri und Händel warten Stunde um Stunde im Vorzimmer der Königin und langweilen sich gemeinsam zu Tode. Es ist anzunehmen, dass der Sachse in diesen Tagen viel von den Sitten der wilden Tatarei erfuhr; dass Balatris Khan Händels »Tamerlano« zum Vorbild diente, ist jedoch leider mehr als unwahrscheinlich. Abend für Abend werden die beiden Musiker fortgeschickt. Morgen für Morgen beziehen sie erneut Posten. Zunächst heißt es, Queen Anne sei verhindert, dann ist sie unpässlich, schließlich hat sie Koliken, und am 1. August 1714 gibt man mit großem Bedauern bekannt, die Königin sei soeben verstorben. Der toskanische Sopranist und der sächsische Kapellmeister fahren unverrichteter Dinge zurück nach London, ohne ein späteres Wiedersehen zu vereinbaren. Sie wissen beide: Bis auf weiteres wird sich der englische Adel für nichts weniger interessieren als für die Freuden der Musik.

Zuerst ist über die Thronfolge zu beraten – Whigs und Tories sind da verschiedener Meinung –, und als man sich endlich für das Haus Hannover und George I entschieden hat, muss sich London gleichzeitig um eine Beisetzung und um eine Krönung kümmern. Unter diesen Umständen verwundert es nicht, wenn niemand ein Ohr für Filippos goldene Kehle hat. »Gute Nacht, sagte ich zu mir selbst, und ich machte mich bereit, meine Leier an einen rostigen Kellernagel zu hängen.«

Zu allem Überfluss kommt auch noch ein Brief aus Rom. Ferrante schreibt, Kardinal Noris sei gestorben, und da er nun nicht wisse, was er anfangen solle, werde er sich in Kürze auf den Weg nach London machen. Warum Ferrante Balatri erst nach zehn Jahren merkt, dass Enrico Noris nicht mehr unter den Lebenden weilt, ist eines der Geheimnisse von Filippos Memoiren. Auf alle Fälle findet der Sänger wenig Gefallen an der Vorstellung, einen arbeitslosen Ferrante unterhalten zu müssen, wenn er selbst nicht weiß, wie er in London sein Brot verdienen soll. »Diese Brüder Balatri, sagte ich in meinem Herzen, will weder der Himmel noch die Erde haben. Man möchte fast meinen, sie sind gar nichts wert, der eine so wenig wie der andere.«

Der Ruf, der dem neuen König vorauseilt, ist nicht dazu angetan, Filippo zu beruhigen. Der Hannoveraner interessiert sich nicht mehr für die Musik als ein taub Geborener. Wofür interessiert sich George I überhaupt? Filippo weiß es nicht. »Weder ist es meine Art, Könige nach ihren Steckenpferden zu fragen«, mault der Autobiograph, »noch besaß ich ein Fernrohr, um in seinen Palast zu schauen.« Der unbeschäftigte Sänger vertreibt sich die Zeit mit Sightseeing und bewundert die Paraden zum Krönungsfest, die ganz London in einen einzigen Rummelplatz verwandeln – wohlgemerkt ohne den »Mabb«, den man für ein paar Tage der Stadt verwiesen hat. Besonders faszinieren Filippo die Konzerte der Londoner Fleischer. Ordentlich gekleidet in betresste Röcke und weiße Handschuhe, auf den Köpfen die hier üblichen flachsblonden Perücken, schlagen sie mit polierten Kuhfußknochen auf unterschiedlich große Knochenbeile, was eine interessante Musik ergibt. Dieses Kuhfuß-Carillon entzückt Filippo sehr. Es macht ihm Mut, noch ein wenig in London auszuharren und abzuwarten, ob nicht doch wieder musikfreundlichere Zeiten anbrechen.

England wäre nicht England, wenn diese Zeiten allzu lange auf sich warten ließen. Bald haben sich die politischen Tumulte gelegt, und der Adel ist wieder aufnahmebereit für schöne Stimmen. Filippo bekommt die ersten Einladungen, er singt, er gefällt, er wird großzügig beschenkt. Das Theater am Haymarket wird von »Queen's Theatre« in »King's Theatre« umgetauft. Im Oktober 1714 beginnt dort pünktlich die Opernsaison. Händels »Rinaldo« wird wieder aufgenommen, sein »Amadigi« hat Premiere, nur leider sind hier die Bühnenmaschinen so laut, dass man nicht viel von der Musik hört. Weit höher in der Publikumsgunst steht Mancinis »L'Idaspe fedele«, ebenfalls eine Wiederaufnahme. London liebt hier vor allem den Darsteller des Titelhelden, der nach längerer Abwesenheit in seine Wahlheimat England zurückgekehrt ist und nun am Haymarket Einzug hält: *Sweet Nicolini.*

Bevor der Gott Farinelli das Publikum dann endgültig um den Verstand brachte, war der neapolitanische Sopranist Nicola Grimaldi, genannt Nicolini, für London der Inbegriff italienischer Kastratenherrlichkeit. Ohne Nicolinis Pionierarbeit wären Filippo Balatri und viele andere italienische Musiker wohl nie auf die Idee gekommen, in England ihr Glück zu suchen.

Nicolini sang zwar nicht als erster Kastrat auf einer Londoner Opernbühne – sein Kollege Valentini ebnete ihm den Weg –, aber seine Talente sind zweifelsohne ein Grund dafür, weshalb die italienische Oper in London solche Triumphe feiern konnte. Nicolini hatte nicht nur eine schöne Stimme, ein hübsches Gesicht und eine hervorragende schauspielerische Begabung, er war auch ein perfekter Organisator, ein Genie, was die Öffentlichkeitsarbeit anging, und schrieb ebenso flüssig Libretti wie Musik. Die Partitur der zweiten Produktion der Saison 1714/15, in der Nicolini zu bewundern war, »Lucio Vero«, stammt wahrscheinlich aus seiner eigenen Feder.

Balatri verrät nicht, ob er Nicolini in London gehört oder seine Bekanntschaft gemacht hat. Er kann die Oper nicht leiden. Hat er wirklich moralische Skrupel, wie er an anderer Stelle andeutet, hat ihm die katholische Gehirnwäsche am toskanischen Hof alle Freude an den heidnischen Spektakeln der Opera seria verdorben, oder zweifelt er an seinem dramatischen Talent? Filippos Abneigung gegen die Oper ist eine eigentümliche Behinderung für einen Sänger. Der Autobiograph meidet dieses Thema, wo immer er kann, und man muss sich geduldig in die Kurzmeldungen der englischen Presse vertiefen, um ihm hier auf die Schliche zu kommen. Er behauptet zwar steif und fest, ein Opernauftritt in London sei für ihn nie in Frage gekommen; die Tageszeitung *Post Boy* teilt jedoch mit, im Oktober 1714 sei am Haymarket ein neuer Sänger namens Filippo Balatri in dem Opernpasticcio »Arminio« zu hören gewesen. Ist dies Filippos Operndebüt? Ist es sein einziger Bühnenauftritt in London? Der *Post Boy* interessiert sich nicht weiter für ihn, und auch die anderen Zeitungen schweigen ebenso beharrlich wie der Autobiograph.

Filippo Balatri geht ins englische Sprechtheater und weint vor Rührung, obwohl er die Worte nicht versteht. Währenddessen singt Nicolini am Haymarket seine Koloraturen und erwürgt dabei mit bloßen Händen einen Löwen – wegen dieser Szene im »Idaspe« vergötterten ihn die Londoner besonders. Filippo verbringt seine Abende lieber auf andere Weise. Er hat sich eine Nachtigall gekauft, deren Vogelbauer neben seinem Bett steht. Während der Kollege Grimaldi seinen Löwen ansingt und damit gutes Bargeld verdient, freut sich der Kammersänger Balatri an seiner schluchzenden Nachtigall und ordnet geduldig die diversen Tabatieren, die er als Lohn für seine eigenen Darbietungen bekam. Es ist peinlich, die Souvenirs zu Geld zu machen, aber es ist durchaus eine Möglichkeit, über die Runden zu kommen – und allemal besser als die Oper!

Zwischen seinen Auftritten in diversen Adelshäusern hat Filippo viel Zeit, London kennen zu lernen. Er schreibt noch immer Tagebuch, obwohl sich Cosimo de' Medici längst nicht mehr dafür interessiert, es ist eine lieb gewordene Gewohnheit, die beruhigt und unterhält. Filippo notiert alles: Schlechtes Wetter. Gutes Bier. Viele Kaffeehäuser. Zu viele Zeitungen. Eine Brandversicherungsanstalt. Ein perfektes Mietkutschensystem. Briefträgerinnen, die wie auf Flügeln des Windes durch die Straßen eilen. Eine sehr höfliche Polizei. Öffentliche Hinrichtungen nach Terminplan, mittwochs und samstags die Diebe, zwischendurch der Rest. Der Pöbel wirft gelegentlich und ohne ersichtlichen Grund Schlamm auf harmlose Passanten und brüllt dabei »You french dog«. Die feinen Damen tragen billige Kattunkleidchen, dazu Brillantschmuck. Man spricht nicht laut. Man lacht nicht laut. Man fuchtelt nicht mit den Armen. Und weil es sich nicht gehört, auf die Straße zu spucken, tragen Engländer immer zwei Taschentücher bei sich, ein Schnupftuch und ein Spucktuch.

Filippo beobachtet auch wiederholt eine gewisse Diskrepanz zwischen den auffallend guten Umgangsformen der Engländer und ihrem seltsamen Hang zu Wutanfällen. Zwei Herren flanieren friedlich auf der Straße, dann reißen sie sich plötzlich Rock und Degen vom Leib und die Perücke vom Kopf und gehen schreiend mit den Fäusten aufeinander los. Dies ist die englische Art, sich zu duellieren: ohne formelle Forderung, ohne Bedenkzeit, ohne Waffen und ohne Sekundanten. Der Völkerkundler Balatri hält gewissenhaft die Schimpfwörter fest, die sich die Herren bei solchen Gelegenheiten an den Kopf werfen, und wenn man nicht wüsste, dass die Geschichte in London spielt, könnte man das fast für Arabisch halten: »Sanababicc!« »Sanabacur!« »Gaddeniur!«*

Etwas Abscheulicheres als das Londoner Klima hat Filippo noch nie erlebt, und es wundert ihn nicht, dass alle Engländer unter Anfällen von Melancholie leiden. Weder wird es richtig warm noch wird es richtig kalt, die Wiesen sind immer grün, die Bäume behalten auch im Winter ihre Blätter. Dafür bekommt man die Sonne so gut wie nie zu Gesicht. Entweder scheint sie nicht oder sie versteckt sich hinter dem Londoner Nebel. Es regnet meistens. Der Rauch ist unerträglich und zwingt einen dreimal täglich das Hemd zu wechseln. Auch hat es keinen Sinn, Brokat oder Silberschließen zu tragen, denn jedes Metall läuft sofort an und wird trübe. Kaum hat sich Filippo eine Stunde lang die Haare kräuseln lassen – er hasst diese Prozedur, bei der ihm das Brenneisen allzu oft die Ohren

* »Son of a bitch!« »Son of a whore!« »God damn you!«

London, St. James' Park.
Radierung von J. Smith nach J. Maurer

röstet –, kaum hat er seine ersten Schritte in jenem großartigen Park getan, den man »Sanct Gemms« nennt, schon verwandeln ihn Regen und Wind und Rauch in ein zerzaustes Elend. »Lachen Sie mich ruhig aus, mein Freund«, schreibt Balatri, »aber dies war ein echter Grund, aus Verzweiflung zu sterben.« Warum er sich nicht einfach eine Perücke anschafft, verrät er uns nicht.

Das Londoner Wetter macht nicht nur hässlich und melancholisch, es macht auch krank. Es gibt in England ein gefährliches Leiden, das nirgends sonst auf Erden diagnostiziert wird, und das schon viele Briten das Leben kostete. Der Name dieser Pest lautet »Kicc Colt«*. Sie beginnt tückisch, mit einem penetranten Hüsterchen, das allmählich immer schlimmer wird, bis einen das Fieber ereilt, und man schließlich vor Schwäche kaum mehr ansprechbar ist. Für einen Sänger bedeutet »Kicc Colt« eine besondere Gefahr, denn es

* »Catch a cold«

ruiniert die Stimme. Farinello fürchtete diese Nationalkrankheit später ebenso wie Filippo vor ihm. Ersterer aß pfundweise gesalzene Sardellen, letzterer betete Rosenkränze – geholfen hat beides nichts. Filippos »Kicc Colt«-Attacke ist so heftig, dass er London zwei Monate verlassen und sich in einem Landhaus in Richmond auskurieren muss. London mag Paris in allem vorzuziehen sein, aber das Wetter und »Kicc Colt« sind fast ein Grund, diese schöne Stadt zu hassen.

Ferrante trifft in London ein. Filippo ist glücklich, seinen Bruder zu sehen, aber dieser bringt eine lange Liste von Schulden mit, welche die Freude gleich ein wenig trübt. Zunächst kann Ferrante London wenig abgewinnen und möchte Filippo überreden, sofort mit ihm nach Italien zurückzukehren, aber dann erlebt er, wie gnädig sein Bruder in der Gesellschaft aufgenommen wird und hat es nicht mehr ganz so eilig. Goldene Tabatieren, Repetier- und andere Uhren, Galadegen und Schmuck – man bezahlt Filippos Triller in Naturalien, aber man bezahlt sie gut. Oft wird der Sänger zu Soupers im Londoner Umland eingeladen. Ferrante weicht nicht mehr von seiner Seite. Tanz und Musik, Bootsfahrten auf der Themse, Hasenjagd und Feuerwerk: Die Highsociety weiß zu leben.

Noch vor Ablauf der vereinbarten drei Jahre findet die gute Zeit ein jähes Ende. Ein Gesandter von Cosimo de' Medici, Carlo Rinuccini, ist in London eingetroffen, um King George seine Aufwartung zu machen. Er bringt einen Befehl des Großherzogs, Filippo muss umgehend nach Hause kommen, Gründe werden nicht genannt. Nachdem Rinuccini seine Geschäfte bei Hof erledigt hat, macht er sich mit den Brüdern Balatri auf den Weg nach Dover.

Es fällt Filippo sehr schwer, Milord und seiner Familie Lebewohl zu sagen. Nach dem Abschied von den

Golizyns ist dies die schmerzhafteste Trennung seines Lebens. Er verbirgt jedoch seine Tränen und verliert nicht viele Worte. Die feine englische Art hat Filippos Temperament ein wenig abgekühlt.

Der Himmel zwischen Dover und Calais ist heiter, aber leider weht kein Wind. Mitten auf dem Kanal muss das Schiff ankern, damit es die Ebbe nicht zurück nach England spült. Man hat den Proviant vergessen. Der toskanische Gesandte stellt seinen Haushofmeister zur Rede und Ferrante Balatri seinen kleinen Bruder. Er nimmt ihm übel, dass er kein Pausenbrot im Gepäck hat; Ferrante findet, es sei eindeutig Filippos Aufgabe, sich um so etwas zu kümmern. Die Brüder diskutieren, dann schreien sie sich an, schließlich starren sie einander mit knurrenden Mägen und gekreuzten Armen lange wortlos ins Gesicht. Als man schließlich in Calais an Land geht, sind die Reisenden so ausgehungert, dass sie »Brot, Brot« rufen wie Bettler, sobald sie das Wirtshaus betreten.

Das Ziel der Reise ist Düsseldorf. Dort soll der Gesandte, bevor er nach Florenz zurückkehrt, der Kurfürstin seine Aufwartung machen: Anna Maria Luisa, die zweite Frau von Johann Wilhelm von der Pfalz, ist Cosimo de' Medicis Tochter. In Dünkirchen müssen sich die Brüder jedoch vorläufig von der Gesandtschaft trennen. Filippo hat sich wieder einmal den Magen verdorben und braucht eine Rast, deshalb lässt er Rinuccini vorausfahren und verspricht, ihn am 26. Juli 1715, dem Namenstag der Kurfürstin, in Düsseldorf wieder zu treffen.

Es ist zwar nicht unbedingt die beste Diät für einen Magenleidenden, aber der Wirt des Dünkirchener Gasthauses stammt aus Mailand und kocht so hervorragende Kuttelgerichte, dass Filippo sich nicht so bald von ihm trennen möchte. Die Brüder Balatri bleiben fast einen ganzen Monat, bevor sie nach Brüssel weiterreisen. Filippo hat so viel Gutes über Flandern gehört, dass er das Land besichtigen möchte, bevor er nach Deutschland fährt. Weder Brügge noch Gent beeindrucken ihn besonders, allerdings gibt es in Brügge eine großartige Spieluhr, die jede Viertelstunde eine Chaconne spielt, was Filippo gut gefällt, Ferrante jedoch weniger. Das Gasthaus liegt so nahe bei der aufdringlichen Uhr, dass er nachts vor lauter Chaconnen nicht schlafen kann.

Zwischen Gent und Brüssel hat Filippo ein eigenartiges Erlebnis. Aus dem Kutschenfenster sieht er eine Schafherde, die neben der Straße weidet, dann fällt sein Blick plötzlich auf den Hirten. Er stutzt. Der Postillon flucht in den höchsten Tönen, aber Filippo zwingt ihn trotzdem, mitten auf der Straße anzuhalten. Warum weiß er selbst nicht genau, aber diesen Hirten will er aus der Nähe sehen. Er ist noch ein Kind, ein bildschöner Knabe mit schier überirdischem Haar, goldene Locken, die ihm weit über die Schultern fallen. Filippo steht wie vom Blitz getroffen vor diesem Wesen und fasst einen merkwürdigen Entschluss. Er wird den Knaben mitnehmen, nach Brüssel, nach Düsseldorf, nach Florenz, wenn es sein muss einmal rund um die Welt. Ferrante wundert sich sehr. Der Postillon muss eine geschlagene Stunde auf der Straße warten, bis ein anderer Hirte den Vater des Knaben herbeigeholt hat. Filippo bestaunt wortlos die flämische Loreley, dann fragt er den Vater ohne Umschweife nach ihrem Preis.

Leider ist der Hirte unverkäuflich. Filippo erfährt, dass auch andere an seiner Haarpracht interessiert sind. Der Knabe und seine Schwester, auf deren Kopf ebenfalls gelocktes Gold wächst, unterhalten die ganze Familie, denn sie werden im Zweijahrestakt kahl geschoren, und ihr Haar wird für je zweiundzwanzig

Louisdor an einen Perückenmacher verkauft. Der Bruder steht kurz vor der Schur, die Schwester hat sie gerade hinter sich. Filippo verzichtet auf Verhandlungen. Er wirft dem Hirten einen letzten Blick zu, wünscht dem Vater alles Gute und steigt in die Kutsche. Bald liegen Schafe und Hirte hinter ihnen. Ferrante zieht ein Gesicht, Filippo schweigt und beschließt, über dieses Erlebnis nicht weiter nachzudenken.

Brüssel ist eine angenehme Stadt. Sie nehmen Quartier in einem Wirtshaus in der Bergstraat, das eine gute Küche hat. Vor allem der Fisch schmeckt hier vorzüglich. Filippo besucht die Kathedrale, amüsiert sich über die flämische Erfindung, Kutschen von Hunden ziehen zu lassen, und besichtigt das Beginenkloster, zu dem Männer verwunderlicherweise jederzeit Zutritt haben. Es ist ein reiner Zufall, dass er in die Brüsseler Gesellschaft eingeführt wird. Eine Dame von Stand aus Genua hat ihn auf der Straße gesehen, und weil sie die schönen Stimmen liebt und in Filippo auf den ersten Blick einen »Virtuoso di Musica« erkannte, lädt sie ihn in ihr Haus ein. Filippo singt eine Arie, die Dame ist entzückt, dann wird es jedoch peinlich. Madame gibt »mit rauer und schwerer Stimme« selbst etwas zum Besten und bittet Filippo um ein ehrliches Urteil. Es widerspricht seiner Berufsehre, die Genueserin anzulügen, und es widerspricht der Höflichkeit, ihr die Wahrheit zu sagen. Filippo verbeugt sich und rät der Dame, artig zu üben und nicht aufzugeben. Die Genueserin ist nicht beleidigt, ganz im Gegenteil: Sie empfiehlt Filippo weiter, sowohl den Brüsseler Jesuiten als auch einer Fürstin von Thurn und Taxis. Bald kann sich der Sänger vor Einladungen kaum mehr retten. Ferrante versucht sich als Laufbursche für seinen begehrten Bruder, meldet ihn an und ab und sitzt dann bescheiden in einer Ecke, während Filippo singt. Beinahe hätten sie in Brüssel die Zeit vergessen, aber dann erinnert sich Filippo doch rechtzeitig an seinen Termin in Düsseldorf und verlässt diese freundliche Stadt.

IX

Die Brüder erreichen Düsseldorf ohne Zwischenfälle, pünktlich zum Namenstag der Kurfürstin. Filippo kleidet sich in Gala und begibt sich ins Vorzimmer. Er plaudert in allen Sprachen, italienisch, französisch, englisch, und bedauert, dass keine Russen eingeladen sind, sonst könnte er beweisen, dass er »ein halbes Pfingstfest« ist. Er freut sich schon auf seine Erfolge – ein Motettchen in der Kirche, ein Kantatchen bei Tisch –, als ihn aus heiterem Himmel der Blitz trifft: entsetzliches Bauchweh. Eben noch hat er Konversation gemacht, nun krümmt er sich plötzlich vor Schmerz und kann nur mühsam und gestützt von mehreren Dienern den Saal verlassen. Man bringt ihn zu Bett, man holt den Arzt, keiner weiß, was dem Sänger fehlt. Er hält sich den Bauch und krallt sich schreiend in die Laken. Den Namenstag der Kurfürstin hat er versäumt.

Die Krankheit verschwindet ebenso schnell, wie sie gekommen ist. Nach drei Tagen ist Filippo genesen und kann seinen Auftritt nachholen. Er will sein Bestes geben, denn der Kurfürst von der Pfalz und seine Frau sind keine Banausen. Ihre Hofkapelle genießt einen hervorragenden Ruf, und viele italienische Gäste haben sich schon in Düsseldorf produziert. Agostino

Steffani stellte nicht nur seine Musik in die Dienste des Kurfürsten, sondern auch seine politische Begabung. Der Opernkomponist wurde 1703 Regierungspräsident von Düsseldorf. Corelli widmete Johann Wilhelm von der Pfalz sein letztes Werk und verdankt ihm seinen ehren-, wenn auch nicht besonders klangvollen Adelstitel: Archangelo Corelli Marchese di Ladenburg.

Filippo hat seit einer Weile ein echtes Juwel in seinem Repertoire, eine Kantate, deren Höhepunkt eine Arie ist, die den Gesang der Nachtigall nachahmt. Er hat das Stück selbst komponiert und kann es perfekt vortragen. »Während vielen die Beschaffenheit ihres Kehlkopfes oder eine von Natur aus zu wenig süße Stimme verbietet, eine Nachtigall zu imitieren, war es mir ein Leichtes, die wehmütigen Tonfolgen nachzuahmen, die dieses Tierchen zu singen pflegt. Ich hatte ja in London eine Nachtigall in meinem Zimmer, und ich verliebte mich dort so in ihren Gesang, dass ich, zunächst nur zum Spaß, ihre Strophen zu studieren begann, bis ich sie dann eines Tages wirklich nachsingen konnte.«

Filippo ist sicherlich einer der wenigen Musiker seiner Zeit, der sich die Mühe machte, den Schlag der Nachtigall dem natürlichen Vorbild abzulauschen. Die schluchzende Nachtigall ist eines der beliebtesten Klischees der spätbarocken Vokalmusik und gehört – Kehlkopfprobleme hin oder her – zum Repertoire jedes ernst zu nehmenden Kastraten. Oft erzählt wurde die Geschichte von Giacomellis Nachtigallenstück »Quel usignolo che innamorato«, das der arme Farinello über zehn Jahre lang jeden Abend zum Besten geben musste, um den gemütskranken König von Spanien so weit zu beruhigen oder zu elektrisieren, dass er ein paar Dokumente unterschreiben oder zumindest ohne Tobsuchtsanfall zu Bett gehen konnte.

Auch bei Johann Wilhelm von der Pfalz verfehlt die Nachtigall nicht ihre Wirkung. Filippo singt seine Kantate, dann muss er sie wiederholen und noch einmal wiederholen und schließlich noch ein drittes Mal. Er tut das mit einer solchen Leidenschaft, dass die süßen Schluchzer beinahe allen Tischgästen den Puder von den Perücken oder die Perücken von den Köpfen gepustet hätten. Filippo will das Entzücken des Publikums voll auskosten. Es soll sich nicht nur an der Schönheit der Musik erfreuen, es soll auch wissen, in welche Gefahren für Leib und Leben sich der Sänger seinetwillen begibt:

»Ich erklärte, dass dies eine außerordentlich strapaziöse Kantate sei, dass ich zwei Jahre gebraucht hätte, um sie zu komponieren und einzuüben, dass es eine Anstrengung sondergleichen sei, diese nachtigallisierende Arie zu singen, dass ich dabei die Vibrationen meiner Mandeln bis zu den Schuhschnallen spüren könne, dass es ein Erdbeben in meinen unteren Eingeweiden verursache, dass es meine Blutzirkulation beschleunige, dass es mit größter Vehemenz die Ausscheidung von Darmflüssigkeit befördere, dass es all meine sonstigen Säfte zum Kochen bringe und die Salze meines Körpers trenne und wieder konfundieren lasse, dass es die Nerven lang ziehe und die Knorpel auseinander reiße, und dass es zu starken Transpirationen und oft auch zu Konvulsionen führe – und es hätte nicht viel gefehlt, so hätte ich hinzugefügt, dass ich wahrscheinlich gleich eine Fehlgeburt bekäme.«

Filippo Balatri verbringt drei Monate in Düsseldorf. Er schwört, er habe in dieser Zeit mindestens sechzigmal die lebensgefährliche Nachtigallenarie singen müssen. Der Hof ist schön und besitzt eine exzellente Gemäldesammlung, die Stadt ist langweilig und sieht aus wie ein großes Dorf. Überliefert ist ein Schreiben von Carlo Rinuccini an Cosimo de' Medici, worin der Gesandte versichert, der Sopranist Balatri habe sich, wie schon zuvor in London, vorbildlich betragen, stets die gebotene Bescheidenheit an den Tag gelegt und sehr schön gesungen, unter anderem auch einige moskowitische Lieder, welche von besonderem Interesse seien. Zum Abschied schenkt Johann Wilhelm von der Pfalz dem artigen Sänger Silberwaren im Wert von zweitausend Gulden und gibt ihm ein Empfehlungsschreiben für einen anderen musikliebenden Kurfürsten, Maximilian II. Emanuel von Bayern. Auch dies erwähnt Carlo Rinuccini in einem Brief an Cosimo. Nach seinem Besuch in München werde Balatri umgehend nach Italien zurückkehren, um dort, so Rinuccini weiter, »in einer solchen Weise sein Auskommen zu suchen, dass er nicht gezwungen ist, auf der Opernbühne zu singen«.

Filippo hat inzwischen sehr viel Gepäck, Wertsachen, all die Geschenke aus England, Brüssel und Düsseldorf. Als er sich nun wieder mit Ferrante auf die Reise macht, zunächst nach Köln, dann weiter mit der Post nach Süden, fühlt er sich keinesfalls sicher.

Der Weg nach Frankfurt führt durch einen Wald,
sehr groß und schwarz. Wir kommen ihm nicht aus.
Zwei Tage dauert unser Aufenthalt
in diesem wirklich finst'ren Teufelshaus.

Von lauter Galgen baumeln hier die Leichen,
mit großen Rädern sind gesäumt die Straßen,
worauf die aufgeflocht'nen Mörder bleichen –
mir graut es doppelt, über alle Maßen!

Beraubt zu werden hätte ich zur Not
womöglich noch gerade toleriert,

doch nicht die Freude, die mir sonst noch droht:
Ich sehe mich erdolcht und stranguliert.

Der Postillon erzählt: »An diesem Weg,
Signor, da fand ich vor genau zwei Tagen
vier nackte Leichname zu meinem Schreck,
die Köpfe waren ihnen abgeschlagen.«

»Die Köpfe ab, warum?« Es sei die Sitte,
erklärt er, alle Opfer zu enthaupten,
damit man nachher nicht so leicht erriete
den Namen und die Herkunft des Beraubten.

Ich fingere an meinem Rosenkranz,
mein Bruder fingert still an den Pistolen,
und meine Furcht zernagt mich innen ganz
und treibt mein armes Herz zu Kapriolen.

Vor Freude, heil in Frankfurt angekommen zu sein, gehen Filippo fast die Dankgebete aus. Dabei sind die Preise im »Roten Mann«, wo sie übernachten, so mörderisch wie die Sitten der deutschen Verbrecher. Die Stadt Frankfurt gefällt Filippo nicht. Es gibt keine Sehenswürdigkeiten, überall hasten Kaufleute durch die Straßen, der Aufenthalt ist ebenso teuer wie langweilig. Die Brüder Balatri brechen bald auf nach Augsburg.

Unterwegs bekommt der Völkerkundler wieder etwas zu sehen, das einen langen Tagebucheintrag wert ist: ein typisch deutsches Gespenst. Die Reisenden nützen eine klare Nacht, um ein paar Meilen zu gewinnen, denn der Weg führt durch eine baumlose Ebene, in der sich keine Räuber verstecken können. Um drei Uhr morgens sehen sie in nicht allzu weiter Entfernung von der Straße ein merkwürdiges Ding, eine Art Feuersäule, die über die Wiese tanzt, einmal lang und dünn, dann wieder kurz und dick, eine körperlose, flackernde, geheimnisvolle Figur. Beim Anblick der Erscheinung brüllen der Postillon und Filippos deutscher Diener wie am Spieß: »Faier Mon, main Gott, Faier Mon!«, wie der Autobiograph buchstabiert. Der Kutscher schlägt auf die Pferde ein, der Diener zittert und weint, die Brüder Balatri beobachteten währenddessen das glühende Gespenst, das neben der Straße seine Menuette tanzt, noch einmal hell aufleuchtet und dann erlischt.

Ist das gefährlich? Filippo bringt es nicht fertig, sich vor dem Feuermann zu fürchten. Selbst als der Diener erzählt, was es mit Feuermännern auf sich hat – es sind verdammte Seelen, die nachts Reisenden auflauern, um sie in die Irre zu führen, zu quälen, zu fressen oder in die Hölle zu tragen –, können die Italiener nur müde lächeln. Filippo fürchtet sich vor Räubern, vor Frauen, vor bösen Wirtsleuten und vor Lutheranern, er fürchtet sich vor dem Meer und vor der ewigen Verdammnis; vor Gespenstern fürchtet er sich nicht. Ganz Deutschland sei voll von seltsamen Ausdünstungen, die nachts aussehen wie tanzende Dämonen, deshalb sei dieses »idiotische Volk« so schrecklich abergläubisch. »Bete das Pater Noster«, sagt Filippo streng zu seinem Diener, der dem erloschenen Feuermann eine Unmenge unheiliger Zaubersprüche hinterher schickt, »bete das Ave Maria und das Miserere, und lass uns in Frieden mit diesem Unsinn, den man den Kindern erzählt, damit sie brav Hamma-Hamma essen wenn ihre Mama das will.«

Augsburg ist eine schöne Stadt, vermögend, sauber und abwechslungsreich. Die Trachten der Augsburgerinnen, an denen man Stand, Konfession und Beruf erkennen kann, entzücken Filippo so sehr, dass er ein paar Tage verweilt, nur um diese interessante Kleiderordnung zu studieren. Er besichtigt das Rathaus, das Ulrichsmünster und die Heiligkreuzkirche, die Gott vor vielen Jahrhunderten mit einem Hostienwunder beehrt hat, der so genannten »Offenbarung des wunderbarlichen heiligen Gutes«. Die Hostie im Schrein von Heiligenkreuz pflegt sich immer dann in ein lebendiges Stück Fleisch zu verwandeln, wenn der Priester bei der Wandlung daran zweifelt, dass es sich in der Tat um den Leib Christi handelt. Im Gegensatz zum heidnischen Feuermann überzeugt Filippo das römisch-katholische Wunderfleisch sofort.

Von Augsburg nach München dauert es sieben Stunden, eine einfache, bequeme Fahrt. Filippo gibt sein Empfehlungsschreiben ab. Einen Tag später lädt ihn Kurfürst Max Emanuel schon ein. Filippo lernt einen Herrn kennen, der »so liebenswert, anziehend und voller Gnade war, dass ich nicht daran zweifle, dass der Teufel selbst ihn in sein Herz geschlossen hätte, wenn er ihm nur einmal begegnet wäre«. Die Sympathie beruht auf Gegenseitigkeit. Filippo singt, Max Emanuel erkundigt sich nach seinen Reisen, sie plaudern lange und zwanglos über dieses und jenes. Sei es Filippos Stimme, seine einnehmende Art oder die eigenen Kompositionen, die er vorträgt, der Kurfürst von Bayern beschließt, er »müsse diesen Sänger haben, koste es was es wolle«.

Max Emanuel beauftragt seinen Hofkomponisten Pietro Torri, die Konditionen mit Filippo auszuhandeln. Filippo fühlt sich geehrt, auch hat ihm München auf Anhieb gefallen, aber es bleibt ihm nichts anderes übrig, als Torri eine abschlägige Antwort zu geben. Er stehe in den Diensten von Cosimo de' Medici und könne nicht frei über sich verfügen. Max Emanuel gibt sich damit nicht zufrieden. Filippo muss einen Brief an

Brustbildnis Max Emanuels, München um 1720

den Großherzog der Toskana schreiben. Die Antwort kommt prompt, Cosimo befiehlt Filippo, dem Wunsch des Kurfürsten zu entsprechen. Plötzlich findet sich der vagabundierende Sopranist in völlig neuen Umständen: Ab dem 1. Oktober 1715 hat er eine feste Stelle in der kurfürstlichen Hofkapelle zu München.

Das Bayerische Hauptstaatsarchiv verwahrt bis heute einen Großteil von Filippos Akten. Sein Arbeitsvertrag ist rückwirkend abgefasst, datiert auf den 6. Februar 1716 und gezeichnet von Max Emanuel:

»Ihre churfürstl. Durchl:t in Bayern unser gnädigster Herr haben dero Hofmusico Philippo Palatri alß Discantisten von der ersten glaße zur Jährl. Besoldung eintausend gulden vom 1tn octobris fort vergangenen Jahrß gnädigst verwilliget.« Gehaltserhöhungen waren hierbei mit eingerechnet. Bis 1719 wird sich Filippos Jahreseinkommen auf stolze 3500 Gulden erhöht haben. Mit diesem Einkommen ist er einer der teuersten Sänger des kurfürstlichen Hofes und braucht den Vergleich mit den bestbezahlten Virtuosen Europas nicht zu scheuen.

Drei Monate später bekommt auch Ferrante eine Stelle. Die Akten stimmen mit dem Autobiographen darin überein, dass Ferrante ein Jahresgehalt von 400 Gulden erhält, in einem wesentlichen Punkt weichen sie jedoch voneinander ab. Das kurbayerische Hofzahlamt besoldet Ferrante Balatri als Musiker, in Filippos Memoiren steht klar und deutlich, dass er für sein Geld nichts anderes leisten muss als »essen, trinken und es sich gut gehen lassen«. Der Sänger freut sich sehr, dass sein Bruder aufgeräumt ist. Ob er für sein Geld arbeitet oder einen Scheinposten hat, ist ihm herzlich gleichgültig.

Fast alle Sängerinnen und Sänger der kurfürstlich bayerischen Hofkapelle stammen aus Italien. Filippo Balatri ist natürlich auch nicht der einzige Kastrat. Fast gleichzeitig mit ihm wird ein Sopranist namens Bartolomeo Bartoli eingestellt, der »für seine schöne Stimme ebenso geschätzt ist wie für die große Kunstfertigkeit, sie zu gebrauchen«. Vier Jahre später folgt der berühmte Kontraalt Antonio Maria Bernacchi (1685–1756), der als einer der besten Sänger Italiens gilt.

Max Emanuel weiß zu leben. Es ist kaum ein Jahr her, dass der Kurfürst aus dem Exil nach München heimkehrte, und die festliche Stimmung dauert noch immer an. Filippos Bericht über den Münchener Hof liest sich wie das Tagebuch eines Zeremonienmeisters. Das erste Fest, das er erlebt, und bei dem er auch »im passenden Augenblick eine von Torri komponierte Motette« singt, ist die Feier zum Hubertustag am 3. November 1715. Der Kurfürst jagt mit Begeisterung – Balatri gibt zu Protokoll, diese Leidenschaft koste ihn stolze 36 000 Gulden im Jahr –, deshalb wird Hubertus natürlich besonders verehrt. Balatri beschreibt im Detail die Feierlichkeiten in Nymphenburg, mit Banketten, Tanz, Gottesdienst und natürlich einer großen Hirschjagd, bei der die Damen des Hofes in Männerkleidung durch die Wälder galoppieren. Filippo berauscht sich an der Musik, sie ist schöner als alles, was Signor Torri oder ein anderer komponieren könnte: die Stimmen der Jäger, das Geräusch der Pferdehufe, die Jagdhörner und nicht zuletzt die Hundemeute, die »vierstimmig bellt, ein paar im Sopran, ein paar im Alt, viele im Tenor und die meisten im Bass«. Filippo genießt die Atmosphäre, nach sportlicher Ertüchtigung ist ihm indes nicht zumute. Der Mensch bräuchte mindestens zwei Schutzengel, behauptet Balatri, um einen solchen kurbayrischen Jagdausflug ohne Knochenbruch oder ausgeschlagene Zähne zu überstehen, und außerdem: »Ich bin ein Faulpelz, ich geb's zu.«

Filippo und Ferrante haben sich in München schnell eingelebt. Ferrante geht spazieren, Filippo singt. Er hat viel zu tun. Der Kurfürst schätzt seine Stimme und Gesellschaft so sehr, dass er ihn zu seinem Leibsänger ernennt, was zur Folge hat, dass ihm Filippo nicht nur in der Münchener Residenz zur Verfügung stehen muss, sondern ihm auch auf alle seine Landschlösser folgt, nach Nymphenburg, Dachau, Schleißheim und Starnberg. Überall wird gefeiert, überall gibt es Musik.

Max Emanuel begleitet Filippo oft auf der Viola da Gamba, und auch der Kurprinz Karl Albrecht und die Kurfürstin Theresia Kunigunde, die auf der Laute dilettiert, schließen sich der Hausmusik gerne an.

Filippo berichtet genauestens von Festen und Zeremonien, von einem schönen Feuerwerk und einem schrecklichen Gewitter über dem Starnberger See. Wenn es um seinen Beruf geht, fasst er sich dagegen kurz und erscheint beinahe desinteressiert. Man hätte gerne erfahren, was der Sopranist von Torris Kompositionen hielt, die er tagein, tagaus zu singen hatte – zumal der Hofkomponist ernsthaft mit dem französischen Stil liebäugelte. Hierüber verliert Filippo jedoch kein Wort. Auch über seine eigenen Fähigkeiten als Komponist schweigt er sich aus. Die Nachtigallenkantate ist das einzige Stück aus seiner Feder, das er beschreibt. Bisweilen erwähnt er im Nebensatz, er habe »Applaus für etwas Eigenes« bekommen, wobei zumeist offen bleibt, ob sich das auf die ganze Arie bezieht oder nur auf eine extemporierte Kadenz.

Pietro Torri aus Peschiera ist bei Filippos Ankunft in München etwa sechzig Jahre alt, ein talentierter Routinier mit Gespür für Stil, Melodie und dramatische Effekte. Er steht seit Jahrzehnten in Max Emanuels Diensten und hatte den Kurfürsten in sein Exil in Brüssel und Paris begleitet. Bei allem Interesse an den französischen Meistern ist aus Torris Partituren zu entnehmen, dass er, zumindest was die Singstimmen anbelangt, durchaus an seine italienischen Musiker dachte. Von gejaulten I's und U's ist keine Spur zu finden, die Arien sind mit wenigen Ausnahmen solides Handwerk im neapolitanischen Stil.

Filippos Interesse gilt anderen Dingen als der unentwegten Singerei, zum Beispiel der bayerischen Volksseele. Obwohl er immer wieder betont, wie sehr er die

Münchener schätzt, entwirft er doch ein recht bedenkliches Bild von ihnen. Sie sind zwar ausgesprochen katholisch – Filippo freut sich natürlich über »la Baviera Santa«, wo kein Protestant geduldet wird –, ihr Glaube erschöpft sich jedoch in Formalitäten. Sie beten, ohne dabei zu denken, und haspeln den Rosenkranz, als sei er ein Geduldspiel. Die hiesige Ausländerfeindlichkeit sucht ihresgleichen. Obwohl die halbe Stadt von Italienern erbaut wurde, empfinden die Münchener keine Sympathie für Fremde, sondern behaupten, »man fräße ihnen das Brot weg«. Überhaupt gilt alles Neue als Teufelswerk. Die Bayern regeln ihr Leben nach zwei Weisheiten: »Das ist nicht der Prauch«, wenn sie etwas nicht kennen und nicht kennen lernen wollen und: »Das ist alt Prauch«, wenn sie an irgendeiner noch so unsinnigen Tradition festhalten. Filippo zitiert die Sätze auf Deutsch, als handle es sich dabei um Sprichwörter. Die Bayern sind »schwerfällig, misstrauisch, gefühlskalt und hartleibig«, leider auch ein bisschen dumm. Filippo beschwert sich, dass es keinem Einheimischen je gelungen sei, seinen Vor- und seinen Nachnamen auseinander zu halten und zu begreifen, dass er nicht »Herr Philippi« heißt. Die Hofakten widerlegen diese Behauptung. Ob Filippo gerne »Ballathri« oder »Palathro« buchstabiert wurde, ist allerdings auch zu bezweifeln.

Zur bayerischen Einfalt passt der bayerische Aberglaube. Kaum ein Einwohner, der nicht Tag und Nacht ein Päckchen voller Amulette und Zauberkraut gegen Hexen bei sich trägt, und wird einer krank, sucht er nicht den Arzt auf, sondern die Wunderheilerin. Und krank werden die Bayern leider oft. Die Münchener Sitte, sich im Mai und im September heftigst zur Ader zu lassen und dann die verlorene Flüssigkeit durch enorme Mengen Bier wieder auszugleichen, kann nicht darüber hinwegtäuschen, dass dies kein gesundes Volk ist. Die Krankheit, welche die Münchner, häufig mit tödlichem Ausgang, heimsucht, nennt sich Völlerei.

Mit der Akribie eines Diätexperten listet Filippo auf, was ein durchschnittlicher Bayer, abgesehen von vielen Litern Bier, an einem einzigen Tag zu sich nimmt. Diese Passage füllt viele Seiten und kann einem empfindlichen Leser nachhaltig den Appetit verderben. Jede Woche, so Balatri, überfrisst sich ein Münchener tödlich und stirbt auf der Stelle. Der Rest siecht dahin, isst immer weiter und verendet dann langsam an den bayerischen Nationalkrankheiten, die der Chronist wiederum auf Deutsch niederschreibt: »Vassersucht, Lunghelsucht, Herzsucht, Vintsucht.«

Doch damit nicht genug der Münchener Merkwürdigkeiten: In den Wirtshäusern wimmelt es von Frauen, die sich dort ihrerseits mit Fett und Bier die Gesundheit ruinieren, das Wetter ist entweder viel zu warm oder viel zu kalt, die Stadttore haben eine Nachtpforte, an der man ein unverschämt hohes Passiergeld entrichten muss, und Henker sind in Bayern angesehene Leute, die man gerne zum Essen einlädt, während Pferdeschinder gemieden werden wie Aussätzige.

Im Herbst 1716 debütiert Filippo auf der Münchener Opernbühne. Der Autobiograph erwähnt dies mit keinem Wort. Hätte das kurfürstliche Hoftheater nicht dafür gesorgt, dass für alle Opern Programme gedruckt wurden, die nicht nur die Libretti enthielten, sondern auch die Namen der Mitwirkenden, wäre uns entgangen, dass der »Cammer-Virtuos« Balatri am 12. Oktober 1716 in Pietro Torris »Astianatte« die Partie des Orest sang. Es ist eine anspruchsvolle und ansprechende Rolle, die keinen großen Stimmumfang, dafür aber eine geläufige Kehle erfordert. Passagen

Pietro Torri, Astianatte, Arie des Oreste:
»O morto o trionfante« Partiturseite

über fünfzehn und mehr Takte scheinen Filippo keine Mühe bereitet zu haben. Seine Rolle liegt tiefer als jene seines Kollegen Bartoli, der die Andromache zu singen hatte; nach der Partitur könnte man fast annehmen, dass Filippos Sopran nach heutigem Verständnis eher ein Mezzosopran war.

Von nun an wird Filippo nichts anderes übrig bleiben, als in der Oper zu singen, so oft dies sein Amt vorsieht und befiehlt. Dank der erhaltenen Theaterzettel und Textbücher kann man zumindest teilweise rekonstruieren, wann und in welchen Rollen er auftrat. Von den Memoiren ist hier wenig Hilfe zu erwarten; schon sein Operndebüt in London hat er verschwiegen, und die Münchener Bühne ist ihm keinesfalls sympathischer. In »Frutti del Mondo« stellt er wenigstens klar, warum er diesen Bereich seines Lebens derart stiefmütterlich behandelt. So eigenartig das klingen mag: Filippo Balatri scheint sich dafür zu schämen, ein Opernsänger zu sein.

Wenn man die Opern aufs Theater brachte,
mit Pomp und mit beachtlichem Budget,
spielte ich meine Rolle; doch es machte
mir wenig Spaß, es tat mir eher weh.

Das Singen selber war nicht das Problem,
doch hielt ich mich nur mühsam auf den Beinen,
denn mein Gewissen quälte mich extrem,
es wollte mir nicht gottgefällig scheinen.

Du, Welt, wirst sagen, ich sei zimperlich,
und nicht ganz dicht, wenn ich hier so viel denke,
nur der Applaus, sagst du, zählt unterm Strich,
und dass ich meine Stimme richtig lenke.

Das Gutgehn, sagst du, öde mich wohl an,
mein Hirn sei wirr vom Rauch des Rampenlichts,
und dass ich gar kein Fest genießen kann,
und dass … (halt's Maul, Welt, sag mal besser
nichts!)

Im Winter 1717 befällt Filippo eine rätselhafte und sehr unangenehme Krankheit. Er weiß nicht, ob es die vielen bayerischen Biersorten oder »seine Sünden« sind, die ihm zusetzen, auch kann er seinem Leiden keinen Namen geben. Diesmal ist es nicht der Magen, zumindest nicht am Anfang. Die Krankheit beginnt, ohne klare körperliche Symptome, mit einer tiefen Melancholie. Filippo kann sich selbst nicht ausstehen, er fühlt sich lustlos und unglücklich. Appetit- und Schlaflosigkeit folgen, und schließlich ist er so geschwächt, dass er nur noch an den Tod denkt. Die Ärzte des kurfürstlichen Hofes reißen sich um diesen Patienten. Zwar kann sich auch hier niemand erklären, was dem Sänger fehlt, aber man probiert alle »Fläschchen, Döschen, Päckchen, Schächtelchen und Schäufelchen« der Münchener Arzneischränke an ihm aus, bis er endlich doch ein körperliches Symptom vorzuweisen hat: schlimme Magenbeschwerden, mit großer Wahrscheinlichkeit ein Effekt der abscheulichen Medizin. Filippo wird immer schwächer. Kaum gelingt es ihm, sich vom Bett in den Sessel zu schleppen, und eine vergleichsweise harmlose Mineralwasserkur bringt seine Verdauung zu guter Letzt so durcheinander, dass sein Magen nicht einmal mehr Fleischbrühe verträgt. Die Ärzte finden keine Diagnose. Filippo weiß sich selbst nicht zu helfen. Ohne seine Sünden richtig benennen zu können, ist er der festen Überzeugung, die Krankheit sei seine eigene Schuld und Gott wolle ihn damit bestrafen.

Dieses geheimnisvolle Leiden wird Filippo sein Leben lang – oder zumindest bis zu seinem Klostereintritt 1739 – begleiten. Irgendwann wird er ihm einen Namen geben: »Hypochondrie«. Im Sprachgebrauch seiner Zeit bedeutet das weniger eine eingebildete Krankheit als vielmehr eine Art körperlich fixierte Schwermut, die im »Hypochondrium«, der Unterrippengegend, ihren Sitz hat. Dies erklärt Filippo und seinen Ärzten auch seine ständigen Magenprobleme. Einen heutigen Psychiater würde Filippos Symptombeschreibung wahrscheinlich zu der Vermutung veranlassen, er habe unter einer endogenen Depression gelitten. Auch der zyklische Verlauf mit einem völligen Abklingen der Beschwerden zwischen den depressiven Phasen spricht für diese Theorie. Für Filippos Geschichte spielt es im Grunde keine Rolle, wie die Krankheit heißt. Dass es sich »weder um Gelbsucht, noch um Wassersucht, noch um Schwindsucht, noch um Nasenkrebs« handelt, sondern in erster Linie um ein Gemütsleiden, schreibt Balatri selbst.

Im Frühling 1718 ist er so weit genesen, dass er sich nach einem Tapetenwechsel sehnt. Er vermutet, dass es gut für ihn wäre, die bayerische Küche und das bayerische Wetter eine Weile hinter sich zu lassen und in seine Heimat zu reisen. Bei dieser Gelegenheit könnte er auch Cosimo de' Medici in Florenz einen Besuch abstatten. Filippos kurfürstlicher Entlassungschein ist auf den 18. April 1718 datiert. Auf diesem wird bestätigt, man habe dem »Virtuoso Philippo Balathri urlaub gegeben, eine tour in Italien zu machen«.

Natürlich ist Ferrante mit von der Partie. Trotz der unausgewogenen Verteilung von Pflichten und Nutzen liebt Filippo seinen Bruder über alles. »Die Gefühle, die ich für ihn hatte«, rechtfertigt er sich, »waren zwar fast übertrieben, aber ich meine doch, dass dies entschuldbar ist; denn ich habe nie andere Verwandte gehabt, mein Bruder und ich waren fast immer unzertrennlich, wir hatten dieselben Neigungen und gleichsam dieselben Gedanken im selben Augenblick, so dass man sagen konnte, wir waren« – und hier verschreibt sich der Autobiograph – »zwei Seelen in einem Körper.«

Zu Beginn der Italienreise sieht es ganz so aus, als habe Filippo seine Kräfte überschätzt. Schon bei der zweiten Poststation nach München fühlt er sich, als bräuchte er die Letzte Ölung, in Padua ruft Ferrante einen Arzt, der, wie üblich, nichts für Filippo tun kann. In Venedig schließlich verkriecht sich der Patient im Hotelbett, er will nicht mehr aufstehen, und er will vor allem keine Ärzte mehr empfangen. Die Wirtin des Gasthauses kocht ihm eine Suppe aus Röstbrot und packt ihn in viele warme Decken. In der Tat geht es Filippo bald besser. Die Wirtin gibt ihm weitere Brotsuppen und viele gute Ratschläge – warme Unterkleidung, warme Getränke, wenig Fett und eine »ruhige Seele«. Nach ein paar Tagen ist Filippo so gesund wie seit Monaten nicht, er zieht sich fein an und promeniert über die Piazza San Marco.

Die venezianische Gesellschaft hat Filippos Ankunft sofort registriert. Er ist ein gut situierter Mann und das ist ihm auch anzusehen. Man holt Erkundigungen ein, und als bekannt wird, es handle sich um »einen gewissen Kastraten Balatri«, blättert man alte Opernprogramme durch, um zu sehen, ob und wo er aufgetreten ist. Sein Name ist nicht aufzufinden, also schließt man, er sei wohl kein guter Sänger, und wendet sich anderen Attraktionen zu. Der einzige, der Filippo lieber hören als über ihn rätseln möchte, ist der bekannte Jurist, Satiriker und Komponist Benedetto Marcello (1686–1739). Er lädt den Fremden in sein Haus ein und bittet ihn dort um eine Arie. Signor Marcello behält es nicht für sich, dass der unbekannte Sopranist eine erstaunlich schöne Stimme hat. Marcellos Urteil über Musik hat in Venedig Gewicht, und bald kann sich Filippo vor Einladungen kaum retten. »Unter anderem war es die Nachtigallenarie, an der ich in Venedig beinahe krepiert wäre, denn sieben Wochen lang musste ich sie von morgens bis mitternachts ununterbrochen singen. Man hörte auf den Kanälen von Venedig bald keinen Ruderschlag mehr, der nicht von einem Stück Nachtigall begleitet wurde, keine Sängerin war mehr bereit, mit dem Opernimpresario einen Vertrag abzuschließen, wenn ihr nicht ausdrücklich eine Nachtigall zugesichert wurde, und am Ende gingen die Fischhändler, die Schuster, die Obstverkäufer und die Taschenmacher mit der Nachtigall im Mund auf den Straßen umher.«

Filippo flieht vor dieser Hysterie schließlich nach Bologna. Leider hat ihn die eigene Nachtigall längst überholt. Die Fama stieg in die Expresspost, und ganz Bologna lauert schon auf Filippos Bravourstück. Immer noch bei bester Gesundheit, wenn auch allmählich ungeduldig, imitiert der kurfürstliche Virtuose auch hier tapfer die Nachtigall, »in jedem Haus, das ein Dach und genügend Platz für zwei Kerzen hat«. Ferrante ist diese Kantate seines Bruders mittlerweile so leid, dass er fluchtartig den Raum verlässt, sobald er nur die ersten Töne des Vorspiels hört.

In Bologna, dem Sitz der berühmten Philharmonischen Akademie, trifft Filippo auf äußerst kritische Zuhörer. »Der Bologneser Adel sagte mir zwar, ich sei ein guter Sänger, die Herren Virtuosen dieser Stadt versicherten mir dagegen, ich würde eines Tages wohl noch ein guter Sänger werden, wenn ich fleißig weiter übte. Wem sollte ich glauben?« Filippo vertieft dieses Thema nicht weiter, auch scheint ihn das Gemaule seiner Kollegen nicht nachhaltig verunsichert zu haben.

Er nennt die »Herren Virtuosen« zwar nicht mit Namen, man kann jedoch vermuten, dass er auf die so genannte Bologneser Gesangsschule anspielt, die von den beiden Kastraten Francesco Antonio Pistocchi und Pier Francesco Tosi um 1700 begründet wurde, und nach deren Prinzipien viele Berühmtheiten des 18. Jahrhunderts das Singen lernten. In Grundzügen nachzulesen ist diese Methode in Tosis hervorragendem Lehrbuch »Opinioni de' Cantori Antichi e Moderni«, das einem Gesangsschüler auch heute noch gute Dienste leisten kann. Filippos Münchener Kollege Bernacchi ist ein Schüler von Pistocchi, der ihm half, seine von Natur aus eher mangelhafte Stimme so zu polieren, dass er viele seiner besser ausgestatteten Konkurrenten mit Leichtigkeit übertreffen konnte. Bernacchi seinerseits bildete später dann »im Bologneser Stil« eine nächste Generation von Sängern aus, unter anderem Giovanni Carestini, Giambattista Mancini, Händels Londoner Hauskastraten Senesino sowie den Tenor Anton Raaf, für den Mozart 1780 die Titelrolle des »Idomeneo« komponierte, obwohl der Sänger damals schon fast siebzig Jahre alt war.

Filippo hat zwar seinerseits bei einem Bologneser sein Handwerk gelernt – man erinnere sich an Gaetano Orsini in Wien, der ihn zur »dolcezza« erzog –, aber dies reicht nicht aus, um die eingebildeten Virtuosen dieser Stadt zu überzeugen. Ein letztes Mal die vermaledeite Nachtigall im Haus eines freundlichen Dilettanten, dann verabschiedet sich der Sopranist von Bologna und fährt nach Florenz.

Cosimo de' Medici empfängt Filippo gnädig. Die kleinen Kalmücken, die der Sänger damals mit geringem Erfolg in der Religion unterwiesen hat, sind längst erwachsen, sprechen fließend italienisch und wissen so gut über den Katechismus Bescheid, dass sie sich einen Spaß daraus machen, ihren einstmaligen Lehrer mit theologischen Fangfragen in Verlegenheit zu setzen. Filippo unternimmt einen Ausflug in das großherzogliche Landschloss in Lappeggi und besucht dort die Witwe von Cosimos Sohn Ferdinando, Violanda Beatrix, die Schwester des Kurfürsten Max Emanuel von Bayern. Er bleibt dort, bis ganz Lappeggi, von der Fürstin bis zum Hofhund, seine Nachtigallenarie auswendig kann. »Es schien so«, konstatiert der Autobiograph, »als sei ich, außer zum Singen dieser Arie, zu gar nichts gut.«

Darin irrt er jedoch. Die Fürstin beschließt, binnen

zwei Wochen eine Komödie einzustudieren, in der ihre Pagen die Sprechrollen übernehmen und Filippo und Ferrante die Intermezzi singen sollen. Die Musik muss Filippo komponieren. Zwar ist dieser Eilauftrag eine rechte Zumutung, aber Filippo macht sich an die Arbeit und stellt die Fürstin zufrieden. Eines zumindest hat er in all den Jahren bei Hofe gelernt: »Wenn Hoheiten etwas wollen, dann wollen sie es, weil sie es wollen, und wenn sie es wollen, weil sie es wollen, so zweifle man nicht, dass sie auch ein Mittel finden, das Gewollte zu kriegen, einfach weil sie es so sehr wollen.«

Die Aufführung im Theater der Villa Lappeggi wird von den Gästen, die eigens aus Florenz angereist sind, sehr beklatscht. Man überschüttet Filippo mit Komplimenten; eine derartige Begeisterung ist er in der Toskana nicht gewöhnt. »Sie behandelten mich, als sei ich ein ausländischer Künstler und nicht mehr der alte Balatri, den sie kannten wie das Gras auf der Wiese.«

Als Violanda im Herbst 1718 aus Lappeggi abreist und in ihre Winterresidenz zurückkehrt, fahren auch Filippo und Ferrante wieder nach Florenz. Sie quartieren sich in einem guten Hotel ein und halten sich bereit für neue Befehle. In der Tat möchte Fürstin Violanda den Erfolg von Lappeggi wiederholen. Eine neue Komödie wird einstudiert, wieder müssen Filippo und Ferrante auf die Bühne, und auch in Florenz wird die Darbietung sehr gelobt. Leider ist das Theater ein zugiger Raum, und leider steht man in den vielen Umkleidepausen immer wieder im Hemd da und verkühlt sich. Diesmal ist es jedoch nicht Filippo, der erkrankt, sondern Ferrante. Er zieht sich eine Erkältung zu, die zu einer Lungenentzündung führt, und schon hört Filippo den Urteilsspruch der Ärzte: Sein Bruder muss sterben.

Filippo kennt sich selbst nicht mehr. Die Vorstellung, ohne Ferrante weiterleben zu müssen, ist ihm so entsetzlich, dass er fast den Verstand verliert. Die Muttergottes muss ihm helfen! Wie von Furien gehetzt rennt er zur Kirche SS. Annunziata. Um seiner Fürbitte mehr Gewicht zu verleihen, engagiert er kurzerhand alle Bettler, die vor dem Kirchenportal um Almosen bitten, und scheucht sie vor das Marienbild, damit sie seine Gebete um Ferrantes Genesung unterstützen. »Wer mich an diesem Tag in SS. Annunziata hätte beten hören«, schreibt Balatri, »hätte mich für einen Wahnsinnigen gehalten; denn ich betete eigentlich nicht, sondern ich drohte.« Die Jungfrau Maria scheint ihn dennoch richtig verstanden zu haben. Obwohl die Ärzte es nicht für möglich hielten, hat sie Erbarmen mit Filippos Verzweiflung und rettet seinem Bruder das Leben. Das Fieber sinkt, der Husten klingt ab, und bald ist Ferrante wieder gesund, abgesehen von einer gewissen Kurzatmigkeit, die er sein Leben lang behalten wird.

Anfang 1719 fahren die Brüder Balatri nach Pisa. Sie besuchen das Grab der Eltern, begrüßen frühere Freunde und Bekannte. Viel hat sich in Pisa nicht verändert. Neu ist nur, dass man Filippo plötzlich wie einen Ehrengast behandelt, nicht mehr wie das stadteigene »Kapaunchen«, das in der Kirche des Stefansordens seine Perlen vor die Säue warf. Im Mai kommt ein Brief aus München, der Filippo über seine Gehaltserhöhung in Kenntnis setzt: 3500 statt 1000 Gulden jährlich. Die üblichen Geschenke beim Abschied von den Medici – ein Ring von Violanda, eine Tabaksdose von Cosimo – erinnern Filippo an die Zeit, als solche Aufmerksamkeiten sein einziges Einkommen waren. Er fährt mit seinem Bruder zurück nach München und stellt sich dort mutig den Lästerern bei Hofe.

3500 Gulden sind eine großzügige Gage. Zum Vergleich: Filippos ehemaliger Lehrer Gaetano Orsini erhält in der Wiener Hofkapelle ein Jahresgehalt von 1800 Gulden. Einige Herrschaften in Bayern freuen sich zwar aufrichtig für Filippo, andere jedoch können sich mit seiner Beförderung nicht abfinden. Ab und zu eine kleine Arie, und dafür so viel Geld? »Das ist das Privileg der freien Künste«, entgegnet Filippo kühl, »und die Musik bereichert die Welt.« Auf die Gegenrede, dass sich die Herren Sopranisten wohl vor allem selbst bereicherten, wird er deutlicher. »Wenn jemand reich werden will, so antwortete ich, muss er also nichts anderes tun als sich zum Soprano zu machen. Dann wird er an all jene denken können, die auf dem Schlachtfeld einen Arm oder ein Bein verloren haben.«

Unerwartet trifft Filippo in München einen alten Bekannten wieder, den russischen Fürsten Gagarin, der seit Jahren durch Europa reist und nach Holland, England und Frankreich nun Bayern besucht. Filippo kennt ihn noch vom Zarenhof. Dort hatte sich Gagarin, damals noch ein junger Mann, herzlich über Filippos Zankereien mit den Spalniki amüsiert. Der Fürst erkennt Filippo zunächst nicht wieder. Aus dem wilden kleinen Filippuschka ist ein Herr von Welt geworden, der seit damals noch deutlich gewachsen ist und nun eine recht imposante Erscheinung abgibt. Gagarin erzählt Filippo von alten Freunden. Die schöne Anna ist gestorben, Peter Golizyn wurde zum Gouverneur von Archangelsk bestellt, Fürstin Darja hat sich nach ihrer Heimkehr aus Wien von der Welt gänzlich verabschiedet und lebt nur noch in Kammer und Kirche. Sie sei tief melancholisch, fügt Gagarin hinzu. Filippo wiederspricht ihm nicht, aber er ist sich sicher, dass das nicht stimmt. Madama ist fromm und glücklich, weiß Filippo. Was versteht schon ein Fürst Gagarin von Darja Golizynas Seele?

Leider weiß Fürst Gagarin auch sonst nicht gut Bescheid. Er war jahrelang unterwegs, seine Informationen sind längst veraltet. Darja ist bereits vor vier Jahren gestorben, im Alter von nur siebenundvierzig Jahren.

Fürst Gagarin ist zwar mit einem russischen Mädchen verlobt, einer zwölfjährigen Tochter der Familie Tolstoj, aber das hält ihn nicht davon ab, sich Hals über Kopf in eine schöne Münchnerin zu verlieben. Die Moskowiter seien schnell mit der Liebe, stellt Balatri missmutig fest. Er verbringt viele Tage damit, Gagarins ausufernden Geschichten von den Genüssen und Qualen dieser Affäre zuzuhören. Endlich findet der Russe heraus, dass seine Geliebte noch einen zweiten Galan empfängt, und er macht sich, deutlich abgekühlt, auf die Weiterreise.

Nach einem halben Jahr in München kehrt Filippos geheimnisvolle Krankheit zurück, wenn auch nicht so heftig wie das erste Mal. Da er den Ärzten längst nicht mehr traut, versucht er es auf die altbewährte Art, mit Beten und Fasten. Besonders das Bier ist gefährlich, das der Sänger »liebt bis zur Götzendienerei«. Er trinkt keinen Schluck mehr und weigert sich, das gesundheitsschädliche Gebräu auch nur anzuschauen. Als er schließlich noch eine Pilgerfahrt nach Eichstätt unternimmt, wo er von dem wundertätigen Öl kostet, das aus dem Grabmal der heiligen Walburga sickert, erleidet er prompt einen Schwächeanfall. Allmählich fällt dem Autobiographen sein eigenes Gejammer auf die Nerven. »Ich verspreche Ihnen, mein Freund«, schreibt er, »ich werde nun meine Krankheitsgeschichten zusammen mit der Nachtigall in einen Sack stecken und Sie mit beidem nicht weiter ermüden.«

Trotz Krankheit und Exerzitien erfüllt Filippo seine Pflichten als Sänger gewissenhaft. Neben der üblichen Fron in Kammer und Kirche singt er auch wieder auf der Bühne, und wieder verschweigt er dies in seinen Memoiren. Aus dem Programm der Hofoper geht hervor, dass er im Sommer 1720 in Pietro Torris Oper »Eumene« die Titelrolle sang: einen König von Zypern, der sich unter falschem Namen und als vorgeblicher Verrückter durch allerlei komplizierte Intrigen und Koloraturen bewegte. Dank des Tagebuchs von Maximilian Graf von Preysing, das im Manuskript erhalten ist, kann man Filippos Arbeitsplan hier auf den Tag genau rekonstruieren. Wir erfahren, dass am 28. Juni die erste Probe stattfand und dreieinhalb Stunden dauerte, dass bei der zweiten Probe am 1. Juli der Kurfürst persönlich anwesend war, am 9. Juli dagegen »der Churprinz zu München blieb wegen der Eselsmilchchur, die Prob der Opera hielt und nachts mit ethlich Dames im Balcon währenter Opera speiste.« Nach der Premiere am 11. Juli gab man »Eumene« noch viermal, am 14., 21. und 28. Juli sowie am 1. August. »Die Opera fangte vmb 5 Uhr an und thauerte biss gegen 1/2 10 Uhr.«

Preysings Tagebuch ist ebenfalls zu entnehmen, dass Filippo in Torris Kantate »Gli dei festeggianti« mitwirkte, die am 6. August – unter reger Teilnahme der kurfürstlichen Jagdhornisten – zum Geburtstag des Kurprinzen im Schloss Schleißheim aufgeführt wurde. Im September beginnen dann schon die Vorbereitungen zur nächsten Oper, »L'amor d'amico vince ogni altro amore« (»Freundesliebe besiegt jede andere Liebe«), welche die Freundschaft von Demetrius und Pyrrhus verherrlicht. Komponist ist wahrscheinlich auch hier Pietro Torri. Wiederum wird viermal geprobt, die Premiere findet am 12. Oktober statt, weitere Auf-

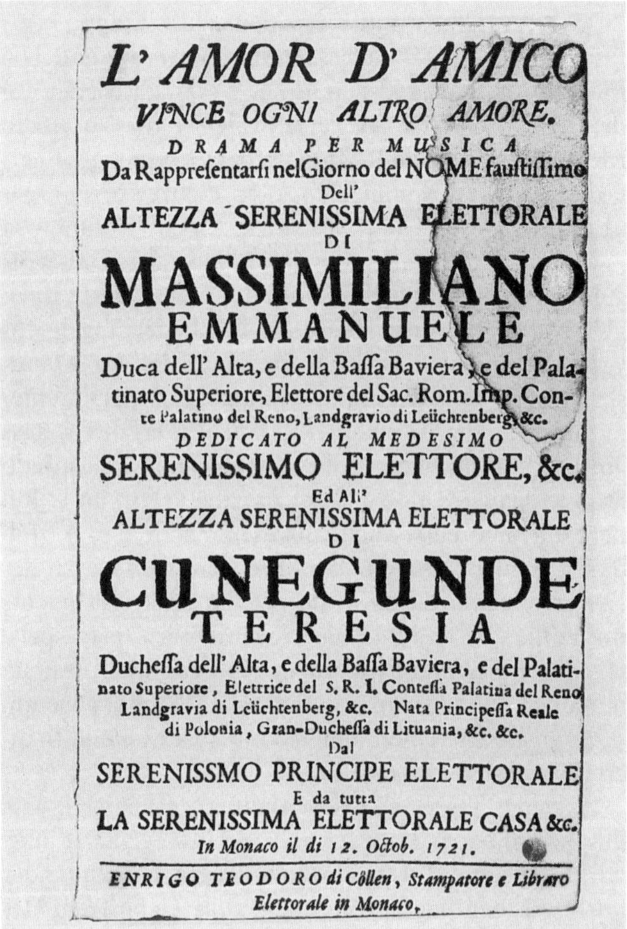

L' AMOR D' AMICO
VINCE OGNI ALTRO AMORE.
DRAMA PER MUSICA
Da Rappreſentarſi nel Giorno del NOME fauſtiſſimo
Dell'
ALTEZZA SERENISSIMA ELETTORALE
DI
MASSIMILIANO
EMMANUELE
Duca dell' Alta, e della Baſſa Baviera, e del Palatinato Superiore, Elettore del Sac. Rom. Imp. Conte Palatino del Reno, Landgravio di Leüchtenberg, &c.
DEDICATO AL MEDESIMO
SERENISSIMO ELETTORE, &c.
Ed All'
ALTEZZA SERENISSIMA ELETTORALE
DI
CUNEGUNDE
TERESIA
Ducheſſa dell' Alta, e della Baſſa Baviera, e del Palatinato Superiore, Elettrice del S. R. I. Conteſſa Palatina del Reno Landgravia di Leüchtenberg, &c. Nata Principeſſa Reale di Polonia, Gran-Ducheſſa di Lituania, &c. &c.
Dal
SERENISSMO PRINCIPE ELETTORALE
E da tutta
LA SERENISSIMA ELETTORALE CASA &c.
In Monaco il di 12. Octob. 1721.

ENRIGO TEODORO di Cöllen, Stampatore e Libraro Elettorale in Monaco.

»L'Amor d'Amico«, Titelblatt

führungen am 15. und am 19. Oktober. Filippo singt die Partie des Demetrio, Antonio Bernacchi seinen Freund Pirro, und in der Rolle der Deidamia ist die Sopranistin Margherita Durastanti zu bewundern. 1709 hat sie in der Titelrolle von Händels »Agrippi-

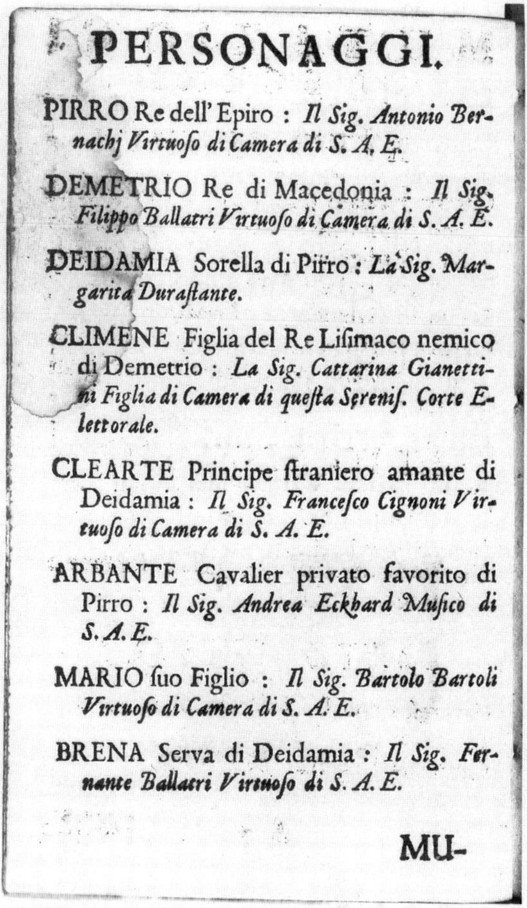

PERSONAGGI.

PIRRO Re dell' Epiro : *Il Sig. Antonio Bernachj Virtuoſo di Camera di S. A. E.*

DEMETRIO Re di Macedonia : *Il Sig. Filippo Ballatri Virtuoſo di Camera di S. A. E.*

DEIDAMIA Sorella di Pirro : *La Sig. Margarita Duraſtante.*

CLIMENE Figlia del Re Liſimaco nemico di Demetrio : *La Sig. Cattarina Gianettini Figlia di Camera di queſta Sereniſ. Corte Elettorale.*

CLEARTE Principe ſtraniero amante di Deidamia : *Il Sig. Franceſco Cignoni Virtuoſo di Camera di S. A. E.*

ARBANTE Cavalier privato favorito di Pirro : *Il Sig. Andrea Eckhard Muſico di S. A. E.*

MARIO ſuo Figlio : *Il Sig. Bartolo Bartoli Virtuoſo di Camera di S. A. E.*

BRENA Serva di Deidamia : *Il Sig. Fernante Ballatri Virtuoſo di S. A. E.*

MU-

Besetzungsliste

na« in Venedig großen Beifall geerntet und sang daraufhin in Florenz, Neapel und Dresden. Gleich nach ihrem Gastspiel in München reiste sie nach London, wo sie, oft in Männerrollen, in vielen Opern von Georg Friedrich Händel auftrat.

An der Seite der Durastanti, in der Rolle von Deidamias alter Dienerin Brena, ist im Oktober 1720 noch ein anderer interessanter Sänger zu hören: Ferrante Balatri. Filippo erwähnt den Auftritt seines Bruders mit keinem Wort. Brena ist eine charmante kleine Rolle, eine jener alternden Zofen, wie sie seit Anbeginn der Operngeschichte zu Dutzenden durch die Libretti geistern, stets begierig, ihren Herrinnen gute Ratschläge zu geben und stets empört, dass sie selbst nicht mehr jung sind. Ferrante alias Brena weicht selten von Margherita Durastantis Seite und hat auch einige kleine Arien zu singen – über die Unsinnigkeit der Liebe im Allgemeinen und die Seelenpein einer verblühten Schönheit im Besonderen. Es ist eine verkehrte Welt, in der die Brüder Balatri hier ihren Part zu spielen haben: der Sopranist Filippo als König von Mazedonien, der Tenor Ferrante als ältliches Stubenmädchen.

X

Ende 1721 begleiten Filippo und Ferrante den bayerischen Kurprinzen Karl Albrecht auf eine Italienreise. Es ist sehr angenehm, in dieser vornehmen Gesellschaft unterwegs zu sein, nicht zu vergleichen mit dem üblichen »Postillonleben«, das die Brüder auf ihren Reisen gewöhnt sind. Der Kurprinz und seine Begleiter fahren über Mantua, Modena, Reggio und Bologna zunächst nach Florenz, wo Filippo zum letzten Mal Cosimo de' Medici sieht. Der Großherzog ist alt und krank, es wird nicht mehr lange dauern, bis ihn Gott von dem irdischen Dasein erlöst hat. In Siena besucht Karl Albrecht die Tante seiner versprochenen Braut, der Erzherzogin Maria Amalia von Österreich, dann erreicht die Reisegesellschaft in der Karwoche 1722 Rom.

Filippo ist zum ersten Mal in der Ewigen Stadt. In ihrer Arroganz und Wichtigtuerei erinnern ihn die Römer ein wenig an die Pariser, wenn sie auch eindeutig den besseren Musikgeschmack haben. In der Cappella Sistina hört Filippo am Karfreitag das weltberühmte neunstimmige Miserere von Gregorio Allegri, das noch bis ins 20. Jahrhundert das geheimnisumwobene Prunkstück des päpstlichen Chores bleiben sollte. Der Sopranist Andrea Adami da Bolsena schreibt dazu 1711: »Ewiges Lob verdient unser Gefährte Allegri, der mit wenigen Noten, aber umso mehr Modulation und Verständnis das Miserere komponiert hat, das wir jedes Jahr singen und das mit Recht ein Wunder genannt wird, weil es die Seele jedes Zuhörers in Aufruhr versetzt.« Filippo ist so begeistert von der Darbietung, dass er gerne den langen Weg von München nach Rom auf sich genommen hätte, um an jedem Karfreitag seines Lebens diesen überirdischen Gesang genießen zu können.

Weil er gerne etwas von der Stadt sehen möchte, engagiert er einen römischen Diener. Dieser Mensch, dick und langsam, hält sich für weitaus vornehmer als der bayerische Kurprinz. Allein das Ansinnen, er solle seinem Herren den Kutschenschlag öffnen, quittiert er mit gekränktem Seufzen, denn schließlich »fließt in seinen Adern das Blut der Dezemviren«. Unentwegt korrigiert er Filippos italienische Aussprache. Toskaner sind in seinen Augen Bauern, er besteht darauf, dass man nicht »Colosseo« zu sagen habe, sondern »Culiseo«. Filippo besichtigt unbeirrt die antiken Sehenswürdigkeiten, dann ist er jedoch froh, als sich Karl Albrecht auf die Heimreise begibt. Der Sänger sehnt sich längst nach einem ruhigeren Leben zurück.

Kaum sind sie in Bayern angekommen, macht sich der Kurprinz schon wieder auf den Weg. Er fährt nach Wien, um dort seine Braut zu treffen und sie mit großem Zeremoniell nach München heimzuholen. Von den Festen anlässlich der Vermählung des Kurprinzen mit Maria Amalia von Österreich bekommt Filippo nicht viel zu sehen. Da er auftreten muss, gilt es, die Stimme zu schonen, und so vermeidet er das Geschrei und die ungesunde Erhitzung, die mit Straßenparaden, Feuerwerk und nächtelangen Tanzveranstaltungen einhergeht.

Nachdem er am 22. Oktober 1722 in Pietro Torris Turnierkantate »La publica felicità« die Allegorie der Ehre gesungen hat, ist Filippo bereits auf der nächsten Hochzeit gefragt. Der Kurfürst beurlaubt ihn, damit er in Turin anlässlich der Vermählung Karl Emanuels III. von Savoyen mit der bayerischen Pfalzgräfin Anna Christina eine Opernrolle übernehmen kann.

Die Zeit drängt. Zusammen mit Ferrante macht sich Filippo in größter Eile auf den Weg nach Turin. Zunächst verläuft die Reise ohne Hindernisse, dann jedoch geraten die Brüder Balatri in eine Falle. An der Grenze Mailand–Piemont wird ihre Kutsche mitten auf der Straße von Wachen angehalten, ihr Befehl lässt Filippo das Blut in den Adern gefrieren: »Aussteigen! Pestquarantäne!« Weder Schimpfen noch Bitten kann die Grenzposten davon abhalten, Filippo, Ferrante und ihren Diener aus der Kutsche zu zerren und dem Dienst habenden Arzt zu überantworten. Dieser macht einen wenig Vertrauen erweckenden Eindruck, ein pockennarbiges Ungeheuer, das den Reisenden mit schmutzigen Fingern den Puls fühlt und sie ohne weitere Worte in das Quarantäne-Lazarett von Vercelli einweist. Eine ganze Woche verbringen sie in dieser unmöblierten und ungeheizten Halle; so lange soll es dauern, bis eine Pestinfektion ausgeschlossen werden kann.

Später erfährt Filippo, dass die Ursache für diese Schikane eine Grenzstreitigkeit zwischen dem Herzog von Mailand und dem Herzog von Savoyen ist. Das Gerede von einer Pestepidemie in Marseille, gegen die man sich zu schützen habe, ist nur ein Vorwand, Reisende in Vercelli einzusperren und teuer für Verpflegung und Bettzeug bezahlen zu lassen. Trotz dieser offensichtlichen Unverschämtheit ist Filippo doch erleichtert. Lieber eine sinnlose Kerkerhaft als die schwarze Pest auf den Fersen.

Sie erreichen Turin gerade noch rechtzeitig, um Braut und Bräutigam ihre Aufwartung zu machen. Es ist kalt hier, fast so kalt wie in Moskau. Filippo hüllt seine Nachtigallenkehle in dicke Tücher und schließt alle Fenster. Die Opernaufführung würdigt der Autobiograph mit einem einzigen Satz: »Wir haben angefangen, dann haben wir mit gutem Beifall weitergemacht, schließlich sind wir fertig geworden, ohne dass man uns ausgebuht hätte.« Aus den Akten des Turiner Hofes geht hervor, dass die Oper »Recimero« hieß; der Komponist ist nicht genannt. Das Stück wurde sechsmal aufgeführt, stets unter Mitwirkung einiger Kavaliere des Piemonteser Adels, die Premiere fand im Teatro Carignano statt, die weiteren Aufführungen im Gartenrondell des Turiner Schlosses.

Heimgekehrt nach München tritt Filippo sein neues Amt an: Er ist zum Gesangslehrer der Kurprinzessin ernannt worden. Maria Amalia ist eine fleißige und bereits weit fortgeschrittene Schülerin, außerdem eine gebildete Frau von vorbildlicher Lebensführung. Sie spricht fließend Latein, Italienisch und Französisch, erfüllt mit großem Eifer ihre religiösen Pflichten, und sie ist so sittsam, dass sie selbst zu Hause stets ein Brusttuch trägt, was ihrem Gesangslehrer sehr zusagt.

Im Januar 1723 singt Filippo in der Karnevalsoper »Merope«, wiederum von Pietro Torri in Musik gesetzt, die Partie des Tyrannen Polifonte. Im Frühling, nach einem Jagdausflug des Hofes nach Schloss Leuchtenberg in der Oberpfalz, bekommt er Urlaub und nützt die freie Zeit, um mit seinem Bruder Nürnberg zu besichtigen. Die Stadt mit ihren gepflegten Straßen und großzügigen öffentlichen Parkanlagen gefällt ihm gut, auch die Bürger von Nürnberg sind, trotz des hohen Anteils an Lutheranern, ausgesprochen liebenswürdig. Enttäuscht ist der Tourist nur

Maria Amalia, Gemälde von Frans van Stampart

von den Kirchen. Sie sind ihm durchweg »viel zu alt«.

Im »Gasthof zur Goldenen Gans« lernen die Brüder Balatri einen Durchreisenden kennen, der sie nach Würzburg einlädt. Der dortige Fürstbischof sei ein großer Förderer der Künste und schätze besonders die italienischen Stimmen.

Der ganz besond're Zustand, der mich ziert,
solle, so sagt man, diesen Bischof freuen,
er hat schon in Kastraten investiert
und möchte manchmal gerne einen neuen.

Filippo folgt der Aufforderung gern. Er ist erfreut und überrascht, als ihm klar wird, dass er den Musik liebenden Fürstbischof Johann Philipp Franz von Schönborn schon einmal kennen gelernt hat. Der damalige Domprobst war mit von der Partie, als Filippo dem russischen Gesandten Naryschkin als Dolmetscher und Reiseleiter in der Toskana diente. Filippo hat den Grafen von Schönborn noch gut in Erinnerung, einen umtriebigen und etwas hitzköpfigen jungen Mann, der gerne feierte. Als er ihn nun als Bischof wieder trifft, weiß er zunächst gar nicht, wie er ihm begegnen soll. Es stellt sich jedoch schnell heraus, dass das geistliche Amt Schönborn nicht wesentlich verändert hat. Er liebt die Freuden der Welt nach wie vor, er unterhält eine großartige Hofkapelle und scheut nicht einmal davor zurück, Sängerinnen anzustellen – vorausgesetzt, sie sind anständig verheiratet. Schönborn erkennt Filippo auf Anhieb und freut sich, ihn wieder zu sehen. Er spricht mit einer gewissen Wehmut über die wilden Zeiten in Florenz, dann bittet er seinen Gast um eine Arie.

Es ist ein warmer Junitag. Natürlich singt Filippo die Nachtigall. Die Schluchzer und Triller sind die altbekannten, Ferrante knirscht mit den Zähnen wie immer, die Reaktion des fränkischen Publikums dagegen ist neu:

Schönborn lud für die Arie eigens Gäste,
er sagt's den Domherr'n und den Kavalieren.
Im großen Saal, bei einem großen Feste
fang ich denn an zu nachtigallisieren.

Man kommt vom Essen und man sitzt ganz still,
versteht kein Wort und muss drum viel versäumen,
man liegt nicht in der Wiege, trotzdem will
man etwas schlafen und vielleicht auch träumen.

In allen Reihen tönt die Schnarcherei,
ich gelle laut, doch scheint man nichts zu hören,
mit Rutschen auf dem Sitz und Husterei,
versucht Schönborn – erfolglos – sie zu stören.

Voll Wut und Gift beende ich erbost
die Ariette – doch was soll's mich kümmern?
Das Lob des Bischofs ist ein guter Trost,
wir plaudern lang in seinen eignen Zimmern.

Thema dieser Plauderei ist unter anderem der Neubau der Residenz. Der Fürstbischof ist ein leidenschaftlicher Bauherr; er zeigt Filippo die Pläne für das Schloss und erklärt ihm sein Vorhaben im Detail. Leiter des Bauwesens ist seit 1719 Balthasar Neumann. Die Würzburger Residenz gilt als eines seiner Meisterwerke und stellt einen Höhepunkt der spätbarocken deutschen Architektur dar.

Als die Jagdsaison beendet ist und der kurfürstliche Hof mit einem großen Vorrat an Reiherfedern und Wildschweinhauern nach München zurückkehrt, machen sich auch Filippo und Ferrante auf den Heimweg. Wieder gilt es, eine Oper zu ertragen: Im Oktober 1723 singt Filippo in Torris »Griselda« den Ottone. Die Besetzungsliste dieser Aufführung zeigt, dass das kurfürstliche Hoftheater nicht hinter den ersten Opernhäusern Europas zurücksteht. Neben Antonio Bernacchi in der Partie des Gualtiero ist in der Titelrolle die berühmte Faustina Bordoni zu bewundern – »ein natürliches Talent«, wie Balatri an anderer Stelle etwas trocken über seine Kollegin bemerkt. Griselda, die wohl am schlimmsten gedemütigte Frau der Operngeschichte, ist eine dankbare Rolle. Faustina rührt und entzückt ihr Publikum durch ihre Darstellungskunst ebenso wie durch ihre Stimme.

Maria Amalia erhält wieder täglich ihre Gesangslektion, aber Filippo hat zunehmend Mühe, seine Pflichten als Maestro zu erfüllen. Sein »Hypochondrium« macht heftig auf sich aufmerksam. Nach dem Essen, wenn Amalia zu singen geruht, fühlt sich Filippo immer am schlechtesten. Der Hof tuschelt zwar schon, der Herr Kastrat sei ein Simulant, aber die kurfürstliche Familie glaubt ihm seine Beschwerden.

Tapfer leistet er seine Frondienste auf der Opernbühne. Im Karneval 1724 singt er den jugendlichen Liebhaber Manlio in der Oper »Tito Manlio«. Seine Krankheit setzt ihm weiter zu. Ende des Jahres bittet er Max Emanuel um einen längeren Urlaub, um sich in Italien auskurieren zu können, und erhält die Erlaubnis, München für eine Weile zu verlassen.

Ein paar österreichische Gäste, die Filippo im Februar 1725 in der Titelrolle der Karnevalsoper »Porsena« bewundern konnten, sind von seinem Auftritt als König der Etrusker so angetan, dass sie ihn dem Intendanten der kaiserlichen Hofkapelle in Wien empfehlen. Prompt wird er eingeladen. Er soll in der Oper zur Geburtstagsfeier der Kaiserin am 28. August mitwirken. Obwohl sich Filippo nach Italien sehnt, wagt er nicht, dieses ehrenvolle Angebot abzulehnen. Er reist mit seinem Bruder nach Wien.

Das Programmheft verrät, dass es sich bei Filippos Gastspiel um »Semiramide in Ascalona« handelt, eine der achtundsiebzig Opern von Antonio Caldara. Das Libretto stammt von Apostolo Zeno, die Bühnenarchitektur, die den Garten der Favorita zu einer »gran-

Faustina Bordoni, Pastellzeichnung von Rosalba Carriera

diosen Szene« macht, steuert Giuseppe Galli-Bibiena bei. Da eine Besetzungsliste fehlt, wissen wir nicht, welche Rolle Filippo übernahm. Die Titelheldin verkörperte Faustina Bordoni.

Während Faustinas Aufenthalt in München keinen wesentlichen Aufruhr verursacht zu haben scheint, ist sie in Wien das Tagesgespräch. Glaubt man Johann Mattheson, jubelte sogar der Kaiser, als die »fameuse Sängerin« für Wien gewonnen war: »Nun ist denn endlich dieses große Weltwunder allhier eingetroffen!« Obschon erst am Anfang ihrer Karriere, kann sich Faustina bereits erlauben, ein wenig »Politique« zu machen: Sie geizt mit den Wundern ihrer Kehle, und Mattheson behauptet, sie habe selbst für Prinz Eugen nur mit halber Kraft gesungen. An der Seite von Faustina entwickelt anscheinend sogar der Opernverächter Balatri einen gewissen Ehrgeiz; besonders schmeichelhaft ist der Abend nicht für ihn.

Sie singt bezaubernd, und in ihrer Nähe
sind meine Künste nur verschwindend klein:
Sie der Kanarienvogel, ich die Krähe –
jedoch, was soll's, ich muss gehorsam sein.

Ich ziehe mich geschickt aus der Affäre,
Stimme und Gestik kann man schon ertragen,
doch die Faustina SINGT! O Welt, welch Ehre!
Bescheiden darf ich hier die Knochen nagen.

In finanzieller Hinsicht kann sich der kurfürstliche Hofkastrat ebenfalls nicht mit Faustina messen. Sein großzügiges Jahresgehalt von 3500 Gulden verblasst gegen Signora Bordonis Gage. Laut Mattheson erhält sie vom Sommer 1725 bis zum Frühjahr 1726 »von Ihre Kaiserliche Majestät 15 000 Gulden pro fixo«.

Auch Filippo darf nach »Semiramide« nicht gleich abreisen. Er gefällt Karl VI. so gut, dass er bis zum Ende des Jahres in Wien bleiben muss, um den üblichen höfischen Musikkalender zu bereichern: die Motette in der Kirche, die Kantate bei Tisch, und immer wieder die verhasste Nachtigall.

Als Filippo Anfang 1726 endlich nach Venedig entlassen wird, ist er erschöpft und lustlos. Er sehnt sich nach einem ruhigen Leben, inkognito, ohne Hofbankette, Opern und Nachtigall. Am schönsten wäre es, wenn ihn bis auf weiteres niemand mehr nach seinem Beruf fragen würde – und wenn auch niemand mehr auf den ersten Blick erkennen könnte, dass es sich bei ihm um »einen solchen Sänger« handelt. In Venedig angekommen, unternimmt Filippo einen letzten Versuch, seine immer wiederkehrende Krankheit behandeln oder zumindest diagnostizieren zu lassen. Er besucht einen jüdischen Arzt, der dafür bekannt ist, selbst hoffnungslose Fälle nach alten orientalischen Geheimrezepten kurieren zu können. Auch von diesem Arzt hört er jedoch nichts Neues. Der Patient leide am Hypochondrium, und diese Krankheit sei unheilbar.

Filippo und Ferrante beziehen zunächst eine möblierte Wohnung in einer düsteren Straße, ein bescheidenes Quartier, das allerdings den Vorteil hat, dass man nicht, wie in einem Hotel, ständig Leute kennen lernt. Obwohl immer noch geschwächt und müde, gefällt Venedig dem Sänger auch bei diesem Besuch. Allein die stille Fahrt der Gondeln auf den Kanälen freut und beruhigt ihn. »Für einen Hypochonder«, schreibt Balatri, »ist Venedig die einzige Stadt, die ihn trösten kann.« Es gebe nichts Schöneres, als mit einem Buch in der Hand auf dem Canale Grande entlangzugondeln wie in einem schaukelnden Bett, und nichts Unterhaltsameres, als abends auf einer Insel in der Lagune ein wenig kalten Braten zu essen und dabei den Schiffen zuzuschauen. Die Venezianer sind diskret, niemand erkundigt sich nach persönlichen Dingen, und da Filippo diesmal nicht im Galagewand über die Piazza San Marco spaziert, interessiert sich auch niemand für seine Opernkarriere.

Dass der Herr ein Kastrat ist, entgeht jedoch keinem. Obschon im Urlaub, muss Filippo Modell stehen – ob freiwillig oder unfreiwillig, können wir nur raten.

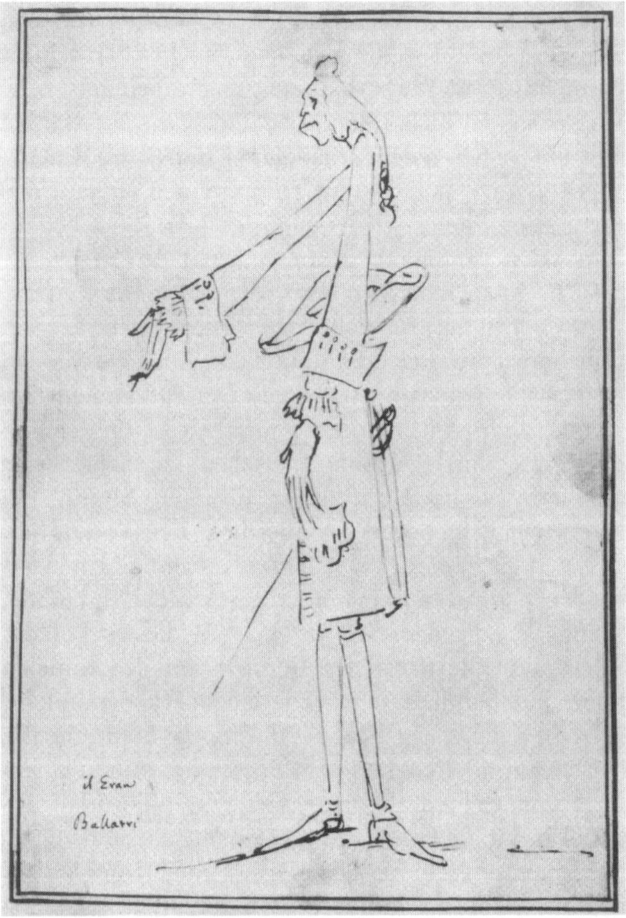

Filippo Balatri, Karikatur von Anton Maria Zanetti

Sowohl der venezianische Maler Anton Maria Zanetti d.Ä. als auch dessen Freund und Schüler Marco Ricci zeichnen Filippos Konterfei, und zwar als ziemlich respektlose Karikaturen. Die Bilder ähneln einander so sehr, dass man annehmen muss, einer hat vom anderen kopiert; wahrscheinlich Ricci von Zanetti. Die Neigung, Personen des öffentlichen Lebens, darunter viele Kastraten, auf die gemeinste Weise abzuschildern, teilen die beiden Künstler. Während Riccis Zeichnung, die heute in Schloss Windsor liegt, nicht betitelt ist, trägt Zanettis Karikatur die Aufschrift »il gran Balatri«. Ob mit »groß« Filippos Kunst oder sein Körperbau gemeint ist, verschweigt der Maler – und Filippo verschweigt, ob ihn das wenig schmeichelhafte Porträt amüsierte oder beleidigte.

Am 26. Februar 1726 stirbt Kurfürst Max Emanuel von Bayern. Filippo ist sehr traurig über diese Nachricht. Gleichzeitig jedoch weiß er, dass ihm der Tod seines Dienstherrn erleichtern wird, seinen Urlaub zu verlängern, und diese Aussicht behagt ihm sehr. Im Grund ist Filippo die »Früchte der Welt« längst schon leid. Das Leben bei Hofe strengt ihn an und verstärkt auch immer wieder das ständige schlechte Gewissen, das seiner »Hypochondrie« Vorschub leistet: er denke zu viel ans Diesseits, zu wenig an Gott. »Nimm einen guten Spinnrocken, du Armer«, sagt er zu sich selbst, »nimm guten Flachs dazu und eine gedrechselte Spindel, dann spuck dir auf die Finger und spinne an deinem Garn für die Ewigkeit.«

Die möblierte Unterkunft ist den Brüdern Balatri bald zu düster. Sie beschließen in ein besseres Viertel zu ziehen und dort einen eigenen Haushalt zu gründen. Obwohl Filippo schon einen Möbelhändler und einen Koch rekrutiert hat, rät ihnen dann jedoch ein Bekannter ab. Zwei ausländische Junggesellen, die eine eigene Wohnung unterhielten, seien in Venedig nicht gut angesehen und wehrlos der Willkür von Dienern, Gaunern und Geschäftemachern ausgeliefert. Als er das hört, nimmt Filippo sofort Abstand von seinem Plan. Misstrauisch ist er ohnehin, er möchte sich nicht in Gefahr begeben. Der Zufall will, dass er auf der Straße plötzlich ein bekanntes Gesicht erblickt: den Kastraten Nicolini, der damals im Theater am Haymarket in London solche Erfolge feierte und in dieser Saison in Venedig in der Oper auftritt. Die beiden Sopranisten freunden sich gut an und kommen bald zu einer Übereinkunft. Die Brüder Balatri ziehen mit ihrem neuen Koch in Nicolinis Haus ein und teilen mit ihm die Miete.

Filippo ist in dieser Wohngemeinschaft sehr glücklich. Wenn sich sein Kollege auf den Weg in die Oper macht, ist er froh, dass er ihn nicht begleiten muss – außer vielleicht ab und zu in eine Loge, wo er ihm müßig bei der Arbeit zuhören kann. Nur der Koch erweist sich als Fehlgriff. Er ist »ein halber Heiliger, der jeden Morgen sechs- oder siebenmal die Messe hört, weshalb mittags das Fleisch nie gar und alles für den Teufel ist«. Nicolini, der aufs Essen noch mehr Wert legt als Filippo und Ferrante, besteht darauf, dass man den Heiligen entlässt – zumal er nicht nur allzu gerne in die Kirche geht, sondern auch einen Großteil des Geldes für Nahrungsmittel unterschlägt.

Als die Opernsaison zu Ende ist, verlässt Nicolini Venedig und reist nach Bologna. Die Brüder Balatri übernehmen den Haushalt. Filippo genießt die Ruhe, die köstlichen Weine aus Padua und ein Leben ohne Gesang. Im Frühling 1727 kann er sich kaum mehr daran erinnern, wie es sich angefühlt hat, krank zu sein. Er verbringt seine Zeit mit Gebet, Lesen und Schreiben. Wahrscheinlich arbeitet er schon seit einer Weile an der Prosafassung seiner Memoiren. Es geht ihm gut wie schon lange nicht mehr, dann allerdings folgt ein großer Schreck. Sicherlich hat es Gott der Allmächtige für ratsam erachtet, Filippo Balatri inmitten all der irdischen Zufriedenheit an die Vergänglichkeit zu erinnern. Ferrantes geschwächte Lunge macht wieder auf sich aufmerksam, ihn ereilt ein gefährliches Fieber, das er nur knapp überlebt. Seine Atemnot hat sich verschlimmert, er leidet nun auch noch unter einem chronischen Husten, und der sommerliche Gestank der venezianischen Kanäle ist seinem Befinden nicht zuträglich. Ferrante kann an seiner eigenen Atmung erkennen, wie das Wasser steht, ohne dass er aus dem Fenster schauen muss. Je leerer die Kanäle, desto schlechter bekommt er Luft. Schweren Herzens beschließen die Brüder, den Sommer in Padua zu verbringen, und erst bei kälterem Wetter nach Venedig zurückzukehren.

Padua erweist sich als gute Wahl. Filippos Freude an den kleinen Vergnügungen des Lebens bekommt hier reiche Nahrung. Jeden Morgen sitzt er stundenlang in einem der Kaffeehäuser am Marktplatz, schaut den Verkäufern und ihren Kunden zu und genießt den Duft von Obst und Blumen. Dabei frühstückt er eine Kleinigkeit und hört den klugen Gesprächen der Universitätsgelehrten an den Nebentischen zu. In einem dieser Kaffeehäuser lernt er auch einen charmanten und sehr zutraulichen jungen Mann aus guter Familie kennen, der mit Nachdruck seine Freundschaft sucht. Er bietet den Brüdern eine Wohnung in seinem eigenen Haus an, stellt ihnen seine Theaterloge zur Verfügung und schenkt Filippo ein Körbchen mit den schönsten Trüffeln. Der Jüngling scheint den Sänger sehr in sein Herz geschlossen zu haben; es fehlt nicht viel, so hätte er ihm vor Begeisterung »die Schlüssel zur Stadt oder die Frau des Bürgermeisters angeboten«.

Die Brüder Balatri beziehen eine Wohnung gegenüber der Chiesa del Santo. Eines Tages lädt Filippo den liebenswürdigen jungen Mann, dessen Namen er diskret für sich behält, zum Essen ein. Es ist ein heißer

Tag, und die Balatris wollen nicht auf ihre Mittagsruhe verzichten. Filippo bietet seinem Gast ebenfalls ein Bett an, aber er lehnt ab, nicht einmal die Jacke möchte er ausziehen. Allerdings begleitet er den Sänger gerne in sein Zimmer, um dort, während sein Gastgeber schläft, an dessen Sekretär einen Brief zu schreiben. Glücklicherweise ist Filippos Schlaf nicht sehr tief – und leider ist der liebenswerte junge Mann weniger liebenswert, als es schien. Kaum meint er, der Sänger sei eingeschlummert, stiehlt er aus dessen Schreibpult einen Brillantring. Filippo springt schreiend aus dem Bett, um mit Entsetzen festzustellen, dass sein krimineller Freund in die Rocktasche greift und ein Stilett herauszieht. Filippo wagt nicht, den potenziellen Raubmörder zur Rede zu stellen. Er faselt allerlei von verwanzten Betten und unruhigen Träumen, dann sieht er dem Unhold hilflos dabei zu, wie er unter Bekundungen tiefster Freundschaft das Haus verlässt, mitsamt dem gestohlenen Ring.

Es dauert lange, bis Filippo das Schmuckstück zurückbekommt. Er muss zu diesem Zweck Flugblätter drucken, die halbe Geistlichkeit von Padua einschließlich einer kleinen Armee knüppelbewehrter Novizen auf seine Seite bringen, Tricks und Finten ohne Ende erfinden. Schließlich ist der Dieb überführt, der Ring wird im jüdischen Ghetto von Padua einem Hehler mit dem schönen Namen Angelo Laude abgenommen und seinem Besitzer wieder zugestellt. Es heißt, der missratene Jüngling habe nach diesem Erlebnis ein neues Leben angefangen, was Filippo aber ziemlich gleichgültig ist. Ihn selbst hat das Abenteuer wieder einmal davon überzeugt, dass der »Signor Welt« im Allgemeinen ein Unhold und Verbrecher ist, dass Vertrauen bestraft und Zuneigung schändlich ausgenützt wird.

Im Spätsommer kehren die Brüder nach Venedig zurück, aber die Kanäle stinken noch immer und nehmen Ferrante die Luft, also reisen sie weiter in das Städtchen Conegliano, nicht weit entfernt von den Venezianer Alpen. Sie wohnen außerhalb des Stadtzentrums, am Ende des heutigen Viale Cadorna, nahe beim Kloster der Kapuziner. Dort verbringen die Brüder viel Zeit. Filippo gefällt das friedliche Leben der Novizen in diesem irdischen Paradies so gut, dass er am liebsten nie wieder abreisen würde. Selbst die Feigenbäume sind ihm gewogen, sie haben genau die richtige Höhe, um dem groß gewachsenen Touristen ihre Früchte genau vor die Lippen zu halten. »O Nektar Jupiters«, frohlockt der Katholik, und er isst so viele sonnenwarme Feigen, bis er sich gründlich den Magen verdorben hat. Dank der guten Luft und der fleißigen Gebete der Kapuziner wird er jedoch schnell wieder gesund. Der Abschied fällt ihm schwer. Man tauscht Geschenke – Tabaksdosen und Miniaturheilige für die Mönche, fromme Bücher und rechtgläubige Glücksbringer für die Brüder Balatri. Ein Mönch schenkt Filippo sogar ein Büßerhemd, das er jedoch unterwegs in einem Gasthaus liegen lässt – vielleicht nicht nur ein Zufall, wie er selbst vermutet.

In Venedig hat endlich die kältere Jahreszeit begonnen, und Ferrante kann atmen, ohne an den Ausdünstungen der Kanäle zu ersticken. Sie wohnen wieder in Nicolinis Haus, aber ohne Nicolini. Der Sänger hat anderweitige Verpflichtungen. Dafür hält ein jüngerer Sopranist in Venedig Einzug und ist sofort die große Sensation: der 23-jährige Carlo Maria Broschi aus Andria bei Bari, der sich selbst Farinello nennt und von den Engländern später Farinelli getauft werden wird. Er kommt Ende 1727 nach Venedig und singt erneut in der Saison 1728/29 im Teatro di San Giovanni Crisostomo. Filippo schreibt, man hätte »in allen Häusern, Läden, Straßen und Klöstern nur von Farinello gesprochen, und wehe dem, der sagte, ›ich habe ihn noch nicht gehört‹.« Dies deckt sich genau mit den Berichten anderer Zeitgenossen. Prügeleien beim Billetverkauf sind an der Tagesordnung, und »man ist so besessen von Farinello, dass man, stünden plötzlich die Türken im Golf, diese seelenruhig landen ließe, um bloß nicht zwei Arietten zu versäumen«, wie Abbate Antonio Conti das fasste.

Carlo Broschi Farinello, ein hochbeiniger Jüngling mit weichen Zügen und ohne jedes schauspielerische Talent, setzte schon zu Beginn seiner Karriere neue Maßstäbe für Klang, Kraft und Kunstfertigkeit des männlichen Soprans. Unbewegt, die rechte Hand auf dem Herzen, im Gesicht ein frostiges Lächeln, sang er alles in Grund und Boden, was sich ihm in den Weg stellte – sei es ein wagemutiger Trompeter, der sein Lungenvolumen mit ihm messen wollte, sei es Antonio Bernacchi, der sich einbildete, er könne seinen jungen Kollegen in die Schranken weisen. Passagen von hundertfünfzig Noten in einem Atem, und dabei noch immer dieses befremdliche Lächeln – Farinello gab seinen Zuhörern Rätsel auf, ließ andere Virtuosen vor Neid erblassen und vertrieb nebenbei auch noch den letzten Rest der edlen Einfalt aus der spätbarocken Musik. Das behauptet zumindest der deutsche Musiker Adam Hiller 1767: »Farinello, dieses Wunder der Natur und der Kunst, richtete große Unordnung im Reiche der Harmonie an: Die Componisten, die Sänger, die Instrumentisten, von gleichem Entzücken hingerissen, wollten mit aller Gewalt farinellisieren. Das Natürliche und der Ausdruck der Empfindung verschwand aus dem Gesange; man gab sich allenthalben nur mit dem Unmöglichen ab.«

In Venedig singt Farinello in vier Opern, komponiert von Antonio Pollarolo, Leonardo Leo und Nicolò Porpora. Auch Filippo will sich die Sensation nicht entgehen lassen. Er ergattert ein Billet und geht ins Teatro Crisostomo. »Und wirklich, auch ich war hingerissen, als ich Farinello hörte, und bewunderte Gott, der ihm ein solch großes Talent geschenkt hatte. Meine eigene Nachtigall würde die Flügel hängen lassen und sich nie wieder zu singen trauen, aus lauter Furcht, die Motten aus diesem Mehl* könnten ihr um die Ohren fliegen. Ich habe den berühmten Bernacchi stets bewundert, und auch Faustina mit ihren natürlichen Gaben gefiel mir gut. Aber erst in Farinello fand ich den wahren musikalischen Gourmet.«

Nach seinen Erfolgen in Venedig reist Farinello unter anderem auch nach München. Im Oktober 1728 tritt er dort in Pietro Torris »Nicomede« auf, im Oktober 1729 singt er die Titelrolle in »Edippo«, wo die Besetzungsliste auch Faustina Bordoni nennt. Die Schande und die Ehre, mit Farinello auf der Bühne zu stehen, bleibt Filippo erspart. Soll der apulische Akrobat in München die Lorbeeren ernten – Balatri hat Urlaub, und die Oper ist ohnehin nichts weiter als gottloser Firlefanz.

Als in der Fastenzeit 1728 die Kanäle allmählich wieder zu stinken beginnen, wollen die Brüder Balatri in ein Haus am Campo San Vidal ziehen, in der Hoffnung, dass nahe beim Canal Grande die Luft besser sei. Filippo hat seinem Bruder zwar angeboten, nach Conegliano zurückzukehren, aber Ferrante kann mit diesem

* »Mehl«= italienisch »Farina«. Farinellos Künstlername bezieht sich nicht, wie manche vermuten, auf seinen reichlichen Gebrauch von Haarpuder, sondern ist eine Verbeugung vor der neapolitanischen Familie Farina, die sein Gesangsstudium zu finanzieren half.

klösterlichen Paradies wenig anfangen und zieht es vor, dem ungesunden Venedig noch eine Chance zu geben. Der neue Hausherr ist ein junger neapolitanischer Advokat, der ununterbrochen von der Oper schwärmt und es für eine große Ehre hält, dass Filippo bei ihm zur Untermiete wohnen will – wenn schon nicht Farinello, so zumindest einer seiner Kollegen. Obwohl der Mietvertrag bereits unterschrieben ist, überlegt es sich Ferrante plötzlich anders. Die Schöntuerei des Neapolitaners behagt ihm nicht, er fürchtet, dass sein Bruder als »der Virtuose des Signor Avvocato« bald in ganz Venedig herumgezeigt wird und weigert sich einzuziehen. Filippo und Ferrante streiten sich eine Weile, dann gibt Filippo nach, der Mietvertrag wird aufgelöst, der Advokat ist beleidigt, und die Brüder Balatri ziehen mit ihrem gesamten Mobiliar nach Verona.

Kaum haben sie sich dort eingerichtet – als zahlende Gäste im Haus eines Geistlichen –, hören sie von einem abscheulichen Verbrechen, das sich in Venedig ereignet hat.

Im Canal Giudecca fand man eben
einen großen Koffer, der dort schwamm,
man fragt sich, wer ihn dort hineingegeben,
man plagt sein Hirn, woher der Koffer kam.

Die Polizei macht dann die Schließen auf
und findet, sorgsam kleingehackt, zwei Weiber,
und dank dem Himmel klärt man auch bald auf,
woher sie kommen, jene toten Leiber.

Der Mörder ist genau der Advokat,
bei dem wir eine Wohnung mieten wollten!
Wie schön, nicht wahr, dass Gott verhindert hat,
dass uns're Leichen in den Koffer rollten.

Es dauert nicht lange, bis der Unhold bestraft ist. Man macht kurzen Prozess, vierteilt ihn und wirft ihn in die Lagune. Der Mörder gab sich selbst den Namen Don Nicola d'Aragona und stammte in der Tat aus Neapel, wo er im zarten Alter von vierzehn Jahren seinen ersten Raubmord beging. Nach einer spektakulären Flucht aus dem Kerker nahm er eine neue Identität an, zog nach Padua und studierte dort die Jurisprudenz. Eine Weile war er als erfolgreicher Advokat in Venedig tätig, bis er dann aber doch beschloss, zu seinem angestammten Beruf zurückzukehren. Er holte eine junge Hure und deren Mutter in sein Haus, betäubte sie mit Opium, eignete sich ihren Schmuck an, erwürgte und zersägte sie, packte die Teile in einen Koffer und warf ihn in den Kanal.

Filippo hat die Komplimente des Bösewichts noch gut im Ohr. Er dankt seinem Schutzengel und Ferrantes guten Instinkten und ist froh, in Verona zu sein, wo es zwar Koffer, aber keine Kanäle gibt. Schon zum zweiten Mal in einem Jahr haben sich liebenswürdige Fremde als Verbrecher entpuppt. Erst ein Dieb, nun ein Mörder – Filippo ist auf diese Welt längst nicht mehr gut zu sprechen.

Es ist sicher kein Zufall, dass er sich in Verona fast nur für eine einzige Sehenswürdigkeit interessiert: eine abgelegene Einsiedelei in den Bergen. Filippo kommt als Besucher, hält sich aber bald so viel in diesem Kloster auf, als sei er ein Mitglied des Ordens. Der Friede, der diesen Ort umgibt, die zeitlose und unirdische Ruhe fernab von Schmeichlern, Mördern und Opernsängern, sind Balsam für seine erschöpfte Seele. Schon das Schild, das über dem Eingang zum Klostergelände hängt, beruhigt Filippo mehr als ein Dutzend Rosenkränze: »Hier dürfen keine Frauen eintreten.« Die Anlage ist sauber und bescheiden, eine schlichte

Kirche, ein Konvent mit zehn Mönchszellen, dazu das Refektorium, die Küche, eine Kammer für die Erholung und ein kleiner Garten. Mehr als einmal kommen Filippo die Tränen, als er in diesem Kloster betet. Er blickt auf sein Leben zurück, und plötzlich erscheinen ihm all seine Abenteuer und all seine Erfolge nutzlos und leer. Filippo ist kein junger Mann mehr, und er beginnt ernsthaft über seine Zukunft nachzudenken. Natürlich gibt es Ferrante, seinen geliebten Bruder und steten Begleiter – aber abgesehen davon steht Filippo ziemlich allein. »Wer sollte denn an mich denken, wenn nicht ich selbst?«, entschuldigt er sich, als er seine Sorgen dem Papier anvertraut.

Seit Filippo in Verona erfahren hat, dass es möglich ist, auch noch im höheren Alter als Konverse in ein Kloster einzutreten und dort mit den Mönchen zu leben, ohne ein reguläres Noviziat zu durchlaufen, geht ihm dieser Gedanke nicht mehr aus dem Kopf. »Jemand, der eine gewisse Lebenszeit auf Erden hinter sich gebracht hat und dann nicht weiß, was er mit sich anfangen soll, vielleicht ein Kavalier, dessen Kräfte fast aufgebraucht sind, oder ein Bürger ohne Frau und Kinder, ein gescheiterter oder erschöpfter Geschäftsmann, ein Witwer, oder so etwas ähnliches – was bleibt solchen Leuten in der Welt noch zu tun?« Es wäre so einfach, dem Abt all sein Vermögen zu geben, in eine Zelle zu ziehen und sich nie wieder, bis zu seinem Tod, um irgendetwas kümmern zu müssen außer um das »Garn für die Ewigkeit«! Als schließlich ein Brief aus München eintrifft, der Filippo an den kurfürstlichen Hof zurückruft, kann er sich darüber gar nicht freuen.

Ferrante beschließt, seinen Bruder diesmal nicht zu begleiten. Er will in Verona bleiben und abwarten, ob der Sänger den Klimawechsel gut verträgt oder ob er etwa sofort wieder erkrankt, sobald er der bayerischen Luft und Küche ausgesetzt ist. Sie vereinbaren, dass Ferrante die Wohnung in Verona behält und erst dann nach Deutschland nachkommt, wenn sich Filippo eingelebt hat.

In München wird der beurlaubte Kammersänger freundlich empfangen. Er bleibt nicht in den Diensten von Kurfürst Karl Albrecht, sondern wechselt zu seinem Bruder Johann Theodor, Fürstbischof von Freising und Regensburg, für dessen Gesangsausbildung und musikalisches Vergnügen er fortan zuständig ist. Auch in der Freisinger Hofkapelle, die seit 1712 unter der Leitung von Johann Jakob Pez steht, hat er seine Aufgaben zu erfüllen. Obwohl sich Johann Theodor nach Kräften bemüht, italienische Virtuosen aus München abzuwerben, ist die Freisinger Hofkapelle bei Filippos Eintreffen noch immer fest in deutscher Hand. Filippo unterhält sich so gut es geht in einer kruden Mischung aus Latein und Bairisch und hofft, dass ihn die einheimischen Musiker nicht allzu sehr beneiden. Selbst das Jahresgehalt des Kapellmeisters Pez überstieg nie einen Betrag von 350 Gulden – zuzüglich »2 Schäffl Korn und 22 1/2 Eymer Pier«.

Sollte sich Filippo eingebildet haben, der Dienst bei einem Bischof bringe ihn seinem Ziel näher, ein weltabgewandtes Leben zu führen, so hat er sich getäuscht. Johann Theodor ist ein junger Mann von Lebensart, dessen prunkvolle Hofhaltung jener des Kurfürsten kaum nachsteht. Der Bischof geht ebenso gerne auf die Jagd wie sein seliger Vater Max Emanuel, und er hat auch sonst viel von ihm geerbt: eine hervorragende Singstimme, einen liebenswürdigen Charakter und die Fähigkeit, sehr schnell sehr viel Geld auszugeben. Dabei ist er gütig, sanft und fromm. Filippo sagt, er habe mit Ausnahme der Golizyns keinen seiner Herren so sehr geliebt wie Johann Theodor.

Auch als Gesangsschüler zeigt der Bischof viel Talent. Seine Bassstimme ist konzertreif, er spielt hervorragend die Viola da Gamba, und auf dem Cembalo kann er Filippos Arien nicht nur vom Blatt begleiten, sondern auch aus dem Stegreif transponieren. Neben Jagd, Musik und Kartenspiel hat Johann Theodor noch ein weiteres Steckenpferd: Er übt sich im Drechseln. Filippo lächelt, wenn er dem Fürstbischof dabei zusieht, wie er voller Holzstaub an der Werkbank sitzt und sich freut, wenn ihm ein schönes Stuhlbein gelungen ist. Vielleicht erinnert sich der Sänger an den pechbeschmierten Zaren, der damals in Woronesch die Schiffe kalfaterte.

Filippo verbringt seine Tage in Freising, München oder Ismaning. Dort verwendet Johann Theodor viel Zeit und Geld auf die Erneuerung des fürstbischöflichen Landschlosses, das schon sein Vorgänger, Johann Franz, zu renovieren begonnen hatte. Johann Theodor lässt wertvolle Tapeten, Stuck und Skulpturen für die Innenausstattung anfertigen, legt neue Gärten und ein exotisches Gewächshaus an und gibt schließlich leichten Herzens 40 000 Gulden für ein Wasserwerk aus, das die Springbrunnen des Ismaninger Schlosses so gut versorgt, dass man fast meinen könnte, man sei in Versailles.

Filippo führt ein recht geruhsames Leben. Singstunden und Hausmusik beim Fürstbischof, bisweilen eine Motette in der Kirche oder ein Gastspiel in den Privatgemächern seiner ehemaligen Schülerin, der Kurfürstin Amalia, die seit ihrer Schwangerschaft leider nicht mehr selbst singt. »Von vierundzwanzig Stunden«, schreibt Balatri, »hatte ich zweiundzwanzig frei.«

Er findet viel Zeit, an seinen Memoiren zu arbeiten. Die ersten fünf Bände von »Vita e Viaggi« sind bald fertig gestellt. Filippo unterhält den fürstbischöflichen Hof mit den Erzählungen seiner Abenteuer, er lustwandelt in den Parkanlagen von Ismaning oder betet im Dom von Freising, der von seinem Zimmer im Bischofspalast nur durch eine Tür und ein Treppchen getrennt ist. Ohnehin lässt der geistliche Beistand nichts zu wünschen übrig. Beim Essen sitzt Filippo zwischen zwei Jesuiten, deren kluge Reden ihn sehr erbauen, und neben seinem Schlafzimmer befindet sich gleich das Schlafzimmer von Johann Theodors Beichtvater. »Wenn ich also Lust bekommen hätte, plötzlich zu sterben«, erklärt der Autobiograph aufgeräumt, »so wäre immer jemand in der Nähe gewesen, der mir dabei Gebete in die Ohren hätte brüllen können.«

Bald schreibt Filippo nach Verona, um seinen Bruder nach München zu rufen. Ferrante antwortet knapp, er wolle noch warten, und er verwahrt sich dagegen, dass Filippo ihn ständig bemuttert. Der Brief ist zwar freundlich, doch auch befremdlich, obwohl Ferrante sogar Späße macht: Er selbst werde immer fetter von der guten italienischen Küche, und er hoffe, der kleine Bruder sei nicht schon »völlig mumifiziert vor lauter Bier und Sauerkraut«. Filippo lacht und grübelt zunächst nicht weiter über Ferrantes Starrsinn nach.

XI

Im Sommer gehen der kurfürstliche und der fürstbischöfliche Hof wieder auf Reiherjagd. Auch Filippo ist mit von der Partie. Man quartiert sich in Schloss Leuchtenberg in der Oberpfalz ein und nützt das gute Wetter, um möglicht viele dieser ungenießbaren Vögel aufzuscheuchen. Sie werden lebend gefangen, dann zupft man ihre Schmuckfedern aus, legt ihnen einen Metallring mit dem Namen des Fürsten um den Fuß, und schließlich werden sie – stets von einer Dame – wieder freigelassen. Da Reiher ziemlich alt werden können, findet man kaum einen Vogel, der nicht schon mehrere Namensringe trägt. Die begehrten Federn, mit denen Herren wie Damen gerne ihre Hüte schmücken, wachsen glücklicherweise nach.

Die Reiherjagd ist eine kostspielige Angelegenheit. Die Falken sind aus Holland importiert, die Falkner stammen aus Irland und sitzen auf englischen Pferden. Filippo, der nach wie vor nicht gerne reitet, bleibt meistens im Schloss, nur an Lustpartien und Picknicks nimmt er teil, zu denen man in der Kutsche fahren kann.

Vor einem Ausflug in ein nahe gelegenes Kloster erwacht er eines Morgens mit einem unerklärlichen Gefühl von Angst und schwarzer Melancholie. Es ist zu spät, um sich zu entschuldigen. Den Tag übersteht er mit Anstand, aber auf der Heimfahrt überkommt ihn in der Kutsche eine solche Übelkeit, dass er aussteigen muss. Er versteckt sich hinter einem Busch. Die Mitreisenden glauben, er wolle nur seine Notdurft verrichten, aber Filippo bricht schweißüberströmt zusammen. Ein Schlaganfall? Er weiß es nicht. Er weiß jedoch, dass dieser Augenblick ein Wendepunkt in seinem Leben ist. Etwas Schreckliches wird geschehen oder ist schon geschehen, nichts wird jemals wieder sein wie zuvor. Gebeutelt von diesen finsteren Ahnungen gelingt es ihm nur mit Mühe, sich so weit zu sammeln, dass er beten kann. Zitternd kniet er im Gras und wiederholt unter Tränen: »In deine Hände, Gott, gebe ich mein Leben.« Endlich steht er dann auf und steigt, mehr tot als lebendig, in die Kutsche.

Zurück im Schloss verzichtet er auf das Abendessen, lässt sich beim Fürstbischof entschuldigen und geht zu Bett. An Schlaf ist nicht zu denken. Filippo hat Bauchschmerzen und ein schrecklicher Durst plagt ihn, der nicht zu stillen ist, selbst als er den ganzen Krug mit Waschwasser ausgetrunken hat. Der kurfürstliche Leibarzt diagnostiziert einen unklaren Schwächeanfall. Filippo denkt ans Sterben.

Als der Hof zwei Wochen später nach München zurückkehrt, wartet dort ein Brief aus Verona. In einer unbekannten Handschrift liest Filippo den Satz, Ferrante sei auf den Tod erkrankt, die Ärzte hätten ihn aufgegeben, nur Gott könne ihm noch helfen. Filippo reagiert auf diese Nachricht nicht wie ein guter Christ. Er weiß, er müsste »die Peitsche küssen, die ihn schlägt«, Ferrantes Schicksal in Gottes Hand geben, an die unsterbliche Seele denken – er kann es nicht. Er betet zwar, aber ohne Demut, eine verzweifelte Auflehnung gegen die himmlische Grausamkeit. Er weigert sich zu essen, er weigert sich zu schlafen, er geht auch nicht zur Beichte, sondern schließt sich in seinem Zimmer ein, schlägt mit den Fäusten gegen die Wand, heult und schreit. Der Fürstbischof gewährt ihm keinen Urlaub, um nach Verona zu fahren. Filippo droht dem Allmächtigen, nie wieder einen Rosenkranz anzufassen, wenn sein Bruder nicht gesund wird.

Am nächsten Posttag nimmt Filippo zwar die Kommunion zu Ehren der Schmerzensreichen Madonna, aber er findet keine Gelassenheit. Während sein Diener in die Stadt reitet, um die Briefe abzuholen, verliert Filippo beinahe den Verstand. Er wandert von Fenster zu Fenster, der Diener kommt nicht zurück. Erst am Abend, als ihn der Fürstbischof zu sich rufen lässt, wird Filippo klar, dass Johann Theodor den Boten abgefangen hat. Er wollte verhindern, dass sein Sänger mit der Post allein bleibt. Filippo liest die beiden Briefe dann in Gegenwart des Fürstbischofs. Im ersten steht, Ferrante liege im Todeskampf, der zweite berichtet, er sei – bei vollem Bewusstsein, mit geistlichem Beistand und »zwei großen Seufzern« – aus dieser Welt geschieden.

Es dauert lange, bis ein Brief aus Verona in München eintrifft. Als Filippo die Nachricht erhält, ist Ferrante schon seit Wochen tot. Filippo begreift, dass sein geliebter Bruder genau in dem Augenblick gestorben ist, als er selbst in der Kutsche einen Schwächeanfall erlitt. »Denn so stark waren die Bande, die uns beide aneinander fesselten.«

Über die Wochen, die auf diese Nachricht folgen, erzählt Balatri wenig. »Was ich in dieser Zeit tat und sagte, war keines Christen würdig.« Einen Gott, der ihm Ferrante weggenommen hat, kann Filippo nicht lieben. Die Verheißungen des Paradieses interessieren ihn nicht. Mit seinem Bruder hat er auch seinen Glauben verloren, und er weiß nicht, wo er ihn wiederfinden soll. Filippo denkt an Ferrante, den lebendigen Ferrante, den es nicht mehr gibt. »Und ich war plötzlich ganz allein auf dieser Welt, und es fühlte sich an, als stünde ich mitten in der tatarischen Steppe.« Der Autobiograph hält seine Feder sehr fest, als er diese Passage schreibt. Die Schrift ist schwer, der Kiel fast gespreizt.

Er verschweigt, ob oder wie er seine Trauer und seine Zweifel an Gottes Gerechtigkeit überwunden hat. Nach Ferrantes Tod weiß er nicht mehr allzu viel zu berichten. Vermischte Betrachtungen über Leben und Tod, eine sorgfältige Schilderung höfischer Zeremonien, dazu eine herzliche Lobrede auf einen namenlosen Beichtvater, der ihm Trost zu spenden versucht – es klingt fast, als erzähle ein Gestorbener posthum von seinen letzten Tagen.

Als Filippo »Vita e Viaggi« abschließt, schreibt man das Jahr 1732. Das Versepos »Frutti del Mondo« beendet er 1735. Er ist fest davon überzeugt, dass er seinem Bruder bald folgen wird. Noch ein Monat? Noch ein Jahr? Beide Fassungen der Memoiren schließen mit dem Satz: »Das ist das Ende meines Lebens.« Als er 1738 noch immer nicht gestorben ist, schreibt Filippo sein Testament und erklärt auch darin, dass es sich nur noch um Tage handeln könne. Er hat sich geirrt. Noch achtzehn Jahre lang musste er die »Schweinewelt« ertragen.

Die Memoiren erwecken zwar den Anschein, Filippo habe sich nach dem Tod seines Bruders nie mehr von seiner Melancholie zu lösen vermocht. Man darf aber nicht vergessen, dass fast alle seine Niederschriften aus dieser Zeit stammen. Mindestens vier Bände von »Vita e Viaggi«, beide Bände von »Frutti del Mondo«, das Testament sowie das Schauspiel »Santa Margherita« sind nach 1730 entstanden, und alles zeugt davon, dass Filippo, zumindest beim Schreiben, seine gute Laune durchaus wieder fand. Vielleicht hat ihn die Erinnerung an seine Abenteuer und die Freude an der Formulierung zeitweise darüber hinweggetröstet, dass er den tieferen Sinn dieses ereignisreichen, komischen und traurigen Lebens nie verstanden hat. Hat er sein Glück gefunden? Nein. Hat er etwas erreicht? Eigentlich nicht. »Ich war kein General, ich habe nicht die chinesische Mauer gebaut, ich habe nicht Prinz Amurat den Ersten beschnitten, und eine Methode, wie man Säuglingen das Lesen und Schreiben beibringt, fiel mir auch nicht ein.« Ein Leben für ein paar Triller, für die Postkutsche, für das Amüsement in Kammer und Salon? Ein albernes Capriccio, mit dem sich der Signor Welt die Zeit vertrieb? Filippo grübelt, aber er kommt zu keinem Ergebnis. Natürlich ist Gott gerecht. Natürlich ist Sein Ratschluss unergründlich. Manchmal klingen Filippos Demutsbekundungen mehr als schal. Hat er eine neue Sünde kennen gelernt, nachdem die Sünde des unkeuschen Begehrens allmählich an Bedeutung verlor – die Sünde des Zweifelns? Dieses Geheimnis haben er und sein Beichtvater mit ins Grab genommen.

Als der Sänger seine Memoiren beendet, ist er dreiundfünfzig Jahre alt. Er ist noch immer der Musiklehrer des Fürstbischofs, er begleitet den Hof noch immer von einem Landschloss ins nächste, und es ist anzunehmen, dass er auch noch bisweilen die Nachtigall singt, wenn man ihn allzu sehr bedrängt. Die Programme der Münchener Hofoper nennen seinen Namen nur noch selten. Im Karneval 1737 begegnen wir ihm zum letzten Mal, dort singt er eine kleinere Rolle in »La costanza in trionfo ovvero L'Irene«. Francesco Peli-Modenese hat diese marokkanische Liebestragödie in Musik gesetzt. Längst ist das Feuer erloschen, mit dem der junge Kastrat einst am Wolgaufer seine nächtlichen Triumpharien sang. Vieles ist Filippo gleichgültig geworden – die Launen der Hofleute, neue Kleider und Tabatieren, Cupidos Pfeile, der Beifall der Welt. Er freut sich, wenn er jemanden zum Lachen bringt, er freut sich, wenn er seine Ruhe hat, er liest und stickt und betet standhaft seinen Rosenkranz.

Im Bayerischen Nationalmuseum in München hängt ein großes Ölgemälde von Peter Jakob Horemans, auf dem man Filippo Balatri bei der Arbeit zuschauen kann.* Das Bild ist 1733 entstanden und zeigt den Hof des Fürstbischofs Karl Theodor bei seiner sommerlichen Abendunterhaltung im Garten von Schloss Ismaning. Filippo beschreibt dieses Gemälde in seinem so genannten Testament. Es war in Ismaning ausgestellt, wo es der Sänger fast täglich sah – stets ein Anlass, sich Gedanken über die Vergänglichkeit zu machen.

Auf Horemans' Bild, das viele Personen des Hofes lebensecht darstellt, ist der fürstbischöfliche Sopranist die zentrale Gestalt und der auffälligste Blickfang. Die physiognomischen Besonderheiten, die Anton Maria Zanetti und Marco Ricci in ihren Karikaturen so respektlos hervorgehoben haben, sind ansatzweise auch auf Horemans' Porträt zu erkennen: Filippo hat eine niedrige Stirn, eine etwas hervortretende Kieferpartie und ein kleines Doppelkinn. In einem leuchtend roten Rock sitzt er an einem Oktavcembalo, das blau und silbern in den Farben Kurbayerns gefasst ist. Ausnahmsweise muss er nicht singen. Filippo spielt, unterstützt von einem Gambenisten, den Basso continuo in

---

* Siehe Vorsatz

einer Triosonate für Traversflöte und Bratsche. Sein Blick ist nicht ganz einfach zu deuten – ein wenig belustigt, ein wenig müde, ein wenig verwundert.

Der Fürstbischof, erkennbar an einem schmalen brillantenbesetzten Brustkreuz, steht hinter ihm und sieht seinem Maestro in die Noten. Johann Theodor wirkt in dem Figurenensemble so nebensächlich, das hellrote Galagewand des hoch gewachsenen Sopranisten leuchtet dagegen so auffällig, dass spätere Betrachter bisweilen den Kastraten für den Bischof und den Bischof für den Kastraten hielten; eine seltsame Verwechslung, die Schüler und Lehrer wahrscheinlich recht belustigt hätte.

So wie die Geschichte von Filippo Balatri drei Anfänge hatte – seine Geburt, seine Kastration und den Entschluss, zur Feder zu greifen –, so endet sie auch dreimal: Das erste Finale, der Abschluss seiner Memoiren, ist an dieser Stelle erreicht. Sein Leben in den zwei Jahrzehnten nach 1735 ist aus heutiger Sicht nur noch eine Abfolge spärlicher Sekundärquellen.

Bevor Filippos Geschichte 1756 zum dritten und letzten Mal zu Ende geht, verabschiedet er sich bereits 1739 aus freiem Willen von dieser Welt. Er tritt als Mönch in das Zisterzienserkloster Fürstenfeld bei München ein. Vielleicht ist es die Erinnerung an den himmlischen Frieden, den er in den Einsiedeleien bei Verona und Conegliano erlebte, die ihn zu diesem Entschluss bewegt, vielleicht eine Bekanntschaft mit dem Abt von Fürstenfeld, vielleicht auch Gespräche mit Beichtvater und Fürstbischof. Verwundern kann uns Filippos Entscheidung eigentlich kaum. Erstaunlich ist höchstens, dass er, im Alter von immerhin siebenundfünfzig Jahren, ein reguläres Noviziat antritt und sich nicht etwa als Konverse in ein Kloster zurückzieht.

Es ist Johann Theodor zu verdanken, dass Filippo ein vollwertiger Mönch werden darf. Nachdem der Fürstbischof, so die Chronik von Kloster Fürstenfeld, Filippos »Eifern, der Welt abzusagen und in einem geistlichen Ambt GOtt allein zue dienen, geprüft und andauernd erkant« hat, erwirkt er für seinen Sänger schnell den erforderlichen Dispens. Am 15. Juli 1739 wird Filippo als Novize eingekleidet, am 13. Juli 1741 erhält er in Ismaning vom Fürstbischof die Priesterweihen, drei Tage später feiert er, anlässlich der Einweihung der neuen Klosterkirche von Fürstenfeld, seine Primiz als Mönch. Die Chronik weist darauf hin, dass der Novize in seinem weltlichen Leben »als Castrat bei allen europäischen Höfen wegen derer seltnen Vorzüge seiner Stimme bewundert und geehrt« war. Als Name ist »Dionysius Balatri« verzeichnet. Der Sänger scheint so begierig darauf gewesen zu sein, seine weltliche Haut abzustreifen, dass er seinen Rufnamen Filippo gegen den zweiten Taufnamen Dionisio eintauschte, sobald er Novize wurde. Schließlich legt er auch Dionisio ab, zusammen mit Balatri, Filippo und Filippuschka: Er erhält – »zur Erinnrung an den Beförderer seiner Berufung« – den Ordensnamen Theodor.

Nicht nur der Fürstbischof Johann Theodor ist am Wohlergehen des frisch gebackenen Konventualen interessiert, auch Karl Albrecht von Bayern macht sich für Filippo stark. Vom Januar 1740 datiert ein Schreiben des Kurfürsten an Abt Konstantin Haut von Fürstenfeld, in dem der Landesherr darum bittet, den Novizen gut zu behandeln: »Demnach Unser Hof Musicus Philippo Palatri in euren heyligen Orden und anvertrautes Closter trittet, derselbe uns auch derzeit angenehm gewesen, So wirdet Unß sonderbar gefählig sein, wan ühr ihme mit guetter Bezaigung und Lieb begegnen werdet.«

Die Zisterzienserabtei Fürstenfeld, gelegen im Ampertal an der Straße München–Augsburg, wurde 1263 von dem bayerischen Herzog Ludwig II. dem Strengen gegründet. Der Papst hatte Ludwig diese Sühneleistung anstelle eines Kreuzzuges gestattet, nachdem der Herzog auf Grund falscher Verdächtigungen seine Gemahlin Maria von Brabant enthaupten ließ. Seit seiner Gründung diente Kloster Fürstenfeld als Hauskloster und Grabstätte der Wittelsbacher, was auch das spätere Interesse der barocken Kurfürsten an diesem Konvent erklärt. Nach schweren Finanzkrisen in der zweiten Hälfte des 18. Jahrhunderts wurde Kloster Fürstenfeld 1803 säkularisiert.

Das Leben der Zisterzienser, eines benediktinischen Reformordens, ist asketisch und strengen Regeln unterworfen – vom Händewaschen am Brunnen des Kreuzgangs bis zur Wahl der Psalmen beim Chorgebet. Angefangen mit der Morgenandacht um ein Uhr nachts verbringen die Mönche täglich bis zu sieben Stunden bei Gesang, Gebet und Lesung. Abgesehen von Tätigkeiten im Haus ist körperliche Arbeit selten und dient im Sinne der Benediktinerregel eher der Entspannung des Geistes als dem Gelderwerb.

Zu Filippos Zeit gelten zwar noch weitgehend dieselben Regeln für den Tagesablauf der Mönche. Zumindest was die Räumlichkeiten angeht, ist von der mittelalterlichen Askese jedoch nicht mehr viel übrig. Der prächtige barocke Neubau des Klosters geht wesentlich auf die Initiative von Kurfürst Max Emanuel zurück und beruht auf Plänen seines Hofbaumeisters Giovanni Antonio Viscardi. Getrennt von der Klausur der Mönche wurden im Westtrakt des Konvents »Fürstenzimmer« und ein eigener Garten für den Aufenthalt des Hofes eingerichtet. Statuen, Tapeten, teures Mobiliar und großartige Stukkaturen sorgten dafür, dass die kurfürstliche Familie bei einer gottgefälligen Landpartie nicht auf den gewohnten Komfort verzichten musste, und waren für Max Emanuel wieder einmal ein Anlass, sich finanziell zu ruinieren.

Als Filippo seine Ausbildung zum Zisterziensermönch beginnt, wird er, wie alle Novizen, zunächst in einem gesonderten Trakt im Ostflügel von Kloster Fürstenfeld untergebracht. Unter der Anleitung des »Magisters« oder Novizenmeisters lernt er die Benediktinerregel, die Auslegung der Psalmen und die liturgischen Bräuche. Obwohl die Erziehung eines Zisterziensers, wie Balatri schreibt, »rigoros und zeitaufwändig« ist, findet er Muße, im Noviziat ein Theaterstück zu verfassen: »Santa Margherita da Cortona in Toscana, Istoria Sagra da rappresentarsi nel venerabil monasterio delli cisterciensi in Campo di Precipe« (»Die heilige Margarete aus Cortona in der Toskana, geistliches Schauspiel zur Aufführung im ehrwürdigen Zisterzienserkloster zu Fürstenfeld«). Filippo beendet das Manuskript 1741, kurz bevor er die ewigen Gelübde ablegt, und reicht es an einen Mönch weiter, der Italienisch spricht. Nach dessen deutscher Übersetzung, die nicht überliefert ist, wird das Schauspiel im klostereigenen »Comödiensaal« zur Aufführung gebracht.

Der Autor hat dafür Sorge getragen, dass sein Stück den besonderen Gegebenheiten gerecht wird. Es erfordert kaum Ausstattung, nur einen einzigen Szenenwechsel, und vor allem – keine weltlich gekleideten Frauen. Margarete ist die einzige weibliche Rolle, und sie trägt, wie es sich für eine Heilige schickt, stets ein »Gewand von allergrößter Erbaulichkeit«, wie Balatri das ausdrückt.

In seiner Vorrede erklärt er die toskanische Büßerin zu seiner persönlichen Schutzheiligen. Interessanterweise gilt Margarete neben Maria Magdalena sonst vor allem als Patronin der »reuigen Dirnen«. Filippos Gretchen wurde 1247 in Cortona geboren und erlag dort als junges Mädchen den Verlockungen des Fleisches und der irdischen Reichtümer. Neun Jahre lang lebte sie mit einem wohlhabenden Kaufmann aus Montepulciano im Stand der Sünde, bis ihr Geliebter eines Tages von Räubern ermordet wurde und Margarete seinen wurmzerfressenen Leichnam fand. In diesem Augenblick traf sie die göttliche Erleuchtung. Sie sagte dem Begehren und der Eitelkeit der Welt Lebewohl und lebte fortan, mit einem Strick um den Hals, als Büßerin im Frauenkloster des heiligen Franziskus zu Cortona.

Die Handlung des Schauspiels setzt erst nach Margaretes Bekehrung ein und hat mit der Heiligenlegende nicht besonders viel zu tun. Filippo erklärt in der Vorrede, dass er aus Zeitgründen darauf verzichtete, sich über die Hagiographie und die historischen Hintergründe kundig zu machen. Stattdessen verlegt er die Geschichte in die Gegenwart und erfindet eine Reihe von Personen, die er der Büßerin an die Seite stellt – einen abscheulichen Vater, einen »schutzengelgleichen« Cousin, den Richter der Stadt Cortona und vor allem einen Bediensteten namens Balocco, der in Wirklichkeit ein Teufel ist und im Verlauf der Handlung unter Blitz und Donner in die Hölle fährt.

Obwohl das Stück nicht an die Originalität von Filippos Memoiren heranreicht, ist es doch ein »echter Balatri«: eine Tragikomödie, die Predigt und Commedia dell'Arte mit Grandezza vermischt und unvermittelt zwischen höchst erbaulichen Reden und durchaus unverschämten Dialogen hin- und herspringt. Im Nebeneinander von Scherz und Ernst erinnert der Text von ferne an die spanischen »Come-

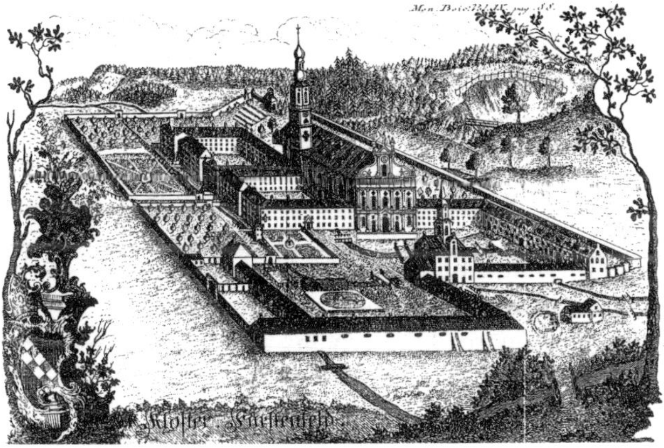

Die Klosteranlage Fürstenfeld. Stich Zimmermann, 18. Jh.

dias de Santos« des 17. Jahrhunderts. In Italien oder Deutschland sind geistliche Schauspiele dieser Art nicht üblich. Wie schon mit seinen gereimten Memoiren hat Filippo, wahrscheinlich ohne es zu merken, auch hier ein literarisches Genre erfunden. Ob es ihm gelungen ist, die Mönche zu belehren und zu unterhalten, wie er es sich in der Vorrede zum Ziel macht, und ob es dem Übersetzer gelang, Filippos Wortwitz und den toskanischen Dialekt gut einzudeutschen, werden wir nie erfahren.

Sollte sich Filippo Balatri gewünscht haben, als Mönch endlich frei von musikalischen Verpflichtungen zu sein, so wird er enttäuscht. Die Zeit, als man in der Zisterzienserabtei Fürstenfeld nichts als gregorianische Choräle hörte, ist schon lange vorbei. Der tägliche Gottesdienst wird mit Chor und Orchester gefeiert, zu den Festtagen bringt man stets neue Kompositionen zu Gehör, hinzu kommen bisweilen Singspiele im Comödiensaal sowie »Collegia musica«, bei denen man in kleinerem Rahmen Musik spielt. Die prächtige freistehende Orgel von Johann Fux, eines der schönsten spätbarocken Instrumente von Oberbayern, wird 1736 eingeweiht; eine andere Attraktion dieser Zeit ist der Fürstenfelder Paukenist, der den kurfürstlichen Hof bei seinen häufigen Besuchen nach dem Diner mit seiner Virtuosität in Erstaunen zu setzen pflegt.

Es ist kein Wunder, dass Bruder Theodor, kaum hat er die Gelübde abgelegt, als Musiker in die Pflicht genommen wird. Man ernennt ihn zum Chorregenten und damit auch zum Musiklehrer in der Schule des Klosters. Das Knabenseminar von Fürstenfeld, ursprünglich eine Lateinschule, die vor allem Nachwuchs für eine geistliche Laufbahn ausbildete, profilierte sich im Laufe des 18. Jahrhunderts zunehmend auch als Musikschule. Viele Knaben, die Filippo Balatris Musikunterricht genossen haben, fanden danach Aufnahme in den Konservatorien von München und Augsburg.

Der klostereigene Sopranist scheint die musikalische Erziehung so sehr befördert zu haben, dass man im Jahr 1754 auf eine merkwürdige Idee verfällt. Zur »Aneiferung« der Knaben, wie die Chronik das ausdrückt, importiert man weitere vier italienische Kastraten, die sich als Gäste des Klosters um die Singschüler kümmern. Der Chronist erzählt, man schätzte diese Sänger so sehr, dass sie der Abt persönlich »an denen sogenannten Festtagen, nach dem Hochamte, mit französischen Sechserln und Klosterfrauleckerln beschenkte«. Ob der betagte Chorregent Balatri diese Fütterung seiner weltlichen Kollegen gut hieß, wissen wir leider nicht.

Filippo betet, hört die Messe und die Lesungen, er unterrichtet, spielt die Orgel und komponiert bisweilen eine Motette. Vielleicht ist er glücklich. Wahrscheinlich ist er ein wenig müde. Manchmal, selten, singt er eine Arie – zum Lobpreis Gottes, nicht für »Signor Mondo«, den fast vergessenen Feind und Freund. Der Fürstenfelder Abt Gerhard Führer erinnert sich 1791: »Als Singknabe an hiesigem Seminarium kannte ich noch wohl diesen sehr großen P. Balatri: Damals noch dirigiret diser die Kirchenmusik und ich hörte noch in seinem hohen Alter die Ruinen seiner einstmals allgemein bewunderten Stimme.«

Am 10. September 1756 verstummt die toskanische Nachtigall für immer. Filippo Balatri stirbt, mit vierundsiebzig Jahren, in seiner Zelle in Kloster Fürstenfeld.

Dank

Ich danke Margarita Kehl (Moskau/Fürstenfeldbruck) für ihre großartige Hilfe bei der Beschaffung der Mikrofilme von »Vita e Viaggi« aus der Staatsbibliothek Moskau, Concetta Maida (London), die mir bei Übersetzungsfragen zur Seite stand, Jörg Klein (Köln) für seine redaktionelle Unterstützung sowie Maria di Salvo, Dan Schlafly, Bernd Herzogenrath, den hilfsbereiten Menschen in den Staats- und Kirchenarchiven von München, Wien, Pisa und Florenz sowie allen anderen, die mir im Kleinen wie im Großen weitergeholfen haben.

C. W.

Quellennachweis

S. 21 Charles Burney, *The Present State of Music in France and Italy*. London 1771

S. 91 Colley Cibber, *An Apology for the Life of M. Colley Cibber, Comedian*. London 1740

S. 140 Hieronymus Delphinus, *Eunuchi Conjugium/ Die Kapaunen=Heyrath. Hoc est Scripta & Judicia varia de Conjugio inter Eunuchum & Virginem Juvenculam*. Halle 1685

S. 160 Jean le Rond d'Alembert, *Melanges de litérature,* deutsch von Adam Hiller, *Wöchentliche Anmerkungen die Musik betreffend*. Berlin 1769

S. 167 Johann Joachim Quantz, *Versuch einer Anweisung die Flöte traversière zu spielen*. Berlin 1752

S. 207 Maximilian Graf von Preysing, *Tagebücher* (Manuskripte, Bayerische Staatsbibliothek, Cod. germ. 5456)

S. 212 Andrea Adami da Bolsena, *Osservazioni per ben regolare il coro de i cantori della cappella pontificia*. Rom 1711

S. 219–20 Johann Mattheson, *Critica Musica*, Hamburg 1726

S. 228 Antonio Conti, zit. nach Patrick Barbier, *Farinelli*. Düsseldorf–München 1995

S. 228 Adam Hiller, *Wöchentliche Anmerkungen die Musik betreffend*, Berlin 1767

S. 243 ff. Gerhard Führer, *Historia Dissoluti Monasterii in Fürstenfeld*, München 1791 (Manuskript, Bayerische Staatsbibliothek, Cod. germ. 3920)

Bibliographie

Balatris Werke

Vita e Viaggi di F. B., nativo di Pisa. Bd. 1–9, Manuskript. München 1725–32. Rossijskaja Gosudarstvennaja Biblioteka, Moskau, F. 218 Nr. 1247 (1–9)

Frutti del Mondo, esperimentati da F. B., nativo dell' Alfea in Toscana. Bd. 1–2, Manuskript. München 1735. Bayerische Staatsbibliothek, München, Cod. ital. 39-1/2
(Teiledition: Hg. Karl Vossler. Palermo, 1924)

Testamento o sia ultima volontà di F. B., nativo Alfeo. Manuskript. München 1737–38. Bayerische Staatsbibliothek, München, Cod. ital. 329
(Teiledition: Hg. Karl Vossler. Palermo, 1924)

Santa Margherita da Cortona in Toscana. Manuskript. München 1741. Biblioteca del Comune e dell' Accademia Etrusca, Cortona, MS 496
(Hg. Divo Falossi und Maria Angela Mazzei. Cortona 1982)

Über Balatri

Di Salvo M., *Vita e Viaggi di Filippo Balatri.* Russica Romana VI (1999/2001), 37–57

Gerasimowa Yu. I., *Vospominanija Filippo Balatri.* Zapiski Otdela Rukopisej Biblioteka SSSR imeni Lenina 27 (1965), 164–90

Schlafly D., *Filippo Balatri in Peter the Great's Russia.* Jahrbücher für Geschichte Osteuropas 45 (1997), 181–98

Schlafly D., *A Muscovite ›Boiarynia‹ Faces Peter the Great's Reforms: Dar'ia Golitsyna Between Two Worlds.* Canadian-American Slavic Studies 31–3 (1997), 249–68

Vossler K., *Russische Zustände am Ende des 17. Jahrhunderts nach dem Zeugnis eines italienischen Sängers.* Archiv für Slavische Philologie 39 (1925), 150–8

Weitere Quellen (Auswahl)

Acton H., *The Last Medici.* New York 1958

Angiolini F. et al. (Hg.), *La Toscana nell'età di Cosimo III.* Florenz 1993

Barbier P., *Farinelli.* Düsseldorf–München 1995

Barbier P., *Histoire des castrats.* Paris 1986

Bettagno A. (Hg.), *Caricature di Anton Maria Zanetti.* Venedig 1969

Bolongaro-Crevenna H., *L'arpa festante. Die Münchener Oper 1651–1825.* München 1963

Brayley E., *Historical and Descriptive Accounts of the Theatres of London.* London 1926

Delli N., *Il convento del Granduca Cosimo III all' Ambrogiana.* Florenz 1998

Ehrmann A. et al. (Hg.), *In Tal und Einsamkeit – 725 Jahre Kloster Fürstenfeld.* München 1988

Fellerer K., *Beiträge zur Musikgeschichte Freisings.* Freising 1926

Fritz H., *Kastratengesang.* Tutzing 1994

Gitermann V., *Geschichte Russlands.* Zürich 1945

Glaser H. (Hg.), *Kurfürst Max Emanuel.* München 1976

Guarnieri G., *L'Ordine di S. Stefano.* Pisa 1965

Haböck F., *Die Gesangskunst der Kastraten.* Wien 1923

Hadamowsky F., *Wien, Theatergeschichte.* Wien–München 1988

Heriot A., *The Castrati in Opera.* London 1956

Högg M., *Die Gesangskunst der Faustina Hasse*. Diss. Dresden 1931

Hughes L., *Russia in the Age of Peter the Great*. New Haven–London 1998

Khodarkovksy M., *Where Two Worlds Met: The Russian State and the Kalmyk Nomads*. London 1992

Lahana M., *Novaia Nemetskaia Sloboda. Seventeenth Century Moscow's Foreign Suburb*. Diss. University of North Carolina 1983

Mainwaring J., *Memoirs of the Life of the Late George Frederick Handel*. London 1760

Mamy S., *Les grands castrats napolitains à Venise au XVIIIe siècle*. Liège 1994

Marpurg F. W., *Der Critische Musicus an der Spree*. Berlin 1749–50 (Neudruck: Hildesheim 1970)

Mohr K., *Die Musikgeschichte des Klosters Fürstenfeld*. Regensburg 1987

Quantz J. J., *Versuch einer Anweisung die Flöte traversière zu spielen*. Berlin 1752

Raguenet F., *A Comparison between the French and Italian Musick*. London 1709

Rosselli J., *Singers of Italian Opera*. Cambridge 1992

Rudhart F. M., *Geschichte der Oper am Hofe zu München*. Freising 1865

Thomas F., *Die Lehre des Kunstgesangs nach der altitalienischen Schule*. Berlin 1968

Bildnachweis

S. 10/11 Bayerische Staatsbibliothek, München, Cod. Ital. 39–1

S. 15 Rossijskaja Gosudarstvennaja Biblioteka, Moskau, F. 218 Nr. 1247 (1)

S. 25 aus: Nicodemo Delli, *Convento del Granduca Cosimo III all'Ambrogiana*

S. 38 aus: Merian, *Moskau*

S. 43 aus: Michael I. Semevskij, *Zariza Katerina Alexejewna, Anna i Willem Mons,* 1884 (Faksimile)

S. 49 Bildarchiv Preußischer Kulturbesitz

S. 61 aus: Michael I. Semevskij, *Zariza Katerina Alexejewna, Anna i Willem Mons,* 1884 (Faksimile)

S. 73 Elek, Paul, Ltd., Photograph Library, London

S. 81 aus: P. S. Pallas, Sammlungen historischer Nachrichten über die Mongolischen Völkerschaften, Erster Theil. St. Petersburg 1776, S. XII, Tafel 1

S. 85 aus: P. S. Pallas, *Sammlungen historischer Nachrichten über die Mongolischen Völkerschaften,* Erster Theil. St. Petersburg 1776, S. XII, Tafel 2

S. 107 Historia-Photo Charlotte Fremke, Bad Sachsa

S. 117 aus: Valentin Gitermann, *Geschichte Rußlands,* Bd. 2, Zürich 1945, S. 289

S. 135 Pisa, Clinica Medica dell'Università

S. 139 aus: Johannes Scultetus: *Wundt-Arztneyisches Zeug-Hauss,* Frankfurt/M. 1666

S. 143 aus: Nicodemo Delli, *Convento del Granduca Cosimo III all'Ambrogiana*

S. 148 Heissig, Bonn

S. 155 Bibliothèque Nationale, Paris

S. 177 Händelhaus Halle

S. 190 aus: *Kurfürst Max Emanuel. Bayern und Europa um 1700,* München, 1976, Abb. 12

S. 196 Pietro Torri, *Astianatte* (Partitur), Bayerische Staatsbibliothek München, Mus. Mss. 208

S. 208/9 Programmheft *L'amor d'amico vince ogni altro amore,* München 1721

S. 215 Schloß Hämelschenburg, Lippold von Klencke

S. 219 Staatliche Kunstsammlung Dresden

S. 222 aus: *Caricature di Anton Maria Zanetti*, Venedig 1969, Abb. 263

S. 247 aus: *Monumenta Boica*, Bd. IX, S. 88

Vorsatz: Detail aus einem Gemälde von Peter Jakob Horemans, *Hofkonzert in Schloß Ismaning*, München 1733 (Bayerisches Nationalmuseum)

*Der Claassen Verlag ist ein Unternehmen der
Econ Ullstein List Verlag GmbH & Co. KG*

ISBN 3-546-00248-2

*Gesetzt aus der Sabon bei
Franzis print & media, München
Druck und Bindung: Franz Spiegel GmbH, Ulm*